ケアマネ・
相談援助職
必携

イラスト・図でやさしく理解
これだけは押さえておきたい！

社会保障制度の用語事典

「ケアマネジャー」編集部 編
福島敏之 著

中央法規

はじめに

高齢化による社会構造の変化や価値観の多様化などによって、利用者・家族のニーズは昨今急激に幅広くなっています。そのため、介護保険だけではそのニーズを満たすことは難しく、ケアマネジャーをはじめとする相談援助職には社会保障全般の知識が求められます。

一方で、社会保障制度を学ぶうえでネックとなるのが制度特有の専門用語の理解です。難解な用語も数多く存在し、その一つひとつを理解することはなかなか難しいのが現状です。

そこで本書は、「生活保護」「障害者福祉」「医療保険」「権利擁護」「年金」という５つの社会保障制度に関する用語を、実際の実務の流れに沿って、イラストや図を交えてわかりやすく解説した、これまでにない現代版の画期的な事典です。活字が苦手な方でも、各制度の専門用語がやさしく理解でき、実務における制度の活用がイメージしやすい内容です。

是非、本書を現場の実務にお役立て頂けますと幸いです。

「ケアマネジャー」編集部

CONTENTS

1章

生活保護

シーン1 相談～申請

シーン2 申請～審査(1)　資産調査

シーン3 申請～審査(2)　扶養調査

シーン9 生活困窮者自立支援制度

シーン10 居住支援とセーフティネット住宅

シーン 11 求職者支援・雇用対策

シーン 12 生活福祉資金貸付制度

2章

障害者福祉

シーン1　申請～利用の流れ

シーン2　障害福祉サービスと相談支援

シーン3　利用者負担

シーン7 障害者の地域生活の支援

シーン8 精神障害に対応した社会資源

シーン9 「ひきこもり」と「8050問題」

シーン10 依存症対応

シーン11 障害のある人の就労支援

シーン 12 障害者手帳制度

シーン 13 所得保障（障害年金、障害者手当）

3章

医療保険

シーン1 保険給付と自己負担

シーン2 高額療養費制度

シーン3 保険外併用療養費制度

4章

権利擁護

シーン4 「悪質商法」「特殊詐欺」への対応

シーン5 「ケアラー」に対する支援

シーン6 自殺対策

シーン7 犯罪からの「立ち直り」支援

シーン8 外国人と在留資格

5章

年金

シーン1 国民年金と厚生年金

シーン2 老齢年金

1章

生活保護

シーン

シーン1

相談〜申請

押さえておきたい用語の一覧

支援・しくみ
- 申請保護の原則
- 職権保護
- 急迫した状況
- 現在地保護
- 水際作戦

機関
- 福祉事務所

専門職
- ケースワーカー
- 民生委員

書類
- 保護申請書

生活保護制度は、十分な収入を得ることができずに生活が行き詰まってしまった人に対し、生活費の支給など必要な扶助を行って、「健康で文化的な最低限度の生活」を保障する制度です。利用の条件は、その人が現に、国の定める「最低限度の生活を営めない貧困状態」にある、と判定されることです。生活保護を利用するには、まず、保護を必要とする当事者（要保護者）が、保護を「申請」する必要があります。

支援・しくみ

申《しん》請《せい》保《ほ》護《ご》の原《げん》則《そく》

本人による申請が原則

保護を受けるには、保護を受けたいと思う人が自ら利用を申請しなければならないというルールのこと。申請は原則として本人が行わなければなりません。本人以外に申請資格が認められているのは、「扶養義務者」と「同居している親族」のみです。成年後見人であっても、申請を代行することはできません。

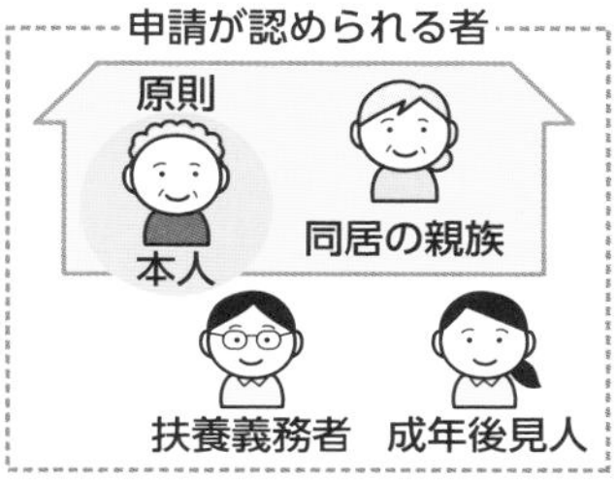

※保佐人と補助人も申請不可

支援・しくみ

職《しょっ》権《けん》保《ほ》護《ご》

権限により必要な保護を行う

申請保護の原則にかかわらず、急迫した状況にあるときは、市町村長は自らの権限で必要な保護を行うことが認められています。「要保護者本人に十分な意思能力がない場合」や「保護を要するにもかかわらず意思を表示できない場合」も、急迫した状況とみなされ、職権保護の対象となります。「急迫保護」ともいいます。

支援・しくみ

急《きゅう》迫《はく》した状《じょう》況《きょう》

生命の危機にもかかわる事態

「生存が危うい場合」「その他社会通念上放置し難いと認められる程度に状況が切迫している場合」のこと。判断能力の不十分な者が明らかに困窮している場合、路上生活者が医療機関に救急搬送された場合などが該当する。

支援・しくみ

現《げん》在《ざい》地《ち》保《ほ》護《ご》

住所不定でも申請可

生活保護は、住む場所がなく路上やネットカフェなどで寝泊まりをしている人（ホームレス状態にある人）についても、今いる場所（現在地）の福祉事務所で申請でき、給付を受けることができます。このことを「現在地保護」といいます。生活保護法第 19 条第 1 項 2 号で定められているルールです。

支援・しくみ

水《みず》際《ぎわ》作《さく》戦《せん》

保護申請は国民の権利

生活保護の申請をしに窓口を訪れた人に対して、申請を受け付けずに「相談」扱いにして門前払いする、福祉事務所の対応のこと。生活保護件数を減らすことを目的に公然と行われ、社会問題化しました。申請権の侵害にあたる違法行為です。

このような「申請権の侵害」は違法です

機関

福《ふく》祉《し》事《じ》務《む》所《しょ》

福祉の幅広い業務を担当

市町村・特別区ごと※に置かれる福祉行政機関のこと。役所のなかの「福祉部」「福祉課」といった名称の部署がそれにあたります。生活保護を中心に、児童家庭福祉、高齢者福祉、障害者福祉を担当します。

※ 町村部は任意設置。福祉事務所のない町村は、都道府県直営の広域単位の福祉事務所がカバーしています。

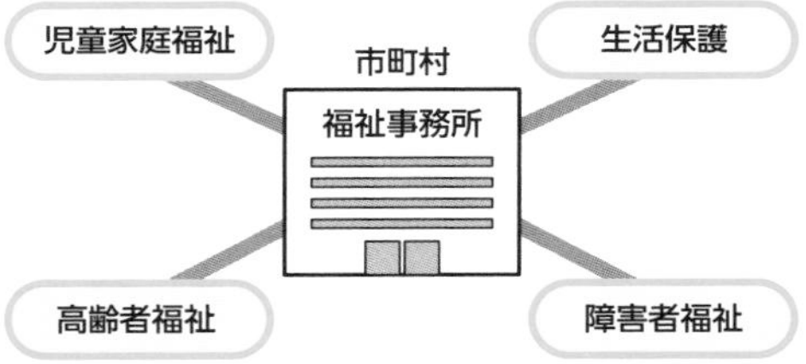

専門職

ケースワーカー

被保護世帯を支援する担当者

福祉事務所に所属して、相談援助の業務を行う担当者（公務員）のこと。多くの場合、生活保護の業務にかかわる相談援助職を指します。担当する被保護世帯から家計、労働、健康、介護、教育、住宅、家族関係など幅広く相談を受けて、「最低生活」を保障し、自立できるように支援します。略号はCW。

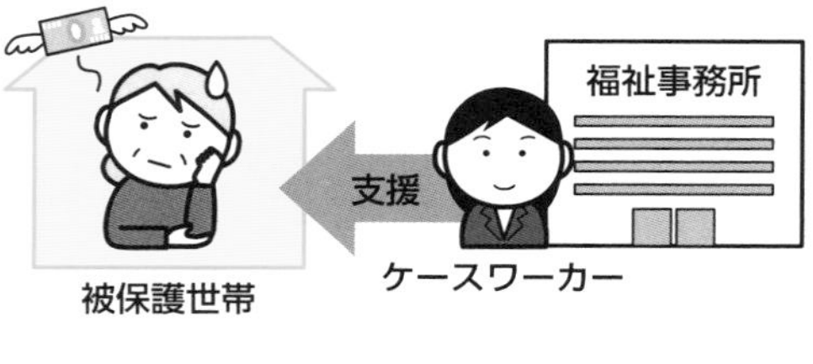

専門職

民《みん》生《せい》委《い》員《いん》

専門機関、行政、地域住民のパイプ役

地域住民の身近な相談相手として、幅広く相談支援や見守り支援を行う無報酬の非常勤地方公務員のこと。支援を必要とする住民と、行政・専門機関をつなぐパイプ役の存在でもあります。

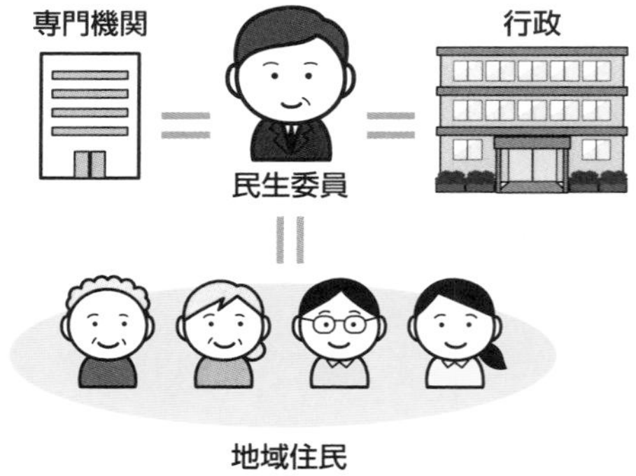

書類

保《ほ》護《ご》申《しん》請《せい》書《しょ》

保護申請の際に福祉事務所に提出

生活保護を申請するために、福祉事務所に提出する書類のこと。申請者の氏名と住所、同居している家族全員の氏名、続柄、生年月日、年齢、職業、健康状態、保護を申請する理由などを記入します。

生活保護申請書の書き方

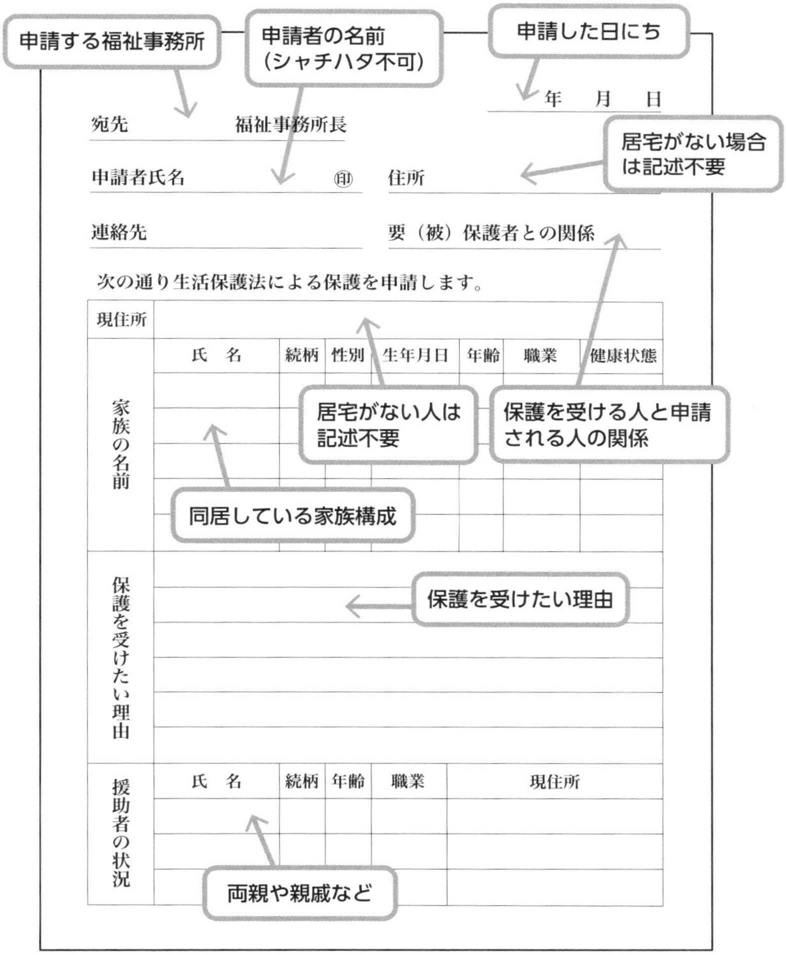

シーン2

申請～審査（1）　資産調査

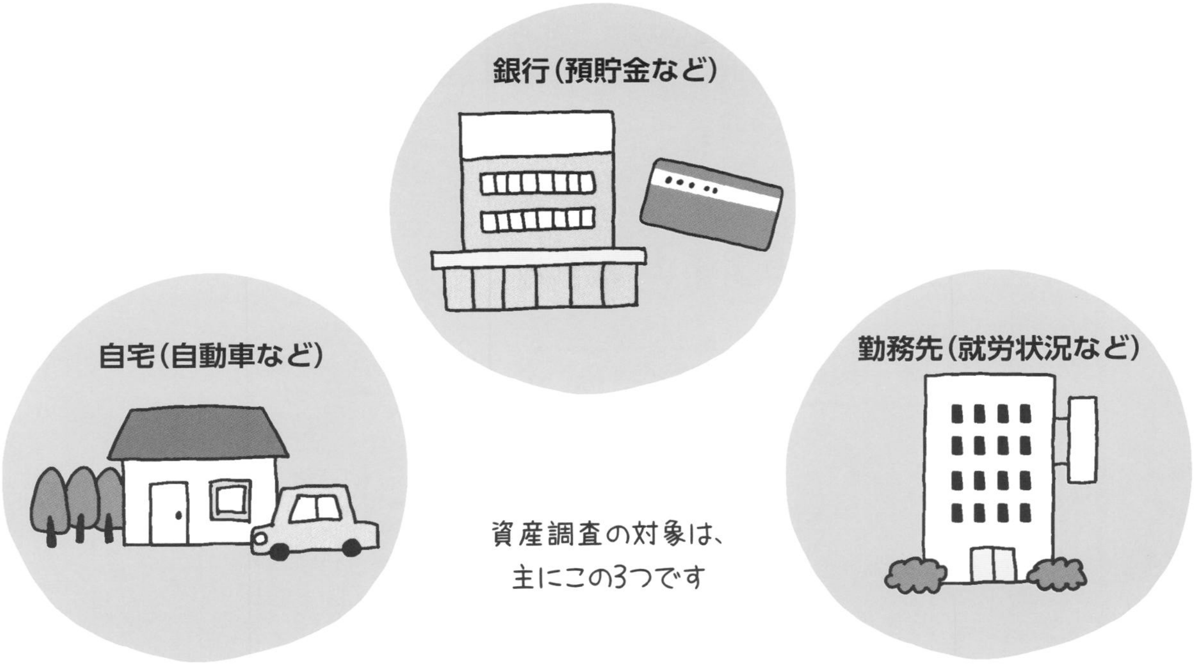

押さえておきたい用語の一覧

支援・しくみ

- **補足性の原理**
- **最低生活費**
- **保護基準額**
- **資産調査／資力調査**
- **「社会的に適当」**
- **要保護世帯向け不動産担保型生活資金（リバースモーゲージ）**

生活保護の受給を申請すると、その人が本当に国の定める「最低限度の生活を営めない貧困状態」にあるのかどうかを確認する調査が行われます。ここで、家屋（持ち家）や自動車などの資産があると、現金化して生活費に充てるよう指導されることがあります。生活保護は、「あらゆるものを活用しても貧困状態から逃れられない」場合に適用となる最後のセーフティネットという位置づけなので、避けては通れないプロセスです。

支援・しくみ

補《ほ》足《そく》性《せい》の原《げん》理《り》

資産は「処分して生活費に充てる」が前提

　生活保護法に定められた、制度運営上の原理の一つ。生活保護は、世帯全員がその利用しうる資産、能力その他あらゆるものを活用して、自らの生活を維持することを前提に、それでもなお最低限度の生活を営めない貧困状態にある場合に、国の責任として保護の対象とする――というものです。

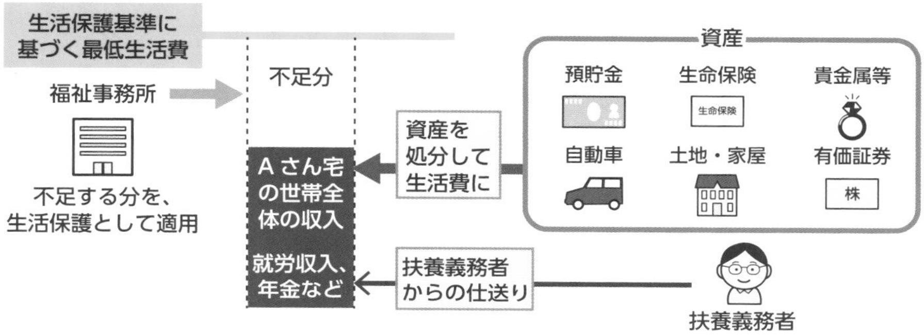

支援・しくみ

最《さい》低《てい》生《せい》活《かつ》費《ひ》

健康で文化的な暮らしを可能とする最低限度の生活費

　その世帯が、「健康で文化的な最低限度の生活」を送るうえで必要となる消費支出を金額で示したもの。厚生労働大臣の定める「生活保護基準」に、対象者の家族構成、各世帯員の年齢、居住地を当てはめて算出します。世帯の収入（収入認定された収入）が最低生活費を下回っていれば生活保護適用となり、差額が保護費として支給されます。上回っていれば不支給となります。

最低生活費 ＝ 厚生労働大臣の定める「生活保護基準」 × （家族構成） × （世帯員の年齢） × （居住地）

支援・しくみ

保《ほ》護《ご》基《き》準《じゅん》額《がく》

最低限度の生活費の基準

「健康で文化的な最低限度の生活」を保障するために必要な消費支出として、厚生労働大臣が定める基準のこと。地域ごとの生活様式の違いや物価水準を反映し、各世帯員の生活需要を満たすのに十分であり、かつ、これを超えないものとするために、家族構成、世帯員の年齢、居住地で区分して定められています。ここで示された水準が、国として国民に保障する生活水準（ナショナルミニマム）となり、あらゆる努力をしても自力でこの水準を超えられない状況の人に国が生活保護制度で保障する基準点となるものです。

保護基準額は、平均的な国民の消費実態と均衡《きんこう》するように（高過ぎたり、低過ぎたりしないように）、５年に一度のペースで全国消費実態調査のデータ等を用いて定期的な検証が行われることになっています。

基本的な日常生活費

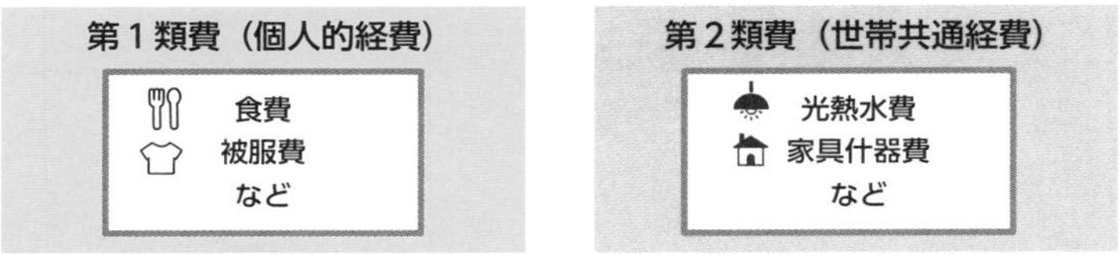

支援・しくみ

資《し》産《さん》調《ちょう》査《さ》／資《し》力《りょく》調《ちょう》査《さ》

処分して生活費に充てられる資産を調べる

保護申請者が生活保護の受給要件を満たしているかを審査するために、福祉事務所が金融機関や官公署に対して預貯金、保険、不動産等の状況を照会し、把握する一連の確認作業のことを、「資産調査」といいます。申請者は、保護申請書と一緒に「資産申告書」という書類を福祉事務所の窓口に提出します。福祉事務所は、そこに記入された情報が正確であるか、“裏”を取る、という流れです。

審査にあたっては、生活状況、就労や求職活動の状況、健康状態、扶養の状況についても調査が行われます。これらを総称して、「資力調査」といいます。

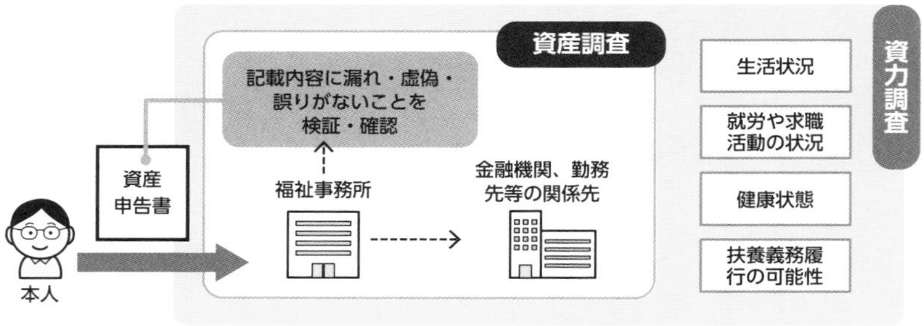

支援・しくみ

要保護《ようほご》世帯《せたい》向《む》け不動産《ふどうさん》担保《たんぼ》型《がた》生活《せいかつ》資金《しきん》（リバースモーゲージ）

要保護の高齢者に、不動産を担保に生活費を貸付け

65歳以上の一人暮らしまたは夫婦のみの生活困窮世帯で、持ち家（居住用不動産）がある場合を対象に、社会福祉協議会がその不動産を担保に、「生活費」として月々現金を貸し付ける制度のこと。家にはそのまま住み続けることができ、契約者となる高齢者の死亡時または融資期間終了時に処分して、元本＋利子を「回収」するというしくみです。要件に該当する高齢者から保護の申請があった場合、まずこちらの貸付制度を活用することを勧められます。

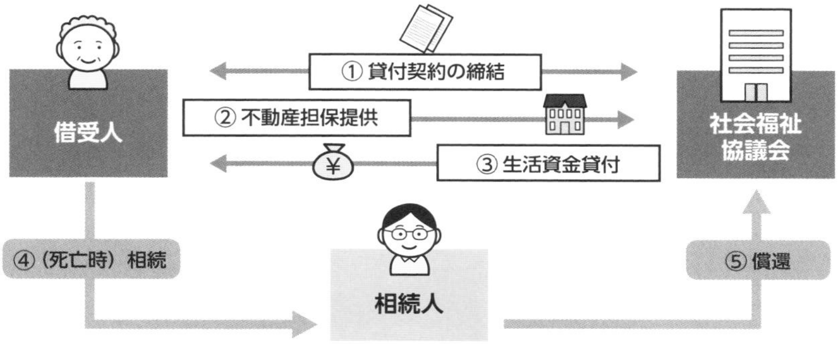

支援・しくみ

「社会的《しゃかいてき》に適当《てきとう》」

処分せずに保護受給できるか否かの判断基準

資産調査で、たとえば自動車を保有したまま保護を認めるか処分させるかを判断する際に、その地域に暮らす他の低所得者の生活水準と照らしあわせて、「保有したままでよい」とみる判断のこと。

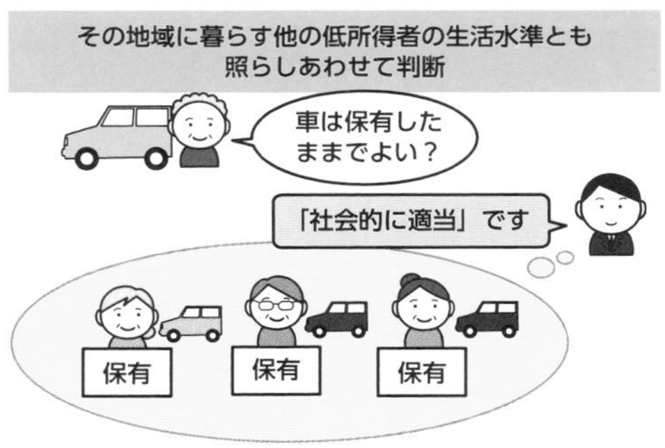

column

コロナ禍の特例…通勤用自動車を保有したままで保護受給できる

コロナ禍における特例のひとつとして、条件つきで、通勤用自動車を保有したまま（売却処分しなくても）生活保護適用を認めるとする方針を、国が示しています。

新型コロナウイルス感染症拡大の影響を受けて、失業や傷病等で収入が激減し、現時点で保護が必要な程度に生活困窮に陥っているものの、「コロナ禍が収束すれば就労や営業が再開できて保護脱却が見込める人」――が対象です。一時的に支援を必要としている人を適切に保護するための「弾力的運用」として実施されています。

自営に必要な店舗や機械器具等の資産についても、同様の取扱いとされています。

シーン3

申請～審査(2)　扶養調査

申請者の娘　　申請者の息子　　申請者の兄弟姉妹

押さえておきたい用語の一覧

支援・しくみ

- **扶養義務**
- **扶養義務者**
- **扶養照会**
- **扶養義務履行が期待できない者**
- **扶養義務の優先**
- **実地調査**
- **重点的扶養能力調査対象者**

書類

- **扶養義務履行照会書（扶養照会書）**
- **扶養届**

生活保護受給を申請すると、申請者の親、子ども、兄弟姉妹等の親族に対して、仕送りや同居による扶養が可能かどうかを尋ねる確認作業が行われます。これを「扶養照会」といいます。扶養可能な扶養義務者がいれば、その扶養が生活保護受給の前提となるからなのですが、DV被害を受けていたとか、長年音信不通で関係性が壊れているような場合は、その対象とはなりません。

支援・しくみ

扶《ふ》養《よう》義《ぎ》務《む》

親族の暮らしを支える義務

一定の親族の間で暮らしを支え合うように定めた民法上の義務のこと。

扶養義務には、①相手の生活水準を自分と同じくらいに維持することが求められる「生活保持義務」（夫婦間および親が未成年の子に対して負う扶養義務）と、②自分の社会的地位にふさわしい生活を維持したうえで、なお経済的余力のある場合に、その範囲内で扶養すればよいとされる「生活扶助義務」（①以外の扶養義務関係にある者同士で負う扶養義務）とがあります。

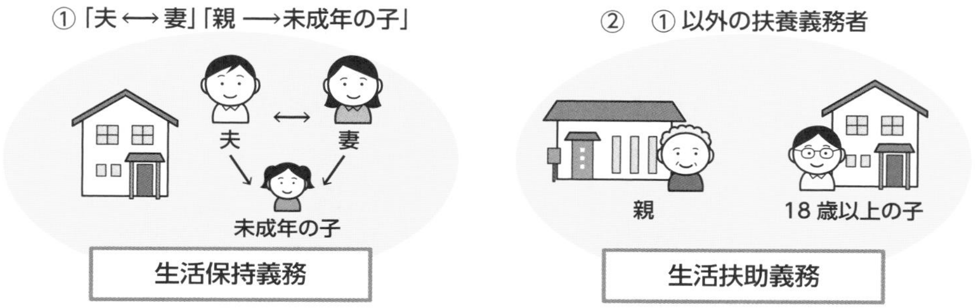

支援・しくみ

扶《ふ》養《よう》義《ぎ》務《む》者《しゃ》

実質的に義務が問われる関係は「三親等の血族」と「配偶者」

民法上は三親等内の親族に扶養義務があるとされていますが、実質的に義務が問われることとなるのは「夫婦」「直系血族（子、孫、ひ孫、親、祖父母、曽祖父母）」「兄弟姉妹」の範囲にとどまります。これ以外では、過去にその保護申請世帯で扶養された恩義があるなど特別の事情があって、扶養能力がある三親等内の親族が、扶養義務を求められることがあります。

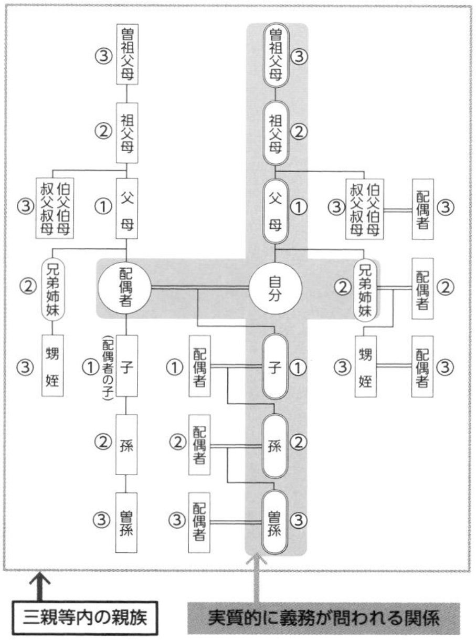

支援・しくみ

扶《ふ》養《よう》照《しょう》会《かい》

扶養義務者に対して行われる扶養の可否の問い合わせ

生活保護の申請があった場合に、申請者の扶養義務者に対して、扶養できないかどうかを確認する問い合わせや調査のこと。

扶養照会の方法としては、保護申請者から家族関係を聴き取り、音信不通等であれば戸籍をたどって住所を確認のうえ、「あなたの△△にあたる○○さんが現在保護を申請中です」と通知し、扶養は義務である旨を伝え、どの程度の金銭的援助をできるか期限付きで回答を求めます。回答を書き込む様式（扶養届）には、収入、資産、家族構成、ローン残高等を書き込む欄があり、内容を証明する給与明細や源泉徴収票の写しの添付をも要求するものとなっています。

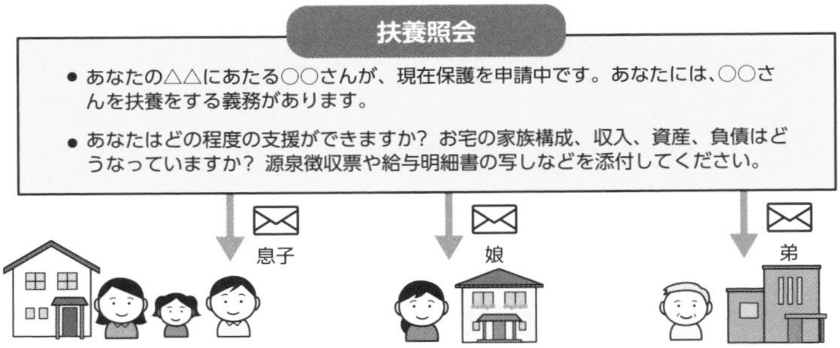

支援・しくみ

扶《ふ》養《よう》義《ぎ》務《む》履《り》行《こう》が期《き》待《たい》できない者《もの》

扶養照会を控える取扱いに

扶養照会は、保護決定のうえで必須の手続きとして位置づけられていますが、扶養を要請することが明らかに「本人の自立の阻害」となる場合は、制度本来の趣旨（自立の助長）に反することのないように配慮されます。以下のような場合は、扶養が期待できない・扶養照会が適当ではないケースとして、照会を控える取扱いが検討されることとなっています。

①相手方が以下に該当する場合

・未成年者
・社会福祉施設入所者
・長期入院患者
・主たる生計維持者でない非稼働者
・概ね 70 歳以上の高齢者
など

②特別な事情があり、明らかに扶養できない場合

・相手に借金を重ねている
・相続で対立している
・縁が切られている
・10 年以上音信不通
など

③扶養を求めることで、明らかに要保護者の自立を阻害することになると認められる場合

・父親の暴力から逃れてきた母子
・虐待等の経緯がある者
など

支援・しくみ

扶《ふ》養《よう》義《ぎ》務《む》の優《ゆう》先《せん》

扶養だけでは足りない分を補う

扶養することのできる扶養義務者がいれば、まず仕送りや同居で扶養をしてもらうこととして、それでも足りないところを生活保護で保障するという運用上のルールのこと。

ただし、扶養は「保護の要件」ではありません。言い換えれば、明らかに扶養義務を果たせる扶養義務者が実際に扶養義務を果たさない事実が仮にあったとしても、それ自体は保護申請を受け付けない理由にはなりません。

支援・しくみ

実《じっ》地《ち》調《ちょう》査《さ》

生活状況を目で見て確認

扶養義務者が生活保護申請者の扶養が可能かどうかを調べるため、その扶養義務者の自宅をケースワーカーが訪問して、生活状況等を目で見て確認し、扶養の可能性について対面で質問する調査のこと。申請者と同じ市町村に住んでいる重点的扶養能力調査対象者（配偶者、親子関係にあって扶養の可能性が期待される人等）には、この実地調査が行われることになっています。

支援・しくみ

重《じゅう》点《てん》的《てき》扶《ふ》養《よう》能《のう》力《りょく》調《ちょう》査《さ》対《たい》象《しょう》者《しゃ》

重点的に「扶養能力があるか」を調査される人

扶養義務者のなかでも、特に厚生労働省が全国の福祉事務所に重点的に扶養能力を調査するよう指示している対象者のこと。「配偶者」「親」「子」、また「過去にその保護申請世帯で扶養された恩義があるなど特別の事情があって、扶養能力がある三親等内の親族」が、これにあたります。

扶養照会は通常は書面で行われるものですが、重点的扶養能力調査対象者については、保護申請者と同一市町村内に住んでいる場合はケースワーカーが自宅訪問して「実地調査」することになっています。

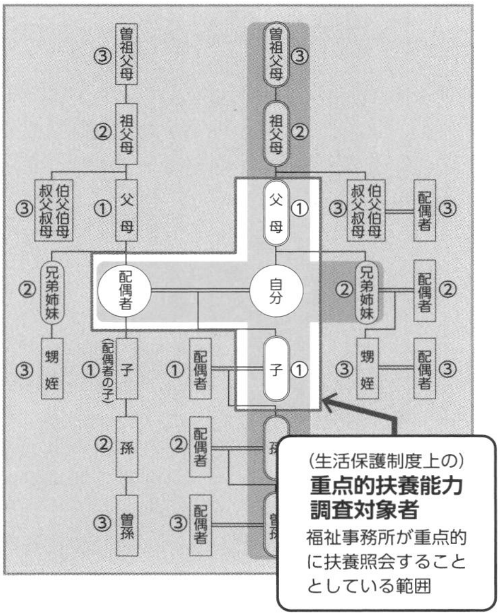

以上に加えて、「過去にその保護申請世帯で扶養された恩義があるなど特別の事情があって、扶養能力がある三親等内の親族」

書類

扶《ふ》養《よう》義《ぎ》務《む》履《り》行《こう》照《しょう》会《かい》書《しょ》（扶《ふ》養《よう》照《しょう》会《かい》書《しょ》）

扶養義務者に届く問い合わせ状

生活保護の申請があった場合に、申請者の扶養義務者に対して扶養の可否を確認するために、福祉事務所が送達する書類。

対象者が生活保護の申請をしている事実を告げ、民法上の扶養義務が生活保護法に優先することを伝えて、回答を求めるものとなっています。

年　　月　　日

扶養義務者

様　　＿＿＿＿＿＿＿＿＿＿

○○福祉事務所長　印

生活保護法による保護の決定に伴う扶養義務について（照会）

あなたの（続柄）に当たる（被保護者氏名）様の家庭は、現在、生活保護法による保護を申請中です（受けております。）。

生活保護法では、同法を適用するに当たっては、民法に定める扶養義務者（親子、兄弟、姉妹等）の支援を優先して行われるものとされております。

つきましては、保護の決定実施上必要がありますので、あなたからどの程度の支援ができるかを別紙扶養届により令和　　年　　月　　日までにご回答ください。

（特記事項）

（担当者　　　　　　）

（参考）

※生活保護法

第４条第２項　民法（明治 29 年法律第 89 号）に定める扶養義務者の扶養及び他の法律に定める扶助は、すべての法律による保護に優先して行われるものとする。

※民法

第 877 条第２項　直系血族及び兄弟姉妹は、互いに扶養をする義務がある。家庭裁判所は、特別の事情があるときは、前項に規定する場合のほか、三親等内の親族間においても扶養の義務を負わせることができる。

書類

扶《ふ》養《よう》届《とどけ》

扶養の可否を書き込む書類

扶養義務履行照会書に添付される別紙。扶養義務者はこの様式に、扶養義務を履行するための援助の具体的内容・方法（扶養不可の場合はその理由）を書き込んで、福祉事務所に返送することが求められます。家族構成、資産の状況、負債の状況など、かなり立ち入ったことを尋ねる欄もあります。

（別紙）

扶養届書

○○福祉事務所長　様

住所

氏名

先に照会のあった（被保護者氏名）に対する扶養について、次のとおり回答します。

1　精神的な支援について

※精神的な支援…対象者に対する定期的な訪問、電話、手紙のやり取り、一時的な子どもの預かりなど金銭的な援助以外の対象者への関わりをいいます、

精神的な支援の可否	可　・　不可
支援の開始時期	年　　月から（又は既に行っている）
具体的な支援の内容及び頻度	※緊急連絡先（電話番号　　－　　－　　）

2　金銭的な支援について

金銭的な支援の可否	可　・　不可（理由：　　　　　　）
援助の開始時期	年　　月から（又は既に行っている）
援助の方法・程度	①金銭により毎月（年）・3,000円・5,000円 ・10,000円・　　　円を送付します。 ②物品により毎月（年）　　を　　程度送付します。 ③氏名　　　　を引き取ります。 ④その他

3　私の世帯について

(1) 家族構成・収入等の状況

氏名	続柄	生　年　月　日	業	勤務先	平均月収額
	本人				円
					円
					円
					円
					円

上記のうち　　　についての
①税法上の扶養控除を受けている者の氏名
②会社等から家族手当を受けている者の氏名及び月額　　　（　　　　円）

(2) 資産の状況	無・有	①家屋　　㎡（坪）　②宅地　　㎡（坪） ③田畑　　㎡（坪）　④山林　　㎡（坪）

(3) 負債の状況	無・有	負債の内容	返済月（年）額	返済の終了予定
		住宅ローン	円	
		その他（　）	円	

(4) 健康保険等の加入状況	①国民健康保険　②健康保険　③共済（ ）　④その他（ ）

上記で①以外に加入している場合　　　については被扶養者として
①認定されている　②認定されていない　③認定手続きをとるつもり

※ 収入、負債の状況については、源泉徴収票、給与明細書、ローン返済予定表の写しなど、その状況が明らかになる書類を添付して下さい。

シーン4

保護開始と保護の内容

押さえておきたい用語の一覧

支援・しくみ

- **保護開始**
- **不服申し立て**
- **扶助**
- **加算**
- **餅代**
- **単給**
- **併給**
- **級地**
- **代理納付**
- **自立支援プログラム**

書類

- **保護開始決定通知書**
- **保護申請却下通知書**

各種調査で得られた情報をもとに、福祉事務所で審査が行われ、生活保護の受給が必要かどうか、必要な場合には保護費がいくら必要かなどが決まります。原則として、申請があってから14日以内に決定がなされ（調査に時間を要した場合等には最長で30日以内）、結果は郵送で通知されます。保護開始となると、被保護者の直面している課題に対して、8種類の扶助で支援が行われます。審査結果に不満がある場合は不服申し立てできます。

支援・しくみ

保護《ほご》開始《かいし》

審査が通り、各種の援助が始まる

審査の結果、要件を満たしているとして、生活保護の適用が決定されると、「保護開始決定通知書」という書類が福祉事務所から送られてきて、各種の扶助が始まります。これを「保護開始」といいます。不適用となったときには「保護申請却下通知書」という書類が送られてきます。

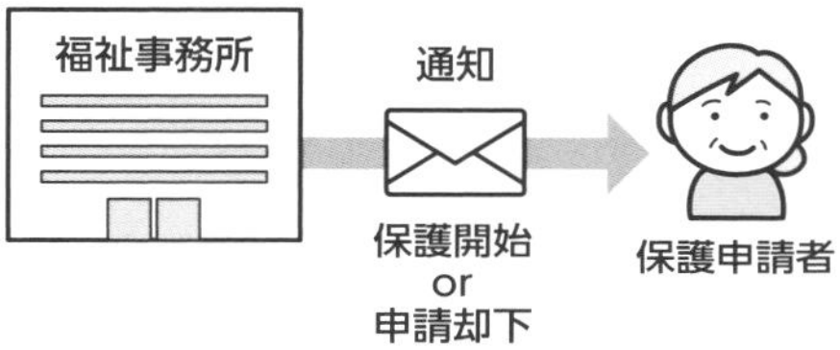

支援・しくみ

不服《ふふく》申《もう》し立《た》て

審査に納得いかない場合の手続き

生活保護に関する決定・処分に不服がある場合に、その決定・処分の取り消しを求める行為（審査請求または再審査請求）のこと。審査請求は、決定処分があったことを知った日の翌日から60日以内に、福祉事務所の上級官庁である都道府県知事に対して行います。その裁決結果にも不服である場合は、裁決を知った日から起算して30日以内に厚生労働大臣に対し再審査請求ができます。

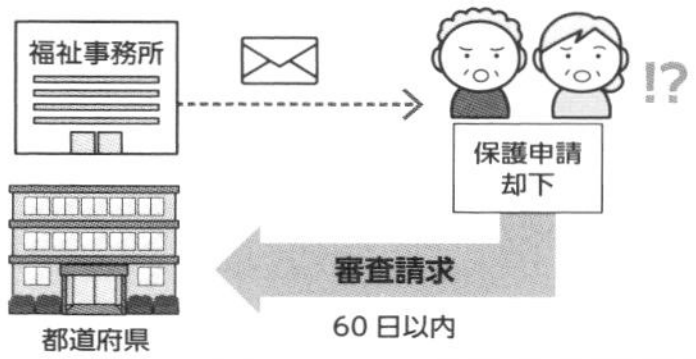

支援・しくみ

扶《ふ》助《じょ》

ニーズに対応した8種類の扶助

被保護者の最低限度の生活を維持するために、他の制度による給付では補えないニーズに対して提供される、生活保護法に基づく給付のこと。(1)生活扶助、(2)教育扶助、(3)住宅扶助、(4)医療扶助、(5)介護扶助、(6)出産扶助、(7)生業扶助、(8)葬祭扶助——という8種類の扶助があります。

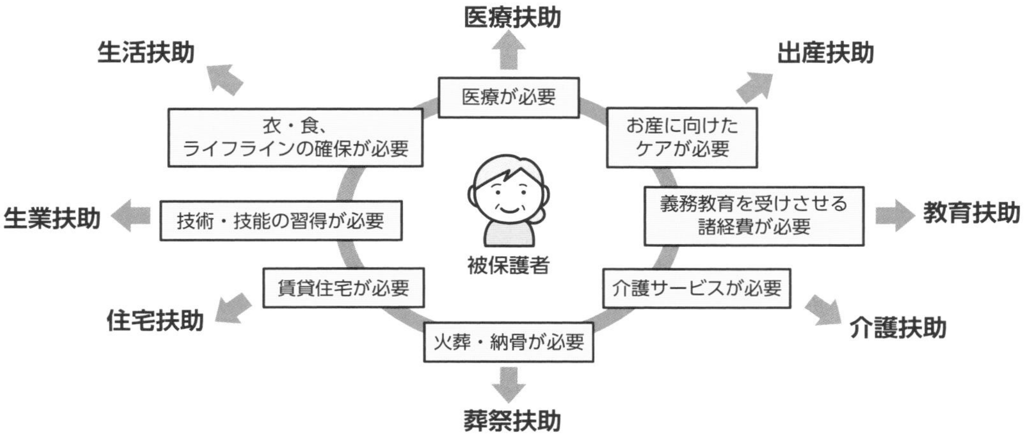

支援・しくみ

加算《かさん》

世帯の状況に合わせた保護費上乗せ

　衣食や光熱水費などの基本的な生活費に充てるよう支給される「生活扶助」は、年齢や世帯の人数、居住地などの条件によって定められる「基準生活費」と、世帯に特別の需要がある場合に保護費に上乗せされる「加算」によって構成されています。具体的には以下のような加算があります。

- 妊産婦加算
- 介護施設入所者加算
- 放射線障害者加算
- 介護保険料加算
- 障害者加算
- 在宅患者加算
- 児童養育加算
- 母子加算

支援・しくみ

餅代《もちだい》

年末年始の一時扶助の俗称

　生活保護制度では、12月から翌年1月にかけて引き続き保護を受ける被保護者に対して、年末年始でいろいろ物入りとなる時期への対応として、「期末一時扶助費」という給付を上乗せ支給することとなっています。“餅代”とは、この給付の俗称です。

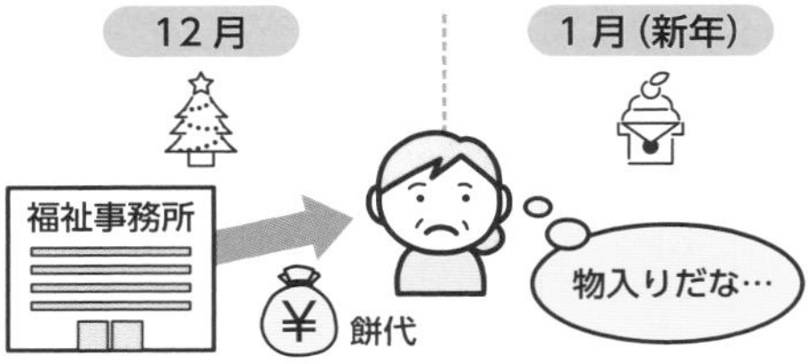

支援・しくみ

単給《たんきゅう》

一つの扶助を単独で受給

　生活保護の8つの扶助のうち、いずれか一つだけを単独で受給すること。必ずしも生活保護基準には該当しない程度に収入があるものの、医療費の支払いが急増して家計がやりくりできなくなって生活保護を申請したような場合に、医療扶助単給で保護決定されることがあります。

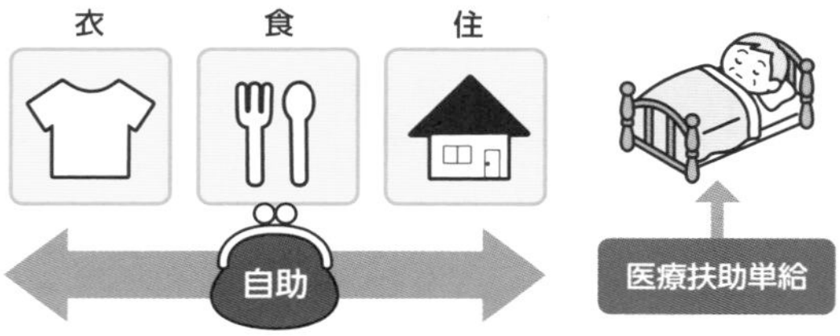

支援・しくみ

併給《へいきゅう》

複数の扶助を受給

　複数の異なる社会保障給付を、同一人物が同時期に受給すること。生活保護制度の「単給」の逆の意味で、複数の扶助を受給することを指すこともありますが、もっと広く社会保障制度全般でも用いられる用語です。

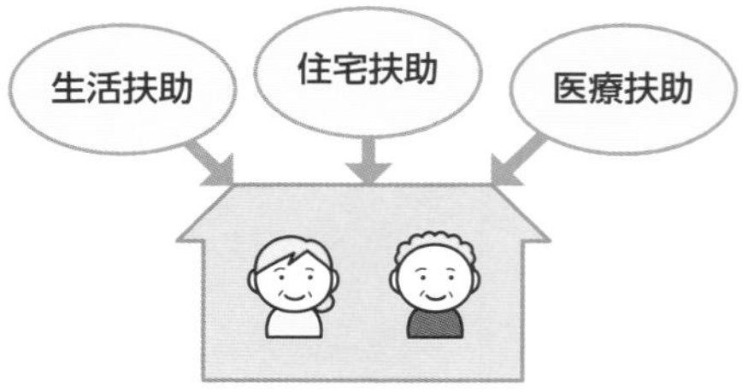

支援・しくみ

級《きゅう》地《ち》

地区ごとに保護基準を定めた区分

生活様式や物価水準の地域差に応じて、被保護者の「最低限度の生活」が等しく保障されるように、地区ごとに保護基準を定めた区分のこと（全部で6区分）。

級地〜市町村の例

1級地－1	1級地－2
東京23区 横浜市 大阪市	札幌市 千葉市 福岡市
2級地－1	**2級地－2**
金沢市 静岡市 高知市	長岡市 三島市 佐世保市
3級地－1	**3級地－2**
弘前市 福知山市 今治市	結城市 篠山市 宇和島市

※2022年8月現在

支援・しくみ

代《だい》理《り》納《のう》付《ふ》

家賃相当分の保護費を直接支払い

本来は被保護者本人に対して現金で支給されるべき保護費のうち、家賃や介護保険料や給食費を、直接支払い先（家主、介護保険者、学校）に払い込むしくみのこと。ただし、すべての福祉事務所で一律に実施されているものではなく、必要に応じて福祉事務所の判断で実施できるという位置づけのしくみです。

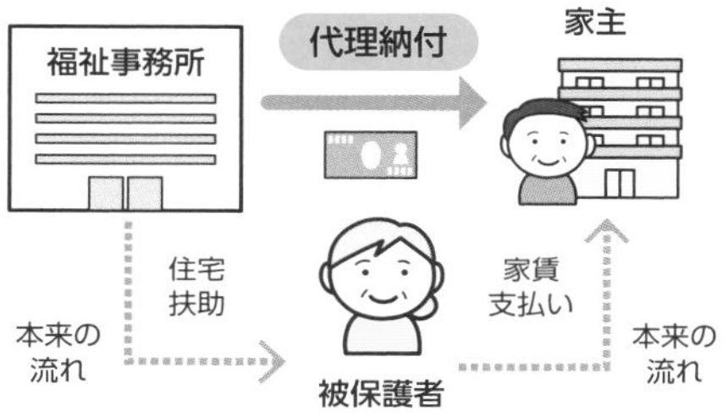

支援・しくみ

自《じ》立《りつ》支《し》援《えん》プログラム

被保護世帯の課題に応じた支援を展開

被保護世帯の社会的孤立や複合した生活課題の改善・解決が図られるように提供される、タイプ別の支援プログラムのこと。

被保護世帯は、傷病や障害、社会的入院、ドメスティック・バイオレンス（DV）、虐待、多重債務、元ホームレス、社会的な絆やつながりが薄いなど、複合的な生活課題を抱えている傾向があることから、「最低限度の生活を維持する経済的給付だけでは自立に結びつかない」との問題意識のもと、2005年度から導入されたものです。

就労自立	日常生活自立	社会生活自立
就労により経済的自立を果たす	身体や精神の健康を回復し、自ら健康管理・生活管理を持続する	近所づきあいなど社会的つながりを回復する

書類

保護《ほご》開始《かいし》決定《けってい》通知《つうち》書《しょ》

保護決定を申請者に伝える文書

生活保護の適用が決定した申請者に対して、「保護決定」した旨を連絡する文書。福祉事務所から郵送されます。開始する保護の種類や支給額が記されています。

年　月　日

様

福祉事務所長

保護決定通知書

生活保護法による保護を次のとおり開始したので通知します。

1　保護の種類及び支給額

種　類	生活扶助	住宅扶助	教育扶助	生業扶助	一時扶助	合　計

本人支払額

一時扶助の内訳（再掲）

生　活	住　宅	教　育	介　護	医　療	出　産	生　業	葬　祭

別途送金額	施設事務費			

介護扶助自己負担月額　円（事業者名　）

円（事業者名　）

円（事業者名　）

医療扶助自己負担月額　円

2　扶助金支給日

3　保護開始の時期

4　開始の理由

5　この決定通知書が申請受理後 14 日を経過した理由

書類

保《ほ》護《ご》申《しん》請《せい》却《きゃっ》下《か》通《つう》知《ち》書《しょ》

保護申請棄却を申請者に伝える文書

生活保護申請を棄却した事実とその理由を、その申請者に伝える文書。福祉事務所から郵送されます。

年　月　日

様

福祉事務所長

保護申請却下通知書

年　月　日付で申請された生活保護法による保護については、下記の理由で保護できないため却下します。

記

1　却下の理由

2　この通知が申請後 14 日を経過した理由

シーン5

被保護者への医療

押さえておきたい用語の一覧

書類

- 医療券
- 医療要否意見書

機関

- 生活保護法指定医療機関

専門職

- 嘱託医

支援・しくみ

- 病状調査（主治医訪問）
- 適正受診指導
- ジェネリック医薬品使用の原則
- 検診命令

生活保護における医療（医療扶助）は、緊急等やむを得ない場合を除いて、生活保護法指定の医療機関で受診する必要があります。また、一般の保険診療と違って、受診に先立って福祉事務所の支給決定を受け、その証である「医療券」を発行してもらう必要があります。医療扶助決定後に、ケースワーカーが主治医を訪問して被保護者の「病状」や「治療内容」の確認を行う場合があります。

書類

医《い》療《りょう》券《けん》

医療扶助の決定を証明

氏名が記載された被保護者について、福祉事務所が医療扶助を認める決定をしたことを証明する証書。医療扶助で受診する場合には必ず必要となります。

基本的には、被保護者が福祉事務所から手渡しで受け取って、医療機関の窓口に提出する流れですが、実態としては多くの福祉事務所が紛失等のリスク回避のために「医療機関への直送」で処理しています。

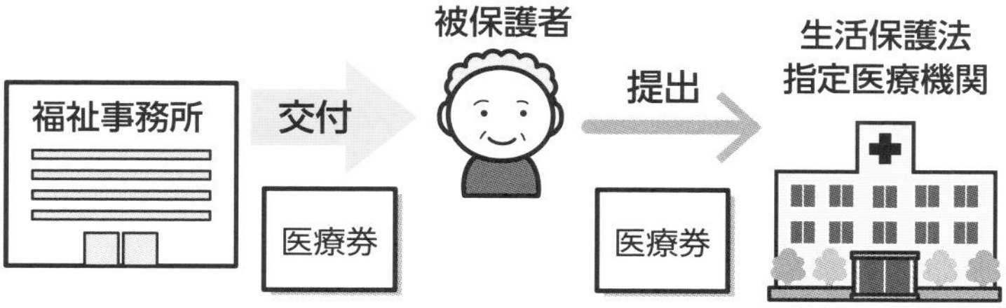

生活保護法医療券・調剤券（　　年　　月分）

公費負担者番号		有効期限	
受給者番号		単独・併用別	単独 ・ 併用
※交付番号	交付		
氏名	（男・女）明・大・昭・平・令　年　月　生		
居住地			
指定医療機関名			
傷病名	(1) (2) (3)	診療別	入院　歯科 入院外　調剤 訪問看護
		本人支払額	
地区担当者名　取扱担当者名		福祉事務所長　印	
備考	社会保険	あり（健・共）　なし	
	感染症等の予防及び感染症の患者に対する医療に関する法律第37条の2	あり　なし	
	その他		

書類

医《い》療《りょう》要《よう》否《ひ》意《い》見《けん》書《しょ》

医師による「医療の要否」の所見

医療扶助の決定に先立って、福祉事務所はその被保護者（または保護申請者）が、「医療を受ける必要があるのか、ないのか」について、意見を指定医療機関に求めることになっています。指定医療機関は、この被保護者（または保護申請者）に簡易な診察を行って、所見を文書にまとめて福祉事務所に送ります。この文書を「医療要否意見書」といいます。

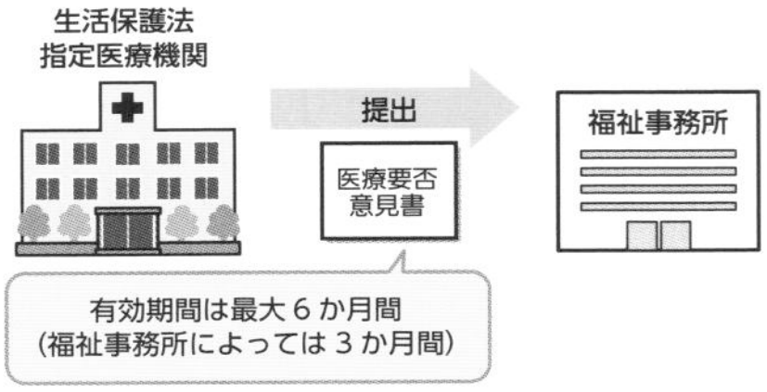

機関

生《せい》活《かつ》保《ほ》護《ご》法《ほう》指《し》定《てい》医《い》療《りょう》機《き》関《かん》

被保護者が受診できる医療機関

生活保護法による指定を受けた医療機関のこと。国立の医療機関は厚生労働大臣が、その他の医療機関は都道府県知事、政令指定都市市長、中核市市長が指定します。保護者が医療を受けられるのは、原則として、この指定医療機関に限られます。（例外として、「非指定の医療機関に入院している最中に保護の申請が行われ、実態調査中に手術が行われた等で転院不能」というような、やむを得ない場合は認められます）。医療が必要であるかどうかの所見を記す「医療要否意見書」も、指定医療機関が作成する。指定は６年ごとの更新制。

専門職

嘱《しょく》託《たく》医《い》

医療扶助の決定等の判断を行う

福祉事務所からの要請に基づき、医療扶助等の決定・実施に伴う専門的判断や、必要な助言指導を行う医師のこと。生活保護制度について理解のある医師から、非常勤の特別職として委嘱することになっています。委嘱は１年ごとの更新制。具体的な職務内容は以下のとおり。

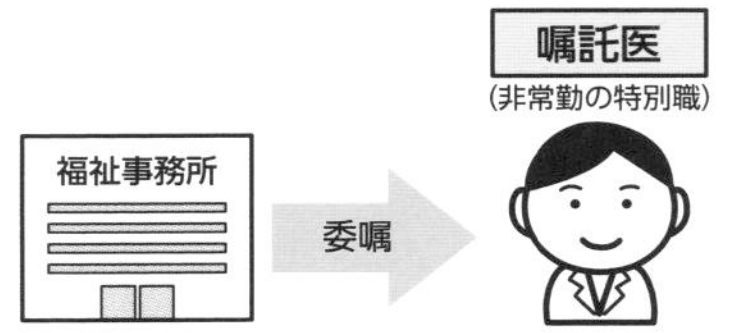

- 医療扶助に関する各申請書及び各医療要否意見書等の内容検討
- 要保護者についての調査、指導又は検診
- 診療報酬明細書等の内容検討
- その他専門的判断及び必要な助言指導

支援・しくみ

病《びょう》状《じょう》調《ちょう》査《さ》（主《しゅ》治《じ》医《い》訪《ほう》問《もん》）

被保護者の病状を聞き取り

福祉事務所のケースワーカーが、医療扶助を受給中の患者の主治医を訪問して、患者の病状、治癒の見込み期間、現に行っている療養上の指示、患者の受療態度などについて、所見を求めること。患者の病状を把握して、適切な生活指導等に活かすという目的で行われています。

適《てき》正《せい》受《じゅ》診《しん》指《し》導《どう》

支援・しくみ

頻回受診者への指導

医療扶助によって通院する患者で、かつ、通院日数が過度に多いとみられる患者（このことを「頻回受診者」といいます）に対して、福祉事務所が自宅を訪問して受診行動を改めるよう求める指導のこと。

頻回受診者の基準は、「①同一傷病について、同一月内に同一診療科目を15日以上受診している」「②短期的・集中的な治療を行う者を除き、治療にあたった医師や嘱託医が必要以上の受診と認めている」のいずれにも該当していること。

ジェネリック医《い》薬《やく》品《ひん》使《し》用《よう》の原《げん》則《そく》

支援・しくみ

割安な後発医薬品を使用する

生活保護法第34条第3項に定められている、医療扶助での医薬品使用に関する決まりごと。医師が医学的知見に基づいて使用を認めているならば、ジェネリック医薬品（後発医薬品）を使用することを原則とする――と定められています。

検《けん》診《しん》命《めい》令《れい》

支援・しくみ

罰則つきの検診受診の命令

保護を申請する人、すでに保護を受けている人に対して、福祉事務所が生活保護法第28条に基づき、本人の病状把握のために指定の医療機関で検診を受けるよう求める命令のこと。これを拒否すると、保護申請は却下されます。すでに保護を受けている人は、保護の変更・停止の処分が行われたり、保護廃止となったりすることもあります。

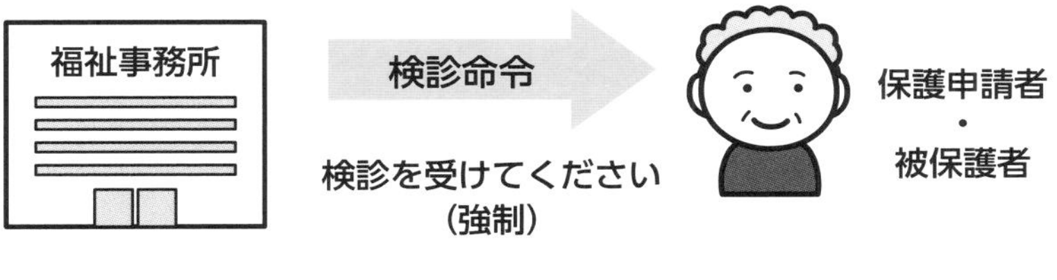

シーン６

被保護者への介護

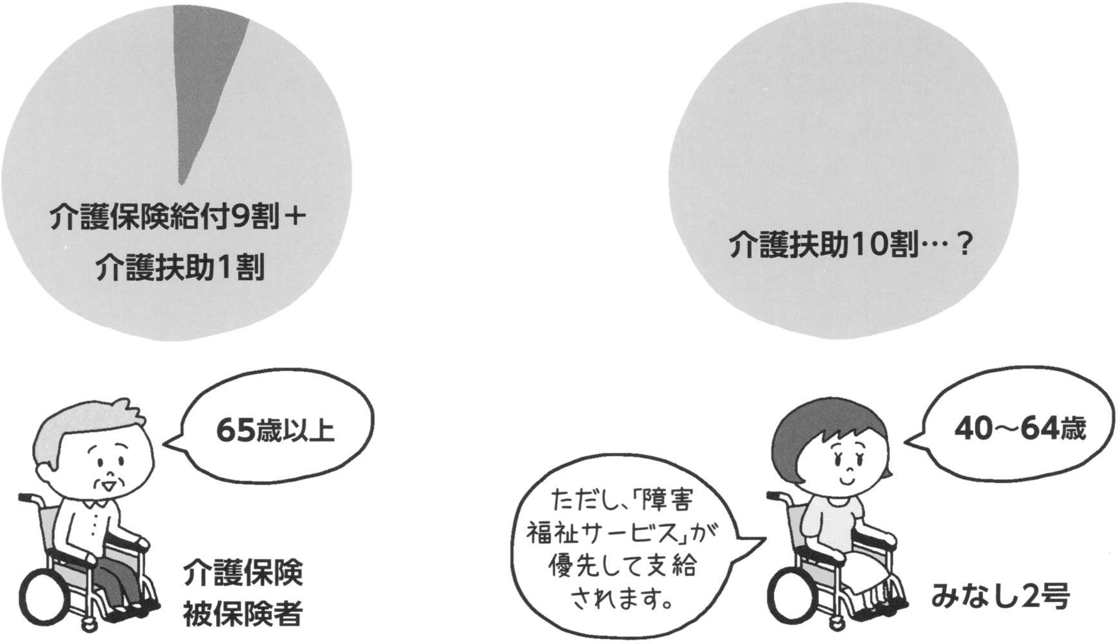

押さえておきたい用語の一覧

書類
- **介護券**

支援・しくみ
- **介護保険の被保険者以外の者**
- **みなし２号／Ｈ番号**
- **他法他施策優先の原則**

機関
- **生活保護法指定介護機関**

被保護者に対する介護サービスは、65 歳以上の場合は一般の人と同様に介護保険制度を使って行われ、利用者負担の 1 割負担の部分に生活保護（介護扶助）が充てられます。一方、40 ～ 64 歳の人は、大半が介護保険被保険者に該当しません。制度上は 10 割分が生活保護の介護扶助で支給されるところですが、「他法他施策優先の原則」により、障害福祉サービスが優先することになっています。

書類

介《かい》護《ご》券《けん》

介護扶助の決定を証明

氏名が記載された被保護者について、福祉事務所が介護扶助を認める決定をしたことを証明する証書。ケアプランに位置づけられた各事業所に対して、暦月単位で福祉事務所から送付されます。

生活保護法介護券

年　　月分

公費負担者番号		有効期間	
受給者番号		単独・併用別	
保険者番号		被保険者番号	
氏名			性別
要介護状態区分	要支援1・2経過的要介護　要介護1・2・3・4・5		
認定有効期間			
居住地			
指定居宅介護支援事業者・地域包括支援センター名	事業者番号		
指定介護機関名	事業者番号		
居宅介護 介護予防	□訪問介護 □訪問入浴介護 □訪問看護 □訪問リハビリテーション □居宅療養管理指導 □通所介護 □通所リハビリテーション □短期入所生活介護 □短期入所療養介護 □特定施設入居者生活介護 □福祉用具貸与 □認知症対応型通所介護 □小規模多機能型居宅介護 □認知症対応共同生活介護	居宅介護	□夜間対応型訪問介護 □地域密着型特定施設入居者生活介護
		施設介護	□地域密着型介護老人福祉施設 □介護老人福祉施設 □介護老人保健施設 □介護医療院 □介護両療養医療施設
		居宅介護支援 介護予防支援	□居宅介護支援 □介護予防支援
		本人支払額	円

地区担当員　　取扱担当者

社会福祉事務所長　印

備考	介護保険	あり	なし
	感染症の予防及び感染症の患者に対する医療に関する法律第37の2	あり	なし
	その他		

支援・しくみ

介護《かいご》保険《ほけん》の被保険者《ひほけんしゃ》以外《いがい》の者《もの》

40～64歳で介護保険対象外の被保護者

「介護保険第２号被保険者の加入資格をもたない、40～64歳の被保護者」のこと。

介護保険第２号被保険者の要件は、「40～64歳の医療保険被保険者」ですから、生活保護の適用となって国民健康保険の資格を失った人は、介護保険第２号被保険者資格をも失っています。それらの人のことを指します。

ただ、介護を必要としたときは、代替手段がなければ、介護扶助で介護費用が全額賄われる仕組みとなっています。

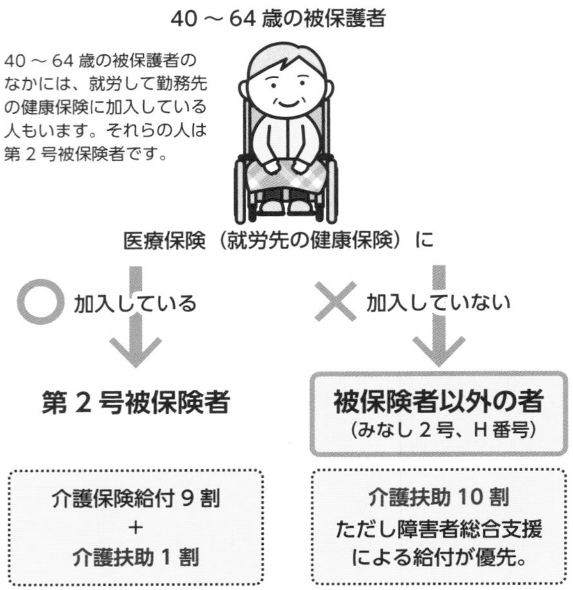

支援・しくみ

みなし2号《ごう》／H番号《ばんごう》

介護保険の被保険者以外の者の俗称

いずれも「介護保険の被保険者以外の者」の俗称です。「みなし２号」は、介護保険第２号被保険者ではないけれど、特定疾病で要介護等になった場合には、同じようにサービスが保障されることになっている――という意味で用いられるようになった造語です。また、「H番号」は、介護報酬の請求・支払いは介護扶助も介護保険のフローで行うことから、他と区別がつくように、被保険者番号の冒頭１文字目は「H」とする取り決めになっていて、それが由来となっていると言われます。

機関

生活保護法指定《せいかつほごほうしてい》介護機関《かいごきかん》

介護扶助のサービス実施機関

生活保護法による指定を受けた介護サービス事業所／施設のこと。被保護者が介護扶助による介護サービスを受けられるのは、この指定介護機関に限られます。なお、2014年７月１日以降に介護保険法による事業者指定を受けた事業所は、同時に、生活保護法による指定介護機関の指定を受けたものとみなされる取り扱いになっています。

支援・しくみ

他《た》法《ほう》他《た》施《し》策《さく》優《ゆう》先《せん》の原《げん》則《そく》

生活保護より他の法律・施策が優先する

他の法律に定める保障が生活保護法によるあらゆる保護に優先して実施されるという決まりごと。生活保護制度は「最後のセーフティネット」であるため、最低限度以上の生活の維持に役立てられる他の保障があるなら、まずその給付を受ける段取りをとって、それでも足りない部分を生活保護で補うというものです。

これによって、たとえば、みなし2号の人が介護サービスを受ける場合は、障害者総合支援法による障害福祉サービスのほうが介護扶助に優先するという運用になっています。

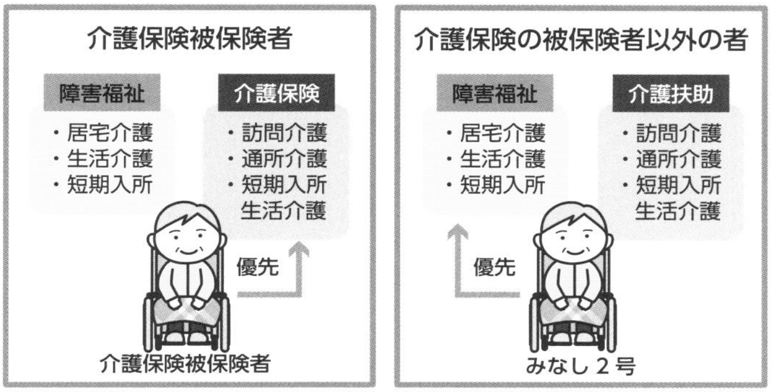

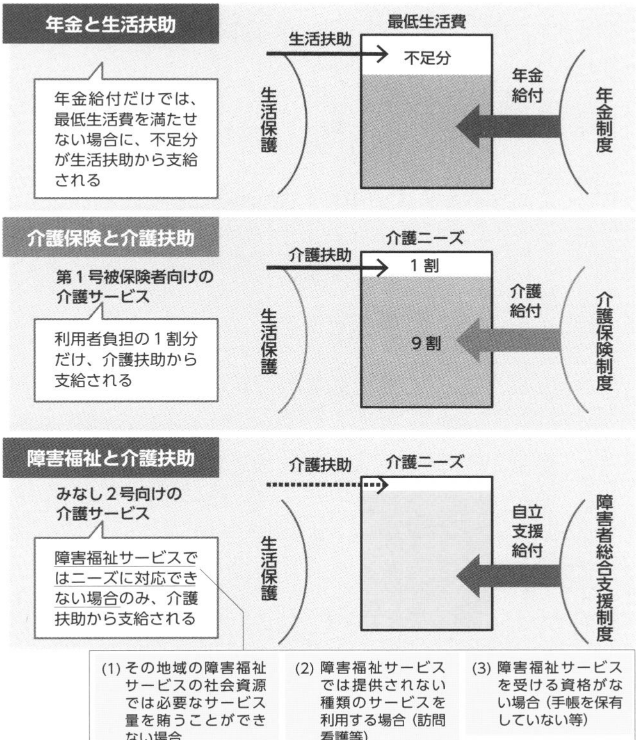

シーン７

収入申告・収入認定

押さえておきたい用語の一覧

書類

- 収入申告

支援・しくみ

- 収入認定
- 自立更生のために当てられる額
- 勤労控除
- 不正受給
- 徴収金
- 返還金

生活保護制度は、最低限度の生活を保障しつつ、「自立を助長」する制度です。保護が開始されてからも、「働くことができる人については、その能力に応じて、働いて収入を得る」努力が求められます。また、収入状況に変化がある（あった）場合には、速やかに届け出なければならない——とする義務が課せられます。

書類 収入《しゅうにゅう》申《しん》告《こく》

収入の状況を申告するという被保護者の義務

保護が開始されてから、被保護者が守らなければならない義務の一つ。被保護者は、収入があった場合は、その金額や支払った相手方などを、福祉事務所に書面（収入申告書）で申告する必要があります。なお、申告の対象は、働いて得た収入だけでなく、年金、福祉手当、仕送り、贈与、保険金、解約返戻金から祝儀・香典までをも含めた、あらゆる収入です。収入があったのに申告しないで保護を受けていると、「不正受給」とみなされるおそれがあります。

収 入 申 告 書

年　月　日

（あて先）○○福祉事務所長

住　所

氏　名　　　　　印

収入の有無		あり　・　なし			
収入の種類		給与・その他	具体的に（　　　）		
収入を得る関係先		所在地（住所）			
		名称（氏名）			
区分＼月別		今月分（月末までの予定を含む。）	前　3　月　分		
			月分	月分	月分
収入総額（ア）		円	円	円	円
内訳	働いて得た収入				
	その他の収入				
必要経費（イ）					
手取収入(ア)−(イ)					
働いた日数		日	日	日	日
1日平均働いた時間		時間	時間	時間	時間
備　考					
収入がない理由					
社会福祉主事意見					受理年月日

（注）1　太線内の欄は、記入しないでください。
　　　2　この申告書には、申告内容を証明すべき資料、収入内訳書等を添えてください。

支援・しくみ

収《しゅう》入《にゅう》認《にん》定《てい》

世帯の収入次第で保護費は増減

被保護者の収入申告を受けたケースワーカーが、その世帯の1か月あたりの収入の合計から、必要経費（たとえば通勤に要した交通費、天引きされた社会保険料など）や勤労控除を差し引いて、世帯の保護費受給額の増減に直結する「収入」を確定する作業のこと。多く収入認定されるほど保護費は減り、少なく収入認定されるほど保護費は増えます。

なお、申告された収入のうち、常識の範囲内の金額によるご祝儀や香典など、「社会通念上収入として認定することを適当としないもの」は、収入認定から除外されることとなっています。

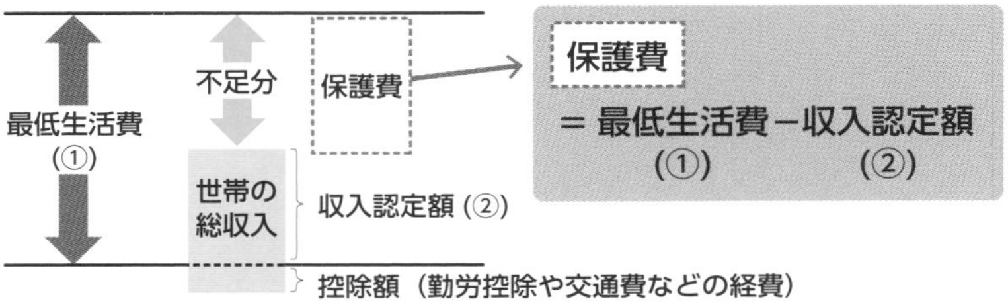

支援・しくみ

自《じ》立《りつ》更《こう》生《せい》のために当《あ》てられる額《がく》

「収入認定」しない例外的取扱い

生活保護制度では、保護開始後に生命保険の死亡保険金がおりた場合や、交通事故等の被害に遭って賠償金を受け取った場合は、その分が「収入認定」され、保護費が減額されたり、保護費の返還を求められたりします。しかし、「最低限度の生活水準から脱却して、経済的自立を果たすための用途に用いられる経費については、収入認定しない」というルールがあります。この、収入認定されない金額のことを“自立更生のために当てられる額”といいます。

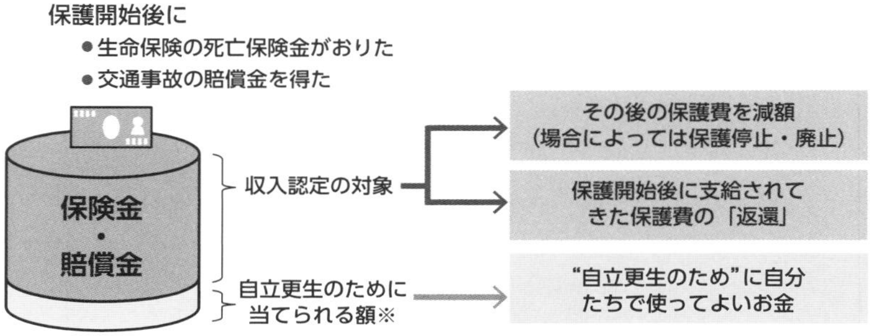

※直ちに生業（職業訓練や事業経営）、医療、家屋補修等
自立更生のための用途に供されるもの

支援・しくみ

勤《きん》労《ろう》控《こう》除《じょ》

働く被保護者の「必要経費」の取扱い

働くうえで必要となる一定の経費を補い、かつ、勤労意欲の維持に資するため、勤労収入のうちの一定額が手元に残るように、収入の一部を収入認定しない（控除する）取り扱いのこと。控除額は勤労収入額に比例して増えるように設定されています。なお、社会保険料や交通費は、これとは別に実費で控除されます。

勤労控除の考え方

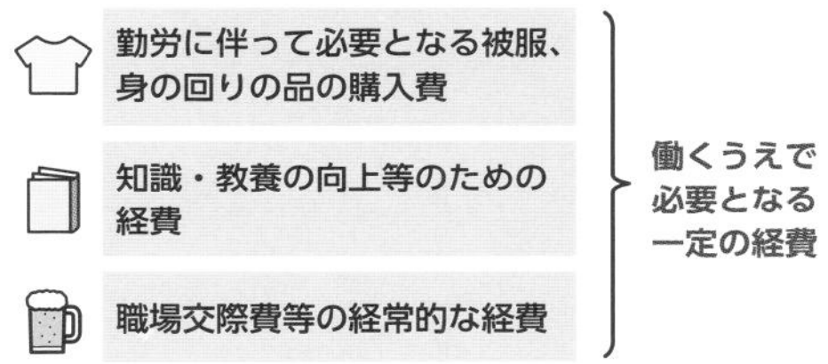

支援・しくみ

不《ふ》正《せい》受《じゅ》給《きゅう》

偽って保護費を得る

収入、資産、必要経費などを偽って、不正に保護費を得ること。福祉事務所からペナルティも含めた徴収金を請求されることになります。また、行政が告訴・告発すれば「3年以下の懲役または100万円以下の罰金」という罰則が科せられます（生活保護法第85条）。

支援・しくみ

徴《ちょう》収《しゅう》金《きん》

不正受給のペナルティを含めて徴収

就労収入があるにもかかわらず「無収入です」と福祉事務所に届け出るなど、不実の申請や不正な手段で保護を受けた被保護者に対して、支払われた保護費にペナルティ分を上乗せして保護世帯から徴収する取り扱いのこと。またはそのお金。徴収金の上限は、不正受給とみなされた額の最大4割増しとなります。生活保護法第78条に基づく措置。

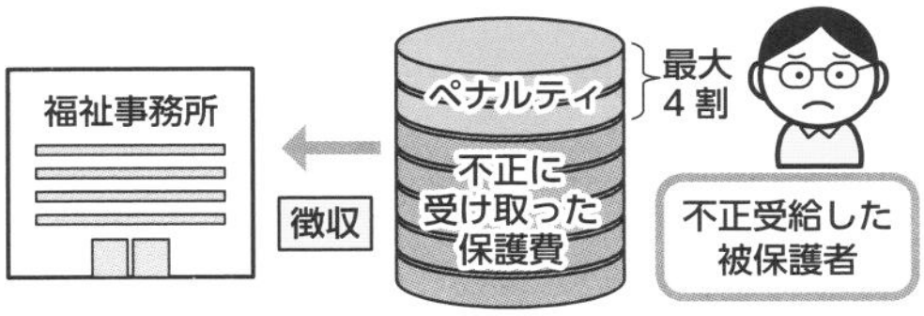

支援・しくみ

返《へん》還《かん》金《きん》

ひとまず保護を開始した場合の返還

不動産を売り出し中であったり、年金受給の手続きをとって支給開始待ちであったりして、「資力はあるけれども、現時点ではそれを生活の足しにできない」状況の要保護者について、ひとまず保護を開始しておいて、後日収入が入ったタイミングで「返してもらう」取り扱いのこと。またはそのお金。生活保護法第63条に基づく措置。

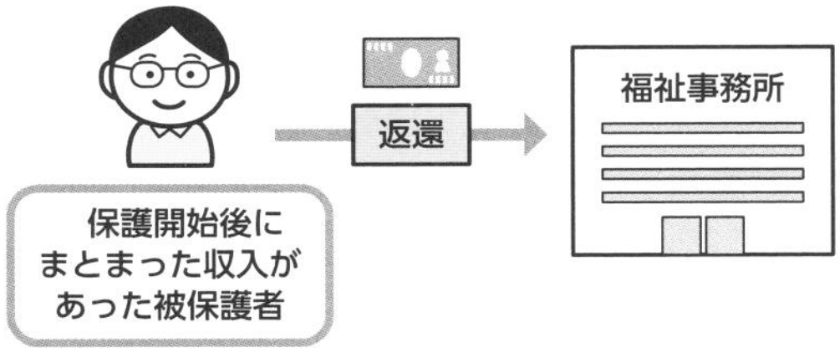

シーン8

保護の停止・廃止、世帯分離

押さえておきたい用語の一覧

支援・しくみ

- **保護廃止**
- **保護停止**
- **世帯単位の原則**
- **世帯分離**

書類

- **保護廃止・停止決定通知書**

被保護者に経済的自立の見通しが立ち、「保護受給の必要はなくなった」と福祉事務所に判定されると、保護は「廃止」されます。一方、収入が保護基準を上回ったものの自立の見通しが不確実な場合は、「保護再開」も視野に入れつつ期間限定で保護を止める「停止」という措置がとられます。

生活保護は世帯全体を単位として実施されます。開始も停止も廃止も、世帯の収入で判定されますが、特別な事情がある場合は例外的措置がとられます。

支援・しくみ

保《ほ》護《ご》廃《はい》止《し》

自立の見通しが立ち、保護打ち切り

定期的な収入が増額し、今後も維持する見通しが立つなど、特別な事態が発生しない限り「保護の再開」は必要ない——と判定され、保護が打ち切られること。

保護が廃止されると、医療費・介護費の自己負担分の支払いや保険料負担が必要になってきます。また、20～60歳であれば、保護期間中に適用されていた国民年金保険料の法定免除が終了することとなり、こちらも新たな保険料負担が必要となってきます。

なお、被保護者が福祉事務所による検診命令や調査を拒否したり、指導や指示に従わない場合のペナルティとして、保護廃止となることもあります。

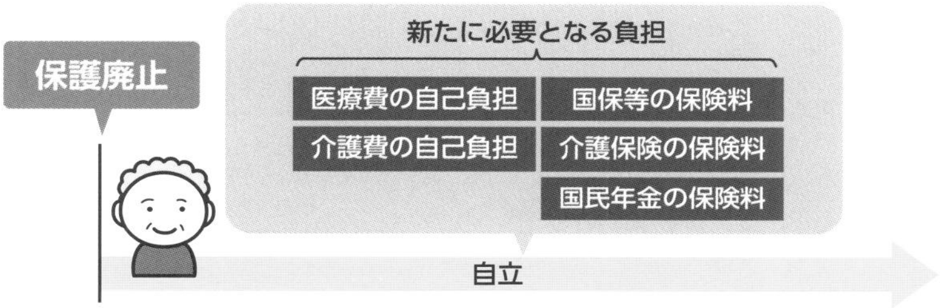

支援・しくみ

保《ほ》護《ご》停《てい》止《し》

自立の継続が可能かをみる、「お試し」期間

収入が保護基準を上回ったものの、臨時収入による一過性のものであったり、就労が継続するか不確実であったりして、再び保護が必要になるかもしれないと見込まれる場合にとられる措置。言わば“仮免許”の状態であり、保護停止中であっても、ケースワーカーの訪問を受けたり、助言指導を受けたりすることがあります。

保護の停止によって、保護廃止と同様、医療費・介護費の自己負担分の支払いや、保険料負担が必要性が生じます。ただし、国民年金保険料の法定免除は継続されます。

なお、被保護者が福祉事務所による検診命令や調査を拒否したり、保護にあたっての指導や指示に従わない場合のペナルティとして、保護が停止となることもあります。

支援・しくみ

世《せ》帯《たい》単《たん》位《い》の原《げん》則《そく》

保護の要否や程度の決定は「世帯単位」で行う

保護の要否や程度の決定は「世帯」を単位として行うものとする、生活保護制度運用上の原則のこと。世帯に属する全員が「利用可能な資産、能力その他あらゆるものを活用し、それでも最低限度の生活を維持できない」場合に、保護が受けられるという取り扱いです。なお、生活保護制度でいう世帯は、「同一居住」「居住者相互の関係」「消費財およびサービスの共同購入・消費の共同」「家事労働の分担」「戸籍・住民基本台帳の記載事実」などを総合的に評価して、同一世帯かどうかが認定されます。同じ家に暮らす親子等が役所に届け出をして、住民票上で別々の世帯となっても、生計をともにしていれば同一世帯と判断されます。

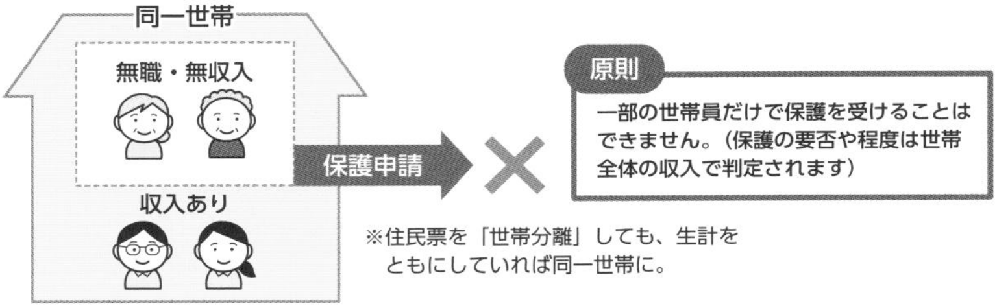

支援・しくみ

世《せ》帯《たい》分《ぶん》離《り》

特別な事情の場合に限り「分離」も可

「世帯単位の原則」にかかわらず、特別な事情がある場合に、同一世帯のなかの特定の世帯員だけを保護の対象にしたり、逆に保護の対象から外す例外的取り扱いのこと。一律に世帯単位の原則を貫くことで、保護対象が広がったり、必要な保護ができなかったり、自立に向けた営みに制約がかかるのを防ぎ、保護適用を最小限の人員にとどめる趣旨の措置。

例外的に世帯分離が認められる例

寝たきりまたは重度心身障害等の状態で常時の介護・監視を要する場合(世帯分離しないと世帯全体が要保護となる場合)

寝たきり等の者に限って保護適用

長期入院・入所が必要で、その費用を負担できない場合(世帯全体が要保護となってしまう場合)

長期入院・入所者に限って保護適用

被保護世帯の子が大学に進学する場合(制度上、保護を受給しながらの大学進学は認められない)

進学する子を保護の対象から除外(そのまま同居継続可)

書類

保《ほ》護《ご》廃《はい》止《し》・停《てい》止《し》決《けっ》定《てい》通《つう》知《ち》書《しょ》

保護の廃止または停止を被保護者に通知する文書

　保護の廃止または停止を決定した場合に、その処分内容と日付と理由を対象者に通知する文書。福祉事務所から郵送されます。

処分に不服がある場合は、通知書を受け取ってから３か月以内に都道府県知事に対して審査請求ができることが、あわせて付記されています。

年　月　日

様

福祉事務所長　印

保護廃止・停止決定通知書

年　月　日に開始した生活保護法による保護を、次のとおり　　したので通知します。

1　停止期間　　年　月　日 ～　年　月　日

2　廃止日　　年　月　日

3　理由

1　この処分に不服があるときは、この通知書を受け取った日の翌日から起算して 3 か月以内に知事に対し審査請求をすることができます（なお、この通知書を受け取った日の翌日から起算して 3 か月以内であっても、この処分の日の翌日から起算して 1 年を経過すると審査請求をすることができなくなります。）

　また、その審査請求に対する裁決に不服があるときは、その裁決の通知書を受け取った日の翌日から起算して 6 か月以内に〇〇市を被告（訴訟において〇〇市を代表する者は〇〇市長となります。）として処分の取り消しの訴えを提起することができます（なお、その裁決の通知書を受け取った日の翌日から起算して 6 か月以内であっても、その裁決の日の翌日から起算して 1 年を経過すると処分の取消しの訴えを提起することができなくなります。）

　なお、次のアからウまでのいずれかに該当するときは、審査請求に対する裁決を経ないで〇〇市を被告として取消しの訴えを提起することができます。

　ア　審査請求をした日（行政不服審査法第 23 条の規定により不備を補正すべきことを命じられた場合にあっては、当該不備を補正した日）の翌日から起算して 50 日（50 日以内に行政不服審査法第 43 条第 3 項の規定による通知を受けた場合にあっては、70 日）を経過しても裁決がないとき。

　イ　処分、処分の執行又は手続の続行により生ずる著しい損害を避けるため緊急の必要があるとき。

　ウ　その他審査請求に対する裁決を経ないことにつき正当な理由があるとき。

2　保護廃止（停止）の日から国民健康保険に加入しなければなりません。この通知書を持参の上、役所で加入手続をご相談ください。（ただし、勤務先の健康保険等に加入している方は、手続の必要はありません。）

　また、国民年金に加入している方は、役所で保険料についてもご相談ください。

3　転出されたため保護を廃止された方で、引き続き保護を必要とされる方は、新しい居住地の福祉事務所に、すぐ保護の申請手続をしてください。

シーン9

生活困窮者自立支援制度

押さえておきたい用語の一覧

支援・しくみ

- **自立相談支援事業**
- **住居確保給付金**
- **家計改善支援事業**
- **就労準備支援事業**
- **就労訓練**
- **子ども食堂**
- **フードバンク**

機関

- **自立相談支援機関**

専門職

- **主任相談支援員**
- **相談支援員**
- **就労支援員（就労準備支援員）**
- **家計改善支援員**

高齢者福祉、障害者福祉、児童福祉、医療保険…といった縦割りの社会保障制度の対象とはならず、かといって生活保護がすぐに必要となるほど貧困状態ではなく、「何らかの事情があって生活が行き詰まってしまい（あるいは行き詰まる手前にあって）、周りのサポートを受けられずに困っている人」すべてを対象に、ワンストップで相談を受け、必要な支援に結びつける制度です。ひきこもり支援にも対応しています。

支援・しくみ

自《じ》立《りつ》相《そう》談《だん》支《し》援《えん》事《じ》業《ぎょう》

住民の相談を受け付け、支援につなぐ

支援員が相談を受けて、必要な支援を相談者と一緒に考え、具体的な支援プランを作成し、自立に向けた支援を行います。住宅確保給付金や一時生活支援や就労支援など、生活困窮者自立支援制度内の支援メニューのほか、保健所や精神保健福祉センター、ひきこもり地域支援センター、自殺予防に関する相談窓口、各種支援団体とも連携して、それぞれの支援に引き継いだり、役割分担して継続的に相談支援にあたっています。また、必要に応じて生活福祉資金貸付制度や生活保護申請につなぎます。

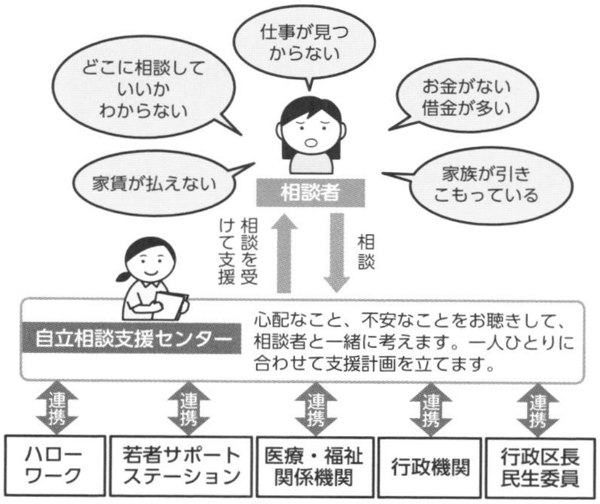

機関

自《じ》立《りつ》相《そう》談《だん》支《し》援《えん》機《き》関《かん》

地域の「よろず相談窓口」

生活困窮者自立支援法に基づいて、各市町村（福祉事務所のない町村については都道府県）が開設している相談窓口。ひきこもり、多重債務、住居喪失、DV 被害等々の事情があって生活が行き詰まってしまっている人、周囲のサポートを受けられずに困っている人すべてを対象とした、言わば「よろず相談窓口」です。

相談窓口の開設主体

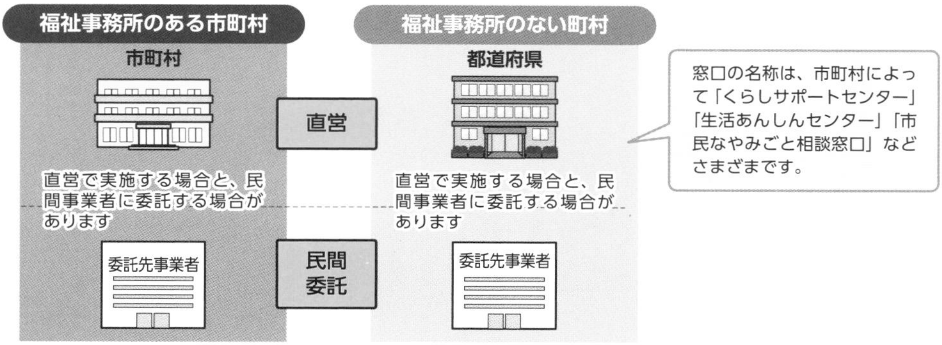

支援・しくみ

住《じゅう》居《きょ》確《かく》保《ほ》給《きゅう》付《ふ》金《きん》

住居喪失リスクに対応する現金給付

離職・廃業や休業に伴う収入減少により住居を失った人、または失うおそれの高い人に、就職に向けた活動をするなどを条件に、原則として３か月間、家賃相当額（上限あり）を家主等に対して直接支払う給付金です。２回延長が可能で、最大で９か月間受給できます（2020年度中に申請した人に限って３回まで延長可能で、最長12か月間受給できます）。資産・収入に一定の要件があります。

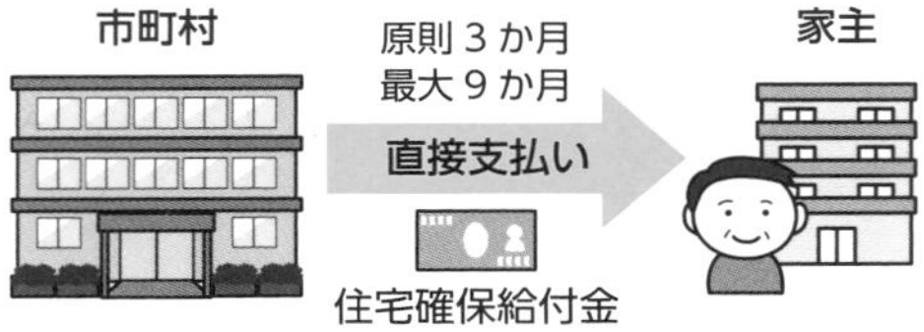

支援・しくみ

家《か》計《けい》改《かい》善《ぜん》支《し》援《えん》事《じ》業《ぎょう》

家計の立て直しをアドバイス

各種生活費、医療費の支払い、ローンの支払いなど、家計の立て直しをアドバイスします。税や保険料の滞納がある場合には納付相談につなぎます。債務整理の必要な場合には専門の機関へつなぎます。

支援・しくみ

就《しゅう》労《ろう》準《じゅん》備《び》支《し》援《えん》事《じ》業《ぎょう》

直ちに就労が難しい人に対するサポート

「社会とのかかわりに不安がある」「他の人とコミュニケーションがうまくとれない」など、直ちに就労が困難な人に、一般就労に向けた技法や知識習得を促すプログラムを提供します。資産収入要件があります。

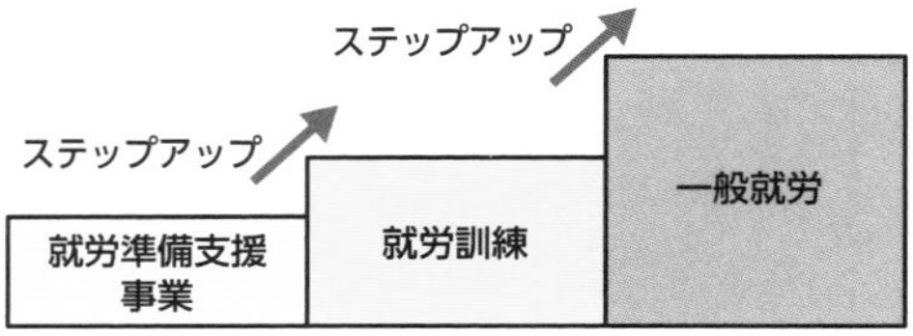

支援・しくみ

就《しゅう》労《ろう》訓《くん》練《れん》

一般就労に向けた職業訓練

直ちに一般就労することが難しい人に対して、「訓練としての就労体験」や「支援付き雇用」（いわゆる「中間的就労」）の機会を中長期的に提供します。最終的には一般就労を目指します。

専門職

主《しゅ》任《にん》相《そう》談《だん》支《し》援《えん》員《いん》

相談支援業務の全般を統括

業務の全般を統括する職員。支援困難ケースへの対応、スーパービジョン、社会資源の開発・連携、地域住民への啓発活動なども行います。

専門職

相《そう》談《だん》支《し》援《えん》員《いん》

相談支援の実務を担う

相談支援に携わる職員。相談支援業務の実務経験をもつ人が担っています。生活困窮者へのアセスメントやプランの作成、アウトリーチなどを担います。

専門職

就《しゅう》労《ろう》支《し》援《えん》員《いん》（就《しゅう》労《ろう》準《じゅん》備《び》支《し》援《えん》員《いん》）

就労支援を行う

生活困窮者自立支援制度または生活保護制度で就労支援（就労準備支援）に携わる職員。就労支援等の実務経験をもつ人が担《にな》っています。

専門職

家《か》計《けい》改《かい》善《ぜん》支《し》援《えん》員《いん》

家計改善支援を行う

家計改善支援に携わる職員。主にファイナンシャルプランナーや消費生活専門相談員などの資格・技能をもち、実務経験のある人が担っています。

支援・しくみ

子《こ》ども食《しょく》堂《どう》

子ども一人でも行ける無料または低額の食堂

子どもが一人でも行ける無料または低額の食堂のこと。自宅の一部を開放して開催する小規模のものもあれば、地域の公民館で一時的なイベントのように開催されるものもあります。地域の子どもたちに食事を提供する事業であるとともに、地域の人々をつなぐ地域交流拠点としての役割も期待されている社会資源です。

子どもの居場所の確保・充実～子ども食堂への支援

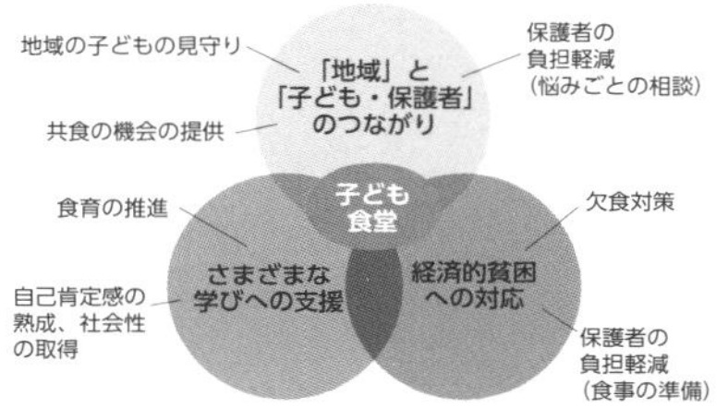

支援・しくみ

フードバンク

食品を譲り受け、施設や困窮世帯に提供

各家庭や食品を取り扱う企業から、まだ安全に食べられるのに廃棄されてしまう食品を引き取り、必要としている施設・団体や生活困窮世帯に無償で提供する活動、またはその活動を行う団体のこと。

生活困窮世帯に食品を配布提供する際に、併せて相談を受け付けたり、フードバンク運営に欠かせない配達や倉庫管理などの業務を「就労訓練」の場として活用したり、各家庭に眠っている食品の寄贈を呼びかける活動（フードドライブ）を通じて、地域共生への理解を呼びかけるなどの形で、社会資源化する取り組みも行われています。

シーン10

居住支援とセーフティネット住宅

押さえておきたい用語の一覧

支援・しくみ

- **住宅確保要配慮者**
- **セーフティネット住宅**
- **居住支援**
- **居住支援法人**
- **居住支援協議会**
- **居宅保護の原則**
- **保護施設**
- **生活困窮者一時宿泊施設（シェルター）**
- **生活困窮者・ホームレス自立支援センター**
- **無料低額宿泊所**
- **日常生活支援住居施設**

身寄りがなく収入の乏しい人は、いつ住まいを失うかもしれない「住居喪失」のリスクにさらされています。低家賃の物件には限りがあるうえ、連帯保証人や緊急連絡先を用意できない時点で門前払いされてしまうことが大半だからです。こうした状況を改善するために、市場原理のもとでは住まいの確保が難しい人を「住宅確保要配慮者」として定め、家主が“貸しやすく”、借主側が“借りやすくなる”しくみが設けられています。

支援・しくみ

住《じゅう》宅《たく》確《かく》保《ほ》要《よう》配《はい》慮《りょ》者《しゃ》

「入居拒否」を受けやすい属性の人

家主側の入居拒否を受けやすく、住まいの確保に特に配慮を必要としている人のこと。改正住宅セーフティネット法第2条で、以下のように定められています。

①低額所得者
（世帯全体の月収が15万8,000円以下）
②被災者（発災から3年以内）
③高齢者
④障害者
⑤子どもを養育する者
⑥その他（外国人、DV被害者、児童虐待被害者、犯罪被害者、矯正施設退所者など）

支援・しくみ

セーフティネット住《じゅう》宅《たく》

住宅確保要配慮者を受け入れる

「住宅確保要配慮者の入居を拒まない物件」として、家主が自主的に都道府県（政令指定都市・中核市）に登録した住宅のこと。制度上は「登録住宅」といわれます。登録された物件はデータベース化され、国土交通省管理による検索・閲覧サイトで公開して、誰でも閲覧できるようになっています。

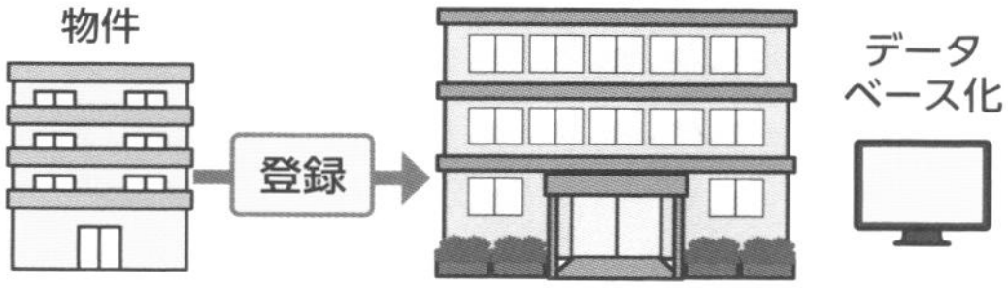

支援・しくみ

居《きょ》住《じゅう》支《し》援《えん》

住宅確保要配慮者の「住まいの確保」を支援する一連の取り組み

高齢一人暮らし・障害・低所得などで賃貸住宅を借りにくくなっている人が、支障なく住まいを確保して、そこで安心して住み続けられるように——との趣旨で行う一連の「住まい確保支援」「見守り・生活相談・手続き支援」のこと。居住支援は、家主側にとっては「家賃滞納」や「孤独死」といったリスクを低減・回避させる意味をもち、結果、入居可能な賃貸物件の供給拡大を促す効果が期待されます。

①入居前の支援	②契約にあたっての支援	③入居後の支援	④死亡後の手続き
・相談 ・アセスメント ・支援プランの作成 ・転居支援	・家賃債務保証 ・身元保証	・生活相談 ・定期訪問 ・緊急時の対応 ・地域社会への参加の誘導 ・就労に向けた支援	・諸手続き ・戸室清掃 ・葬儀の手配 ・残存家 処分

支援・しくみ

居《きょ》住《じゅう》支《し》援《えん》法《ほう》人《じん》

居住支援の実施主体

住宅確保要配慮者への「居住支援」を行う主体として、都道府県知事が指定した法人。入居前・入居後の住宅確保要配慮者に対する支援や契約にあたっての保証を行います。ただし、居住支援に該当する業務をすべて実施することを義務づけられているものではありません。

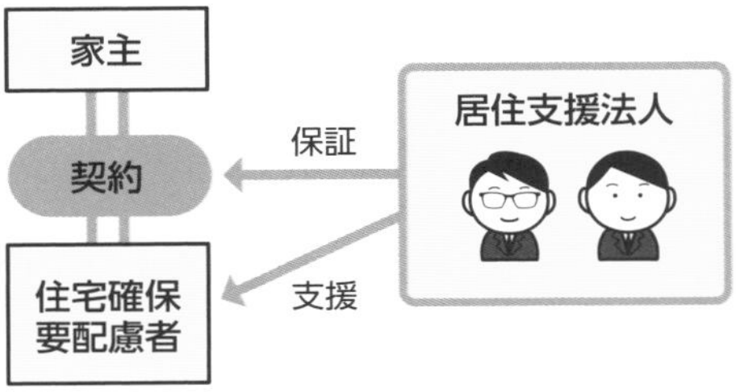

支援・しくみ

居《きょ》住《じゅう》支《し》援《えん》協《きょう》議《ぎ》会《かい》

借り手と貸し手の双方をサポート

住宅確保要配慮者（借り手）と民間賃貸住宅の家主（貸し手）の双方に対し、住宅情報の提供をはじめとする支援を行う地域単位の協議会。地方公共団体、居住支援法人、宅地建物取引業者、賃貸住宅管理業者などで構成され、すべての都道府県と一部の市町村に設置されています。

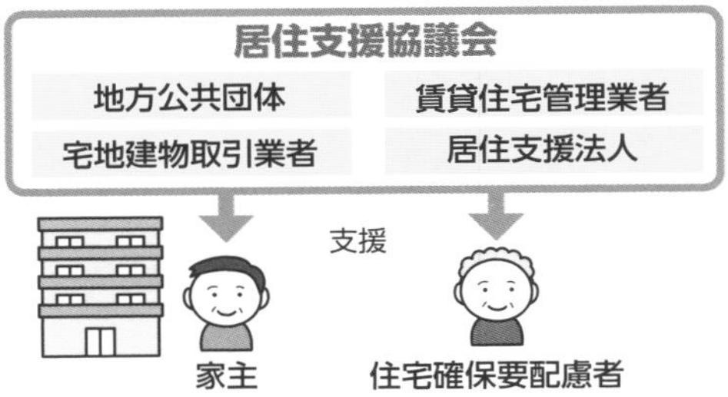

支援・しくみ

居《きょ》宅《たく》保《ほ》護《ご》の原《げん》則《そく》

保護は施設ではなく居宅で行う

生活扶助は「被保護者の居宅で行う」ものとする決まりごとのこと。生活保護法第 30 条に定められています。住所不定のまま現金だけ渡したり、施設に強制的に収容したりすればよいというものではなく、人たるもの、自らの住まいを持つべきだとの考えに立っています。なお、「居宅では保護ができないとき」「被保護者が希望したとき」は、保護施設などの施設で入所保護を行うことが、認められています。

支援・しくみ

保《ほ》護《ご》施《し》設《せつ》

居宅保護が困難な場合は施設で対応

生活保護法に基づき、居宅において一定水準の生活を営むことが困難な者を入所させて保護を行う施設のこと。要保護者のニーズに応じて、救護施設、更生施設、医療保護施設、授産施設、宿所提供施設という 5 つの施設類型があり、設置主体は地方公共団体、社会福祉法人、日本赤十字社に限られています。

支援・しくみ

生《せい》活《かつ》困《こん》窮《きゅう》者《しゃ》一《いち》時《じ》宿《しゅく》泊《はく》施《し》設《せつ》（シェルター）

緊急一時的な宿泊場所

一定の住居を持たない生活困窮者に対し、緊急一時的な宿泊場所を提供する施設。生活困窮者自立支援制度における一時生活支援事業の対象として位置づけられています。

緊急一時的な宿泊場所

支援・しくみ

生《せい》活《かつ》困《こん》窮《きゅう》者《しゃ》・ホームレス自《じ》立《りつ》支《し》援《えん》センター

住居喪失者向け多機能施設

住居を喪失した人、喪失を余儀なくされるおそれのある人を対象に、宿所及び食事を提供するとともに（一時生活支援事業）、自立相談支援事業として生活相談・指導及び職業相談等もあわせて行う多機能施設です。

・宿所及び食事の提供
・生活相談・指導及び職業相談等

支援・しくみ

無《む》料《りょう》低《てい》額《がく》宿《しゅく》泊《はく》所《じょ》

住まいのない生活困窮者の一時的宿泊所

住まいを失った生計困難者を対象に、一時的に無料または低額で居室等を提供する施設のこと。「無低」と略して呼ばれることもあります。居室等を提供するだけのタイプ、居室等と食事を提供するタイプ、居室等と食事と相談支援を提供するタイプの３種類があります。

①住居・居室

②住居・居室＋食事の提供等

③住居・居室＋食事の提供等
＋入居者の課題に応じた生活支援

支援・しくみ

日《にち》常《じょう》生《せい》活《かつ》支《し》援《えん》住《じゅう》居《きょ》施《し》設《せつ》

都道府県の認定を受けた機能強化版の「無低」

無料低額宿泊所のうち、被保護者に対する日常生活上の支援を行うため、生活支援を行う人員の配置を行うなどの一定の要件を満たして、都道府県の認定を受けた施設のこと。

（機能）
- 入所者本人の抱える生活課題に関する相談対応
- 入所者本人の状況に応じた家事等に関する支援
- 服薬等の健康管理支援
- 金銭管理の支援
- 社会との交流その他の支援及び関係機関との連携調整

シーン 11

求職者支援・雇用対策

押さえておきたい用語の一覧

支援・しくみ

- **特定求職者**
- **求職者支援訓練**
- **職業訓練受講給付金**
- **「やむを得ない理由」**
- **求職者支援資金融資**
- **雇用保険制度**
- **基本手当**
- **再就職手当／就業手当**

機関

- **ハローワーク**

「自営業を廃業した」「就職が決まらないまま学校を卒業した」「雇用保険の加入期間が足りずに失業給付を受けられない」――というように、失業状態にありながら雇用保険による保障を受けられない人を救済するしくみが「求職者支援制度」です。無料の職業訓練、訓練期間中の生活を支援する給付金、就職サポートが提供されます。介護離職等で長期にわたって仕事から遠ざかっていた人も、対象となります。

支援・しくみ

特《とく》定《てい》求職《きゅうしょく》者《しゃ》

雇用保険の対象ではない求職者

求職者支援制度の対象となる人のことで、以下のすべてを満たしていることが要件です。

①ハローワークに求職の申し込みをしている
②雇用保険被保険者や雇用保険受給資格者でない
③労働の意思と能力がある
④職業訓練などの支援を行う必要があるとハローワークが認めた

という人でも、①～④を満たせば、
制度の対象になります

支援・しくみ

求職《きゅうしょく》者《しゃ》支《し》援《えん》訓《くん》練《れん》

求職者支援制度で提供される職業訓練

求職者支援制度で提供される、厚生労働大臣認定の職業訓練のこと。原則として、無料で受講できます。ただし、テキスト代などは自己負担。社会人としての基礎的能力および短時間で習得できる技能等を習得する「基礎コース」と、就職希望職種における職務遂行のための実践的な技能等を習得する「実践コース」があります。

基礎コース
基礎的能力
短時間で習得
できる技能

実践コース
希望職種の
職務遂行のための
実践的な技能

支援・しくみ

職《しょく》業《ぎょう》訓《くん》練《れん》受《じゅ》講《こう》給《きゅう》付《ふ》金《きん》

訓練期間中の生活支援の給付金

求職者支援訓練受講期間中の生活費や通所のための交通費として、特定求職者に支給される給付金のこと。受給するには、以下のような所得・資産にかかる要件があり、すべてを満たす必要があります。

①本人収入が月８万円以下
②世帯全体の収入が月 25 万円以下
③世帯の金融資産が 300 万円以下
④現に居住する土地・建物以外に土地・建物を所有していない

ただし、2023 年３月末までの間、「コロナ禍での非正規雇用労働者等に対する労働支援策」として、①②の要件が特例的に緩和されています（上掲は本則です）。

職業訓練受講手当
（月額 10 万円）

通所手当
（訓練実施機関までの交通費。ただし上限あり）

寄宿手当
（月額 10,700 円：訓練を受けるために寄宿する必要がある場合）

支援・しくみ

「やむを得《え》ない理由《りゆう》」

受講給付金の「全日程出席」要件の例外

職業訓練受講給付金は、「すべての訓練実施日に出席している」ことが受給要件となっていますが、「やむを得ない理由により受講しなかった実施日がある場合は、8 割以上」とされています。「やむを得ない理由」とは、具体的には下記のとおりですが、天災以外は証明書類が必要です。

なお、新型コロナウイルス感染症やインフルエンザなどに受講者本人が感染した場合や、親族や同居人が感染したことで受講者本人の自宅待機が必要となった場合には、欠席した日数が「出席すべき訓練実施日数」（分母）から除かれることになっています。

- 本人の病気やケガ（家族の付き添いや看護等も含む）
- 中学生までの入学式または卒業式への出席
- 親族の結婚式、葬儀（友人や知人は含まれない）
- 応募先との面接（採用試験）
- 電車遅延
- 天災

支援・しくみ

求《きゅう》職《しょく》者《しゃ》支《し》援《えん》資《し》金《きん》融《ゆう》資《し》

受講給付金を補足する貸付制度

職業訓練受講給付金を受給しても、その給付金だけでは訓練受講中の生活費が不足する人を対象とした、労働金庫による貸付制度。貸付額は下記のとおり。利率は年 3.0％で、返済期限は 5 年以内（貸付額が 50 万円以上の場合は 10 年以内）となっています。

単身者の場合	配偶者、子等がいる場合
月額 5 万円 (上限) × 受講予定訓練月数	月額 10 万円 (上限) × 受講予定訓練月数

機関

ハローワーク

職業紹介・雇用保険を扱う 総合的雇用サービス機関

職業紹介事業、雇用保険、雇用対策の業務を一体的に実施している公営の総合的雇用サービス機関。障害者や生活保護受給者の方など民間の職業紹介事業等では就職へ結びつけることが難しい就職困難者への支援や、人手不足の中小零細企業への支援に注力して、「雇用のセーフティネット」としての機能を果たしています。

支援・しくみ

雇《こ》用《よう》保《ほ》険《けん》制《せい》度《ど》

雇用を巡る様々なリスクに対応するセーフティネット

会社に雇用されて働く人が、①失業した場合でも当面の収入の心配をせず就職活動や職業訓練に専念できるように、②子どもが生まれて育児に直面した場合に休業して育児に専念できるように、③家族の介護などで離職の危機にある人が休業して家族の介護にかかわる段取りの手配を行えるように、現金の支給を通じて所得を保障するしくみのこと。国が、ハローワークを通じて実施しています。

原則として、労働者を雇用するすべての企業が雇用保険制度の対象となり、労働時間が週 20 時間未満のパート・アルバイトや、1 か月未満の短期就労を除いて、雇用される労働者が全員、「被保険者」となります。保険料は事業主と被保険者で折半となり、被保険者分は給料から天引き徴収されます。

雇用保険の被保険者は…

支援・しくみ

基《き》本《ほん》手《て》当《あて》

求職中の生活費を保障

雇用保険の被保険者が、解雇や倒産、雇止め、定年退職、自己都合退職等により失業した場合に、失業中の生活費を心配せずに就職活動に専念できるよう、一定期間にわたって所得を保障する現金給付のこと。雇用保険のなかでも中心的な役割を果たす給付です。在職中の賃金日額に 50 ～ 80％（60 歳以上 65 歳未満では 45 ～ 80％）を掛けた額が、所定給付日数（失業給付を受けることのできる日数）の分だけ支払われます。

支援・しくみ

再《さい》就《しゅう》職《しょく》手《て》当《あて》／就《しゅう》業《ぎょう》手《て》当《あて》

再就職を促すインセンティブ

再就職手当は、基本手当の受給資格者が、基本手当の所定給付日数を 3 分の 1 以上を残して早期の再就職を果たした場合に、一定の要件を満たすことを条件に支給される、報奨的な現金給付のこと。

就業手当は、基本手当の受給資格者が、再就職手当の支給対象とならないパートやアルバイトの形態で就業した場合に、基本手当の支給残日数が所定給付日数の 3 分の 1 以上かつ 45 日以上あり、「離職前の会社への再就職ではなく、かつ、資本・資金・人事・取引面で関係のない会社に就職したこと」など一定の要件を満たすことを条件に支給される現金給付のこと。

シーン 12

生活福祉資金貸付制度

押さえておきたい用語の一覧

支援・しくみ

- **総合支援資金**
- **緊急小口資金**
- **特例貸付**
- **福祉資金**
- **教育支援資金**
- **不動産担保型生活資金**

機関

- **社会福祉協議会**

生活福祉資金貸付制度とは、低所得世帯、高齢者世帯、障害者世帯を対象とした低利の公的貸付制度です。実施主体は都道府県の社会福祉協議会で、窓口業務は市町村社会福祉協議会が担っています。一部の資金貸付で、生活困窮者自立支援制度との連動が図られ、相談を受けることが貸付要件となっています。なお、コロナ禍における緊急措置として「特例貸付」というしくみが創設され（2020 年 3 月〜)、「新型コロナウイルス感染症で経済的に打撃を受けた世帯」全般が対象とされました。

支援・しくみ

総《そう》合《ごう》支《し》援《えん》資《し》金《きん》

生活の立て直しのための貸付資金

失業等により収入が減少し、生計の維持ができなくなった世帯に対して、生活の立て直しのために貸し付けられる資金。2 人以上の世帯で月 20 万円以内、単身世帯で月 15 万円以内の額を、原則 3 か月間貸し付けるものです。3 回延長でき、最長で 12 か月分の貸付を受けることが可能です。連帯保証人がいれば無利子、いなければ年利 1.5% で、据置期間は最終貸付日から 6 か月以内、償還期間は 10 年以内。生活困窮者自立支援制度の「自立相談支援」を受けることが、貸付の要件となっています。

新型コロナウイルス感染拡大下で臨時に新設された「特例貸付」の場合は、連帯保証人なしでも無利子となり、据置期間も 1 年に延長されました。

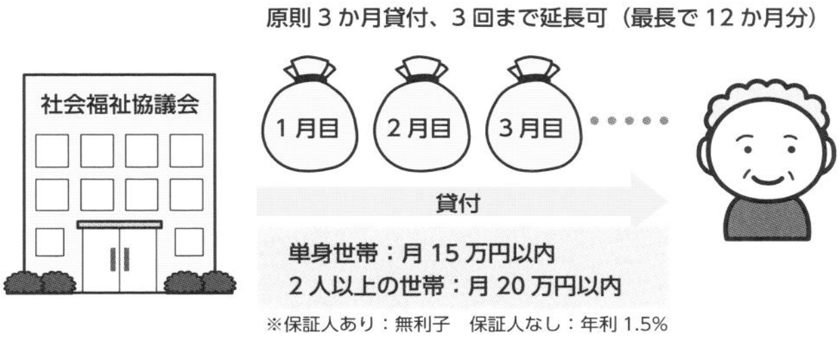

支援・しくみ

緊《きん》急《きゅう》小《こ》口《ぐち》資《し》金《きん》

緊急的かつ一時的な生計維持困難に対応

緊急的かつ一時的に生計維持が困難となった状況の人に対して、無利子で貸し付けられる資金。貸付額は最大 10 万円で、連帯保証人は不要です。ただし、生活困窮者自立支援制度の「自立相談支援」を受けることが貸付要件となっています。据置期間は 2 か月以内、償還期間は 1 年以内。

新型コロナウイルス感染拡大下で臨時に新設された「特例貸付」の場合は、貸付上限額が 20 万円まで引き上げられ、据置期間が 1 年以内、償還期間が 2 年以内となります。

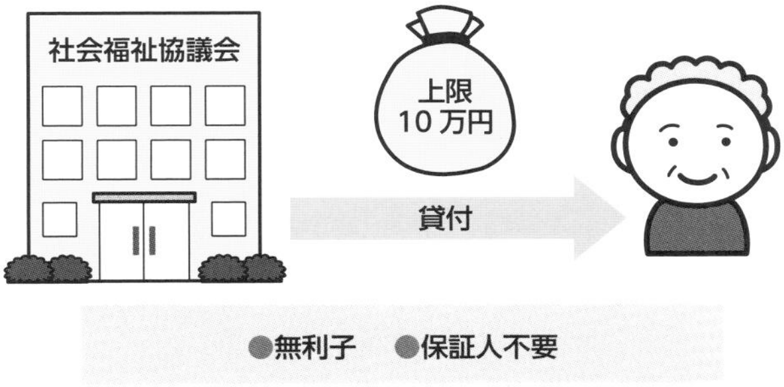

支援・しくみ

特《とく》例《れい》貸《かし》付《つけ》

コロナ禍で収入が激減した世帯に対する特例的な貸付

新型コロナウイルス感染症蔓延の影響で収入が激減した世帯に対する、特例的な貸付のこと。言わば、総合支援資金と緊急小口資金の“拡大版”。生活福祉資金は従来、低所得世帯・障害者世帯・高齢者世帯に限って貸付を行う制度ですが､この「特例貸付」では､限定なしに「新型コロナウイルス感染症の影響により休業や失業等で生活資金の必要な世帯」であれば、貸付を受けられるように対象が拡大されました。また、償還時になってもなお所得の減少が続く住民税非課税世帯については、償還が免除されます。

支援・しくみ

不《ふ》動《どう》産《さん》担《たん》保《ぽ》型《がた》生《せい》活《かつ》資《し》金《きん》

低所得の高齢者に、不動産を担保に生活費を貸付け

低所得の高齢者に、今住んでいる不動産を担保に貸し付けられる生活費等の資金。

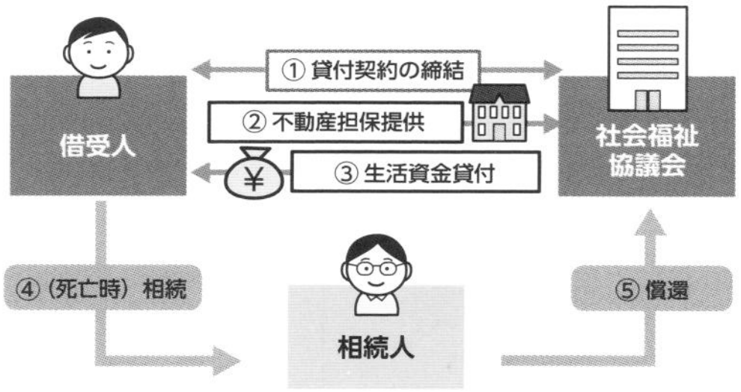

支援・しくみ

福《ふく》祉《し》資《し》金《きん》

日常生活上の一時的な資金ニーズに対応

福祉機器の購入費、療養や介護サービス等の利用に必要な費用、転居・住宅改修等にかかる経費、その他日常生活上一時的に必要な経費について貸し付けられる資金。

支援・しくみ

教《きょう》育《いく》支《し》援《えん》資《し》金《きん》

就学資金に関する貸付

高校、大学、短大、高等専門学校への就学に際し、入学金や授業料の他、就学経費について貸し付けられる資金。

機関

社《しゃ》会《かい》福《ふく》祉《し》協《きょう》議《ぎ》会《かい》

国・県・市町村レベルで社会福祉活動の推進を担う

社会福祉活動の推進を目的に、全国・各都道府県・各市町村単位で設置されている団体。地域の人々が住み慣れたまちで安心して生活することのできる「福祉のまちづくり」の実現を目指した諸活動を行っています。

主な業務内容

- 住民の地域福祉活動に対する支援
- ボランティア・市民活動の推進・支援
- 生活福祉資金等の貸付
- 日常生活自立支援事業
- 地域での生活支援に向けた相談・支援活動、情報提供や連絡調整
- 在宅福祉サービスの提供

2章

障害者福祉

シーン

シーン１

申請～利用の流れ

押さえておきたい用語の一覧

書類

- **支給申請書**
- **サービス等利用計画案提出依頼書**

支援・しくみ

- **障害支援区分**
- **認定調査**
- **サービス等利用計画／サービス等利用計画案**
- **支給決定**
- **相談支援事業所**
- **モニタリング**

機関

- **基幹相談支援センター**

専門職

- **相談支援専門員**

障害者総合支援法に基づく障害福祉サービスを利用できるのは、①身体障害、②知的障害、③精神障害、④指定難病のいずれかを有する人です。障害を有する本人（未成年の場合は保護者）が市町村に利用申請し、市町村による心身状況等の調査を経て「障害支援区分」が決定された後、相談支援専門員によって作成された「サービス等利用計画」に基づいて、利用できるようになります。

書類 支給《しきゅう》申請《しんせい》書《しょ》

サービス利用を申請するときの書類

障害福祉サービスの利用を希望する人が、利用申請にあたって、市町村に提出する申請書。サービス利用料（利用者負担）の減免にかかる申請書も兼ねています。

（介護給付費　訓練等給付費　特定障害者特別給付費　地域相談支援給付費）
支給申請書兼利用者負担額減額・免除等申請書

次のとおり申請します。

申請年月日　　年　月　日

申請者	フリガナ		生年月日	年　月　日
	氏名	個人番号：		
	居住地	〒 電話番号		
フリガナ			生年月日	年　月　日
支給申請に係る児童氏名		個人番号：	続柄	

身体障害者手帳番号		療育手帳番号		精神障害者保健福祉手帳番号		疾病名	
被保険証の記号番号及び番号(※)				保険者名及び番号(※)			
障害基礎年金１級の受給の有無（就労継続支援Ｂ型サービスを申請する者に限る。）						有・無	

※「被保険者証の記号及び番号」欄及び「保険者名及び保険者番号」欄は、療養介護を申請する場合記入すること。

サービス利用の状況	障害福祉関係サービス	障害支援区分の認定	有・無	区分等　1　2　3　4　5　6　非該当	有効期間	
		利用中のサービスの種類と内容等				
	介護保険サービス	要介護認定	有・無	要介護度	要支援（　）・要介護　1　2　3　4　5	
		利用中のサービスの種類と内容等				

申請するサービス	区分	サービスの種類 介護給付費	サービスの種類 訓練等給付費	申請に係る具体的内容
	訪問系・その他	□ 居宅介護	□ 就労定着支援	
		□ 重度訪問介護	□ 自立生活援助	
		□ 同行援護		
		□ 行動援護		
		□ 短期入所		
		□ 重度障害者等包括支援		
	日中活動系	□ 療養介護	□ 自立訓練（機能訓練）	
		□ 生活介護	□ 自立訓練（生活訓練）	
			□ 宿泊型自立訓練	
			□ 就労移行支援	
			□ 就労移行支援（養成施設）	
			□ 就労継続支援Ａ型	
			□ 就労継続支援Ｂ型	
	居住系		□ 共同生活援助(グループホーム)	
		□ 施設入所支援		
	地域相談支援	□ 地域移行支援		
		□ 地域定着支援		

サービス等利用計画又は個別支援計画を作成するために必要があるときは、障害支援区分認定に係る認定調査・概況調査の内容、サービス利用意向聴取の内容、市町村審査会における審査判定結果・意見及び医師意見書の全部又は一部を、○○市から指定特定相談支援事業者、指定障害福祉サービス事業者、指定障害者支援施設又は指定一般相談支援事業者の関係人に提示することに同意します。

申請者氏名

支援・しくみ

障《しょう》害《がい》支《し》援《えん》区《く》分《ぶん》

その人に必要な支援の度合い

障害特性や心身の状態からみて「必要とみられる標準的な支援」の度合いを示す区分のこと。介護保険でいうところの「要介護認定」に相当し、障害者総合支援法に基づく障害福祉サービス等を受けるための要件や、支給量、期間を定めるための基準となります。支援の必要度に応じて１～６までの区分があります。

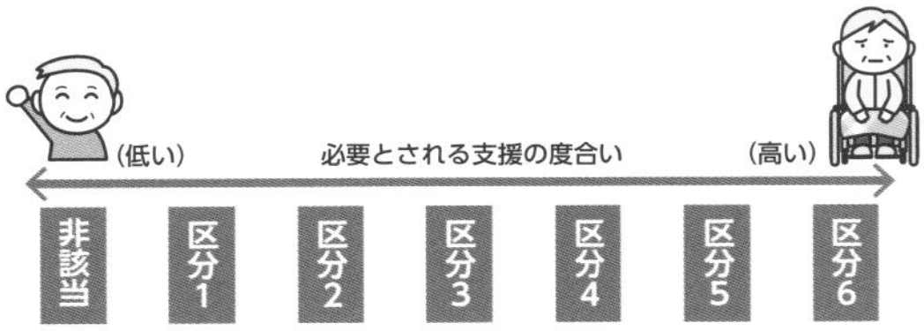

支援・しくみ

認《にん》定《てい》調《ちょう》査《さ》

全国一律の80項目でアセスメント

障害支援区分を判定するために実施される調査のこと。市町村の認定調査員等が、申請のあった障害当事者を訪問して、家族・介護者の状況、日中活動の状況、居住関連などを確認し、全国一律で定められた80項目のアセスメントを行います。

支援・しくみ

サービス等《とう》利《り》用《よう》計《けい》画《かく》／サービス等《とう》利《り》用《よう》計《けい》画《かく》案《あん》

障害版ケアプラン～仮計画と本計画

障害福祉サービス等を適切に利用できるように、本人の心身の状況、おかれている環境、サービスの利用意向等をふまえて作成する支援計画のこと。介護保険でいうところの「ケアプラン」に相当し、相談支援事業所の相談支援専門員が作成します。

市町村による支給決定に先立って、どんな支援がだいたいどれくらい必要かを見立てた「案」を作成して市町村に提出します（右図③）。市町村はこの案と障害支援区分をもとに支給決定を行い（同④）、それを受けて再び相談支援専門員が事業者との調整も済ませた正式なプランを作成します（同⑤）。

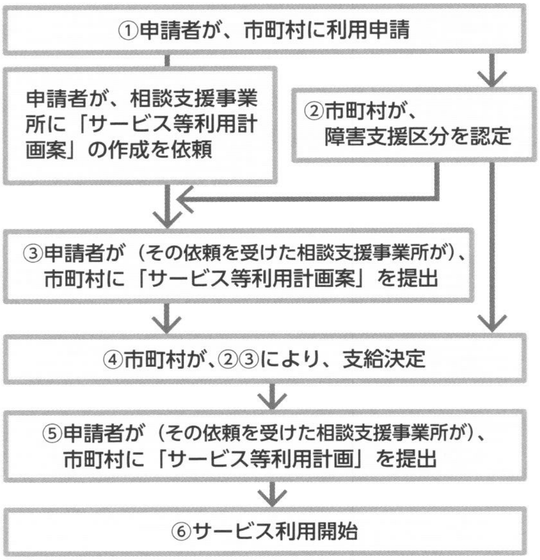

書類

サービス等《とう》利《り》用《よう》計《けい》画《かく》案《あん》提《てい》出《しゅつ》依《い》頼《らい》書《しょ》

「サービス等利用計画案」の提出を求める書類

文字通り「サービス等利用計画案」を提出するよう申請者に求める文書です。サービス利用申請を受理した市町村が、その場で、申請者に対して交付します。この文書を受け取った申請者は、相談支援事業所を探して、この文書を渡し、サービス等利用計画案の作成を依頼します（作成にかかる利用者負担はありません）。

サービス等利用計画案提出依頼書

年　　月　　日

様

○○市長　印

障害者の日常生活及び社会生活を総合的に支援するための法律22条第４項、第２４条第３項および第51条の７第４項の規定に基づき、支給（給付）要否決定を行うに当たって、サービス等利用計画案の提出を求めます。

提出に当たっては、下記の書類を併せて提出願います。

記

- 計画相談支援給付費支給申請書
  ※ 既に計画相談支援給付費の支給を受けている場合であって、計画相談支援給付費の支給の期間内であるときは、提出不要

- 計画相談支援依頼（変更）届出書
  ※ 既に計画相談支援給付費の支給を受けている場合であって、計画相談支援を担当する事業者変更がない場合は、提出不要

提出先　　○○市○○課

提出期限　　　年　　月　　日

支援・しくみ

支《し》給《きゅう》決《けっ》定《てい》

サービス等利用計画案を吟味し、要否を決定

サービス申請に対して、市町村がサービスの要否（必要か、必要でないか）を決定すること。決定に際して市町村は、申請者の障害支援区分、サービス等利用計画案の内容、申請者の要望、申請者の生活・居住・就労の状況などの情報を、市町村ごとに定める支給決定基準に照らして検討を行います。「サービスが必要」と決定した場合には、提供するサービスの種類、支給量、支給期間、利用者負担額上限月額等についても併せて決定され、それらの事項が記載された「受給者証」が申請者に交付されます。

年　月　日

様

○○市長　印

（介護給付費　訓練等給付費　特定障害者特別給付費　地域相談支援給付費）

支給(給付)決定通知書兼利用者負担額減額・免除等決定通知書

年　月　日に申請のありました介護給付費　訓練等給付費　特定障害者特別給付費　地域相談支援給付費の支給及び利用者負担額減額・免除等について、障害者の日常生活及び社会生活を総合的に支援するための法律第２２条及び第２９条、第 34 条、第 51 条の 7 および第 51 条の 14 の規定に基づき下記のとおり決定し、受給者証を交付しますので通知します。

記

障害福祉サービス受給者番号		地域相談支援受給者証番号	
支給(給付)決定障害者(保護者)氏名		支給決定に係る児童氏名	

障害支援区分		支給（給付）決定年月日		障害支援区分の有効期間	

利用者負担上限月額	円	左の上限月額の適用期間	
特定障害者特別給付費(施設入所支援)	日額　円	左の上限月額の適用期間	
特定障害者特別給付費(共同生活援助・重度障害者等包括支援)	月額　円	左の上限月額の適用期間	

支給(給付)決定内容	サービスの種類	支援の内容および支給（給付）量	有効期間

療養介護医療				
	公費負担番号		公費受給者番号	
	療養介護医療(食事療養(生活療養)を除く)の負担上限月額	月額　円	食事療養(生活療養)の負担上限月額	月額　円
	上限額の適用期間			

不服申立ておよび取消訴訟

1 この決定について不服がある場合は、この決定があったことを知った日の翌日から起算して３か月以内に、○○県知事(審査庁となる行政庁)に対して審査請求をすることができます。(なお、この決定があったことを知った日の翌日から起算して３カ月以内であっても、この決定の日の翌日から起算して１年を経過すると審査請求をすることができなくなります。)

2　上記１の審査請求に対する裁決をへた場合に限り、当該審査請求に対する裁決があったことを知った日の翌日から起算して６か月以内に(○○市を被告として訴訟において市を代表する者は○○市長となります。)、処分の取消しの訴えを提起することができます。ただし、次の (1) から (3) までのいずれかに該当するときは、審査請求に対する裁決を経ないで処分の取消しの訴えを提起することができます。

(1) 審査請求があった日の翌日から起算して３か月を経過しても裁決がないとき。

(2) 処分、処分の執行又は手続きの執行により生ずる著しい損害を避けるため緊急の必要があるとき。

(3) その他裁決を経ないことにつき正当な理由があるとき。

問い合わせ先

○○市　○○部　○○課　電話：　（　）

支援・しくみ

相《そう》談《だん》支《し》援《えん》事《じ》業《ぎょう》所《しょ》

障害分野のよろず相談窓口

障害者本人や家族から相談を受け、助言や情報提供、支援にかかる計画の作成、関係機関との連絡調整などを行う事業所のこと。

「特定相談支援事業所」と「一般相談支援事業所」という２つの類型があり、サービス等利用計画（案）の作成は特定相談支援事業所が担《にな》います。

① 特定相談支援事業所：サービス等利用計画を作成し、モニタリングを行う

② 一般相談支援事業所：障害者が地域で暮らすための支援を行う

専門職

相《そう》談《だん》支《し》援《えん》専《せん》門《もん》員《いん》

障害分野のケアマネジャー

障害者本人や家族の相談を受け付けて、助言や連絡調整等の必要な支援を行う専門職。介護保険でいうところの「介護支援専門員（ケアマネジャー）」に相当します。サービス等利用計画は、この相談支援専門員が作成します。

相談支援専門員となるには、一定以上の実務経験と、所定の相談支援従事者研修を受講し、修了することが要件となります。

相談支援事業を実施する事業者は、相談支援専門員を配置する必要があります。

機関

基《き》幹《かん》相《そう》談《だん》支《し》援《えん》センター

地域の中核的な相談支援機関

地域の障害者向けの相談支援で中核的な役割を担う機関。サービスを利用するしないにかかわらず、“生きづらさ”を抱える障害者等がなんでも相談できる窓口です。地域全体の「支援力」を底上げする役割も担《にな》っています。市区町村直営によるものと、相談支援事業所が委託を受けて運営しているものがあります。

- 総合的・専門的な相談
- 地域の相談支援体制の強化
- 地域の相談事業者への専門的な指導助言、人材育成
- 地域の相談機関との連携強化
- 地域移行・地域定着の促進
- 権利擁護・虐待の防止

支援・しくみ

モニタリング

サービス開始後の状況確認

サービス開始後に、サービスの利用状況や本人の状況の変化などを定期的に確認（検証）すること。相談支援事業所は、市町村の定めた期間ごとにモニタリングを行い、その結果に応じて適宜計画を見直すことになっています。

モニタリングの期間は、標準としては以下のようになっています。

・集中的な支援が必要な利用者：毎月
・新規利用者等：毎月（最初の３か月間）
・居宅のサービス：３か月ごと（一部６か月ごと）
・施設入所等：６か月ごと

シーン2

障害福祉サービスと相談支援

自立支援給付

全国一律の基準で実施

地域生活支援事業

地域事情に応じて柔軟に実施

障害福祉サービス

計画相談支援給付
（ケアマネジメント）

移動支援

意思疎通支援

押さえておきたい用語の一覧

支援・しくみ

- **自立支援給付**
- **地域生活支援事業**
- **相談支援**
- **基本相談支援**
- **計画相談支援**
- **地域相談支援**
- **サービスの概要**

「障害者の日常生活及び社会生活を総合的に支援するための法律（障害者総合支援法）」（旧・障害者自立支援法）に基づく支援は、大きく2つの体系に分類されます。一つが、全国共通のしくみで行われる「自立支援給付」。もう一つが、地域の事情に応じて市町村や都道府県が柔軟に実施する「地域生活支援事業」です。自立支援給付は、①障害福祉サービス、②計画相談支援給付（ケアマネジメント）、③地域相談支援給付（施設・病院から地域生活への移行や定着に関する相談支援）、④補装具、⑤自立支援医療によって構成されます。

支援・しくみ

自《じ》立《りつ》支《し》援《えん》給《きゅう》付《ふ》

障害者の自立を支える5つの給付——全国一律

①障害福祉サービス、②計画相談支援給付（ケアマネジメント）、③地域相談支援給付（施設・病院から地域生活への移行や定着に関する相談支援）、④補装具、⑤自立支援医療によって構成されます。

障害福祉サービスは、給付体系のうえでは、身の回りの世話を提供する「介護給付」と、訓練や自立生活へのサポートを提供する「訓練等給付」に分かれます。また、サービスを提供する場所や状況によって、以下のように分類できます。

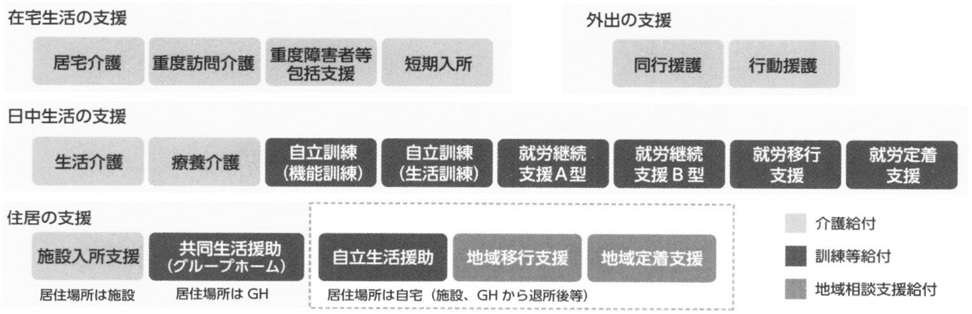

支援・しくみ

地《ち》域《いき》生《せい》活《かつ》支《し》援《えん》事《じ》業《ぎょう》

自治体ごとに基準を設定して実施する支援事業——地域差あり

その地域で生活する障害者等のニーズをふまえて、市町村や都道府県が基準を設定し、その地域の地理的条件や社会資源の状況のもとで実施している支援事業です。全国一律の基準に基づいて提供されるものではないため、利用要件や自己負担額に地域差があります。単独では外出が困難な人の余暇活動などにガイドヘルパーを派遣する「移動支援」や、手話通訳者等を派遣する「意思疎通支援」、日常生活用具の給付などが、これに含まれます。

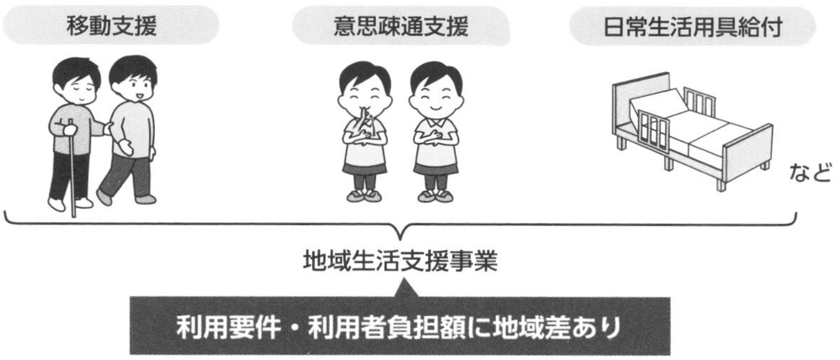

支援・しくみ

相《そう》談《だん》支《し》援《えん》

受けとめ、寄り添い、手配する

本人や家族から、困っていること、悩んでいること、迷っていることなどの相談を受け付けて、気持ちの整理を手伝ったり、課題の切り分けを手伝ったり、適切な情報を提供したり、受けられる支援を紹介したり、関係機関との調整を行ったり、必要な手続きをとったりすること。

障害者総合支援法でいう相談支援は、①基本相談支援、②計画相談支援、③地域相談支援の3つであると定義されています(障害者総合支援法第5条第18項)。

支援・しくみ

基《き》本《ほん》相《そう》談《だん》支《し》援《えん》

困りごとにワンストップ対応

日常生活上の困りごとから将来への不安まで、障害者本人や家族の相談を受け付けて、助言、情報提供、連絡調整等を行うこと。相談支援事業所の基本的な機能です。

①基本相談支援

さまざまな相談を受け付けて、助言、情報提供、関係機関との調整などを行う

支援・しくみ

計《けい》画《かく》相《そう》談《だん》支《し》援《えん》

ケアマネジメント機能

サービス等を適切に利用できるように、アセスメントを行い、サービス等利用計画（案）を作成し、関係機関やサービス事業所との調整、モニタリングなどを行うもの。

②計画相談支援

- ●サービス利用支援
- ●継続サービス利用支援

①＋②＝特定相談支援事業

支援・しくみ

地《ち》域《いき》相《そう》談《だん》支《し》援《えん》

「地域移行」の支援

施設や病院に入所（入院）している人の地域生活への移行を支援したり、常時連絡できる体制をとって、移行後の地域生活を支援したりするもの。

③地域相談支援

- ●地域移行支援
- ●地域定着支援

①＋③＝一般相談支援事業

支援・しくみ

サービスの概要《がいよう》

サービスの概要

居宅介護
居宅での入浴、排せつ、食事の介護など

重度訪問介護
重度の障害で常時介護が必要な人に対する居宅介護、外出時の移動支援など

同行援護
視覚障害者の移動の支援

行動援護
自己判断能力が制限されている人の外出支援

重度障害者等包括支援
常時介護が必要で、その程度が著しく高い人を対象に、必要な各種サービスを包括的に提供

短期入所
日常的な介護者に代わって、短期間、施設での入浴、排せつ、食事の介護などを提供

生活介護
常時介護が必要な人を対象とした、入浴、排せつ、食事の介護、創作的活動や生産活動の機会の提供

療養介護
医療と常時介護が必要な人を対象とした、医療機関での機能訓練、療養上の管理、看護、介護、日常生活の支援

自立訓練（機能訓練）
身体障害者を対象とした、身体機能・生活能力を向上させるための訓練

自立訓練（生活訓練）
精神障害者や知的障害者を対象とした、身体機能・生活能力を向上させるための訓練

就労継続支援Ａ型
一般企業への就労が難しい人を対象に、職業訓練の機会や生産活動の場を提供。一定の支援のもとで雇用契約を結んで実施

就労継続支援Ｂ型
一般企業への就労が難しい人を対象に、職業訓練の機会や生産活動の場を提供。障害の状態や体調にあわせて自分のペースで働けるよう、雇用契約は結ばずに実施

就労移行支援
一般企業への就労を希望する人を対象に、就労に必要な能力を習得するための訓練を実施

就労定着支援
一般企業に就労した人を対象に、就労後の悩み・困りごとへの相談支援

施設入所支援
入所者の居住を保障し、入浴、排せつ、食事などの介護、生活などに関する相談・助言のほか、必要な日常生活上の支援を提供

共同生活援助（グループホーム）
入居者の居住を保障し、相談及び日常生活上の援助、入浴・排せつ・食事などの介護を提供

自立生活援助
障害者施設や病院などから退所・退院して地域で単身生活を始める人、同居家族から支援が見込めない人に対し、定期的な訪問や随時通報を受けての訪問などで生活課題を把握し、必要な情報の提供、助言、関係機関との連絡調整などを実施

地域移行支援
施設や精神科病院 、保護施設 、矯正施設等に入所、入院している人に対して、住居の確保や地域生活に移行するための手続きなどを支援

地域定着支援
居宅で単身生活する人、同居家族から支援が見込めない人に対して常時の連絡体制をとり、緊急事態等に相談、連絡調整、緊急訪問などを実施

サービス利用支援
アセスメント、サービス提供事業者等との連絡調整、サービス等利用計画（計画案含む）の作成

継続サービス利用支援
サービス等利用計画が適切かどうかを、一定期間ごとに検証し、必要に応じて見直し

シーン3

利用者負担

押さえておきたい用語の一覧

支援・しくみ

- 障害福祉サービス等報酬
- 応益負担／応能負担
- 負担上限月額
- 高額障害福祉サービス費等給付費
- 医療型個別減免
- 補足給付（特定障害者特別給付費）
- 食事提供体制加算
- 境界層該当者に対する負担軽減

障害者総合支援制度のもとでは、利用者はサービス費の「1割」を利用者負担として支払う決まりになっています。これに加えて、施設に入所している場合は食費と光熱水費が必要ですし、グループホームの場合は、さらに「家賃」の支払いが求められます。ただし、障害者総合支援制度では、これらの支払いが負担可能な範囲におさまるように、二重、三重の負担軽減策がとられています。

支援・しくみ

障害福祉《しょうがいふくし》サービス等報酬《とうほうしゅう》

サービス提供の対価として事業者に支払われる報酬

障害福祉サービスの対価として、サービスを提供した事業者に対して支払われるサービス料のこと。サービスの種類ごとに単価や算定要件が定められていて、3年に一度のペースで改定が行われます。介護保険でいうところの「介護報酬」に相当。

サービス事業者は利用者から利用者負担（1割負担、月ごとに上限あり）の支払いを受け、残りを市町村に請求します。請求内容の審査と支払いは、市町村が委託している国保連合会を通して行われます。

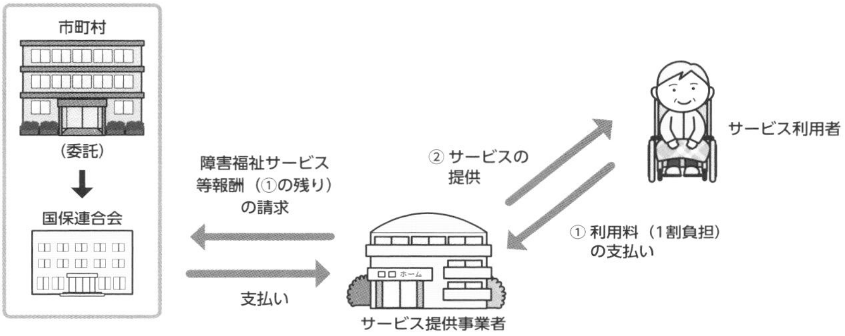

支援・しくみ

応益負担《おうえきふたん》／応能負担《おうのうふたん》

利用者負担額の決まり方——サービス利用量か、所得の多寡か

応益負担とは、利用者の受けた利益（実際に提供されたサービスの価値）に応じて負担が決まるしくみのこと。一方、応能負担とは、利用者の負担能力（所得が多いか少ないか）に応じて負担額が決まるしくみのことです。

社会保障制度の給付では、応益負担と応能負担を組み合わせた形で、制度が設計されています。たとえば、障害者総合支援制度では、利用者はかかったサービス費の1割を負担しますが（＝応益負担）、所得に応じて定められた「負担上限月額」に達したら、それ以上は負担しなくてよいことになっています（＝応能負担）。

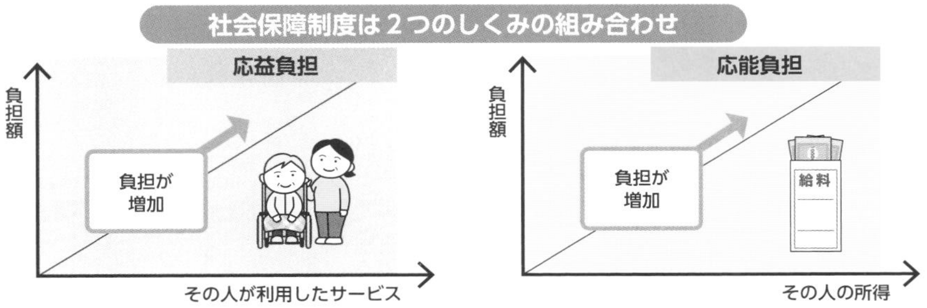

支援・しくみ

負《ふ》担《たん》上《じょう》限《げん》月《げつ》額《がく》

利用者負担の1か月あたり上限額

障害福祉サービスの利用者負担の１か月あたり上限額のこと。本人とその配偶者の所得の合計額に応じて３段階で設定されています（障害児については、保護者の属する世帯の所得に応じて４段階で設定されています）。どれだけサービスを利用しても、この負担上限を超えて利用者負担（１割負担分）を求められることはありません。

区　分	世帯 *1 の収入状況	負担上限月額
生活保護	生活保護受給世帯	0 円
低所得	市町村民税非課税世帯 *2	0 円
一般 1	市町村民税課税世帯（所得割 16 万円未満 *3）	9,300 円 障害児の通所施設、ホームヘルプ利用　4,600 円 障害者の入所施設、グループホーム利用　37,200 円
一般 2	市町村民税課税世帯（所得割 16 万円以上）	37,200 円

*1　ここでいう「世帯の所得」は、障害者については「本人とその配偶者の所得」、障害児については「保護者の属する世帯の所得」を指します。

*2　3 人世帯で障害基礎年金 1 級受給の場合、収入が概ね 300 万円以下の世帯が対象となります。

*3　収入が概ね 600 万円以下の世帯が対象となります。

支援・しくみ

高《こう》額《がく》障《しょう》害《がい》福《ふく》祉《し》サービス費《ひ》等《とう》給《きゅう》付《ふ》費《ひ》

世帯全体で合算して負担軽減

世帯全体での１か月あたり利用者負担額の合計が基準額（＝ 37,200 円）を超えた世帯に対して、その超えた額が払い戻されるしくみ（または払い戻される給付金）。

・同一世帯内で複数人が障害福祉サービスを利用している場合
・介護保険サービスと障害福祉サービスを併せて利用している場合
・補装具の購入や修理を行った場合　など。

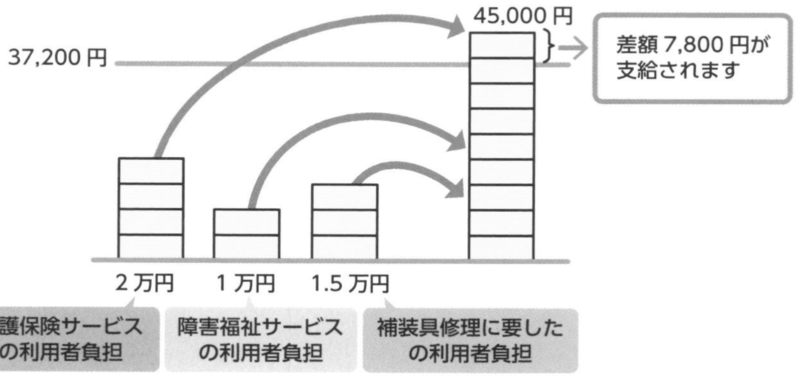

支援・しくみ

医《い》療《りょう》型《がた》個《こ》別《べつ》減《げん》免《めん》

療養介護等の負担軽減

療養介護の利用者、医療型障害児入所施設の入所児童を対象とした、負担軽減のしくみ。療養介護の利用者（20歳以上）に関しては、住民税非課税の人を対象に、「福祉サービス費の利用者負担」「医療費」「食事療養費」を合算して、少なくとも25,000円が手元に残るように、負担が減免されます。障害児（20歳未満）に関しては、所得区分にかかわらず、すべての入所児童が負担軽減の対象となり、地域で子どもを養育する世帯と同程度の負担となるように設定された額が上限となります。

支援・しくみ

補《ほ》足《そく》給《きゅう》付《ふ》（特《とく》定《てい》障《しょう》害《がい》者《しゃ》特《とく》別《べつ》給《きゅう》付《ふ》費《ひ》）

施設等での食費・居住費軽減

低所得の入所者・入居者向けに、食費や居住費の本人負担を軽減するための給付。

入所施設に関しては、所得区分が「低所得」または「生活保護」の施設入所者を対象に、少なくとも25,000円が手元に残るように食費・光熱水費が軽減されます。

グループホームに関しては、所得区分「生活保護」「低所得」の入居者を対象に、月額1万円を上限とした家賃補助が支給されます。市町村によっては、上乗せの給付を行っているところもあります。

支援・しくみ

食《しょく》事《じ》提《てい》供《きょう》体《たい》制《せい》加《か》算《さん》

通所・短期入所の食費軽減

通所系サービスと短期入所の利用者について、所得区分が「生活保護」「低所得」「一般1」の人を対象に、食費の人件費分を軽減するしくみのこと。障害サービス等報酬のなかの「食事提供体制加算」という加算で肩代わりされます。

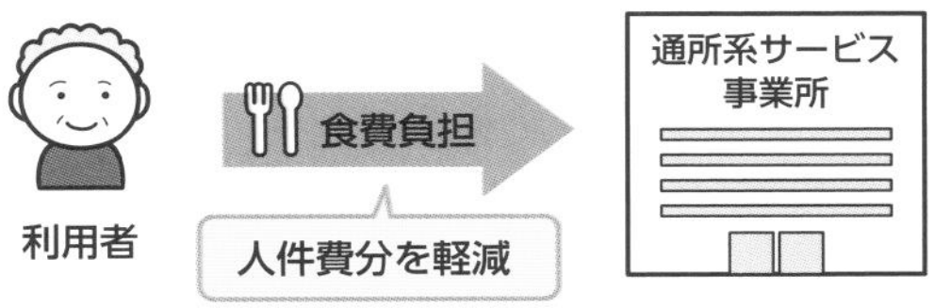

支援・しくみ

境《きょう》界《かい》層《そう》該《がい》当《とう》者《しゃ》に対《たい》する負《ふ》担《たん》軽《けい》減《げん》

生活保護対象となるのを防ぐ

負担軽減措置を受けてもなお、負担を支払うことで生活保護が必要となるような家計状況になる人（＝境界層該当者）を対象に、生活保護とならなくても済むようにとられる追加的な負担軽減のこと。

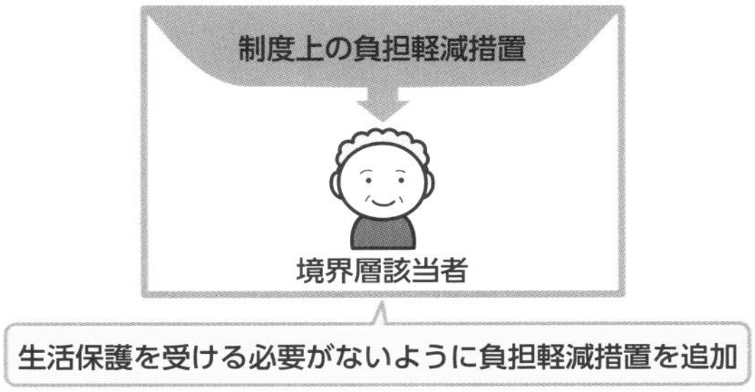

シーン4

「介護保険優先」の原則

押さえておきたい用語の一覧

支援・しくみ

- **65歳の壁**
- **介護保険優先の原則**
- **2007年通知**
- **共生型サービス**
- **新高額障害福祉サービス等給付費**

障害を有していて支援を必要としている人であれば、誰しも障害福祉サービスを利用できるというわけではありません。なぜなら、介護保険の被保険者は、「原則として介護保険によるサービスを優先する」という決まり（介護保険優先の原則）があるからです。このため、「65歳の壁」という問題が発生し、一時深刻な社会問題ともなりました。現在、利用者に不利益の出ないように、制度・運用上の改善が進められています。

支援・しくみ

65歳《さい》の壁《かべ》

65歳を境に、従来の障害福祉サービスを受けられなくなる

「介護保険優先の原則」によって、65 歳を迎えて介護保険第 1 号被保険者となった障害者が、従来の障害福祉サービスを受けられなくなること。具体的には、区分支給限度額の制限を受けて利用可能なサービス量が激減したり、制度間の運営基準の違いを反映してサービス対象範囲が狭《せま》くなったり、慣れ親しんだ事業所でのサービス継続ができなくなったり――といった不都合を指します。また、「利用者負担なし」で済んでいた人が、65 歳になって介護保険に移行することで、新たに 1 割負担を支払わなければならなくなったという不利益も含まれます。

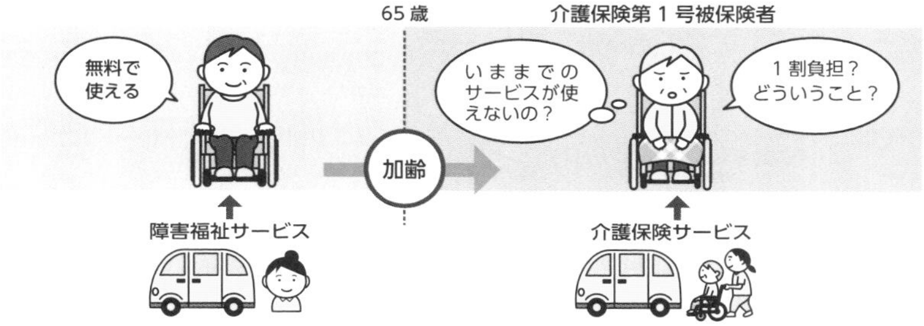

支援・しくみ

介《かい》護《ご》保《ほ》険《けん》優《ゆう》先《せん》の原《げん》則《そく》

同種のサービスがあれば「介護保険のサービスを使う」ルール

ホームヘルプ、デイサービス、ショートステイのように、「障害福祉」にも「介護保険」にも存在するサービスについては、原則として介護保険のサービスを利用するというルールのこと。根拠は障害者総合支援法の第 7 条（他の法令による給付等との調整）です。

ただし、原則はあくまでも「原則」であって、厚生労働省は再三にわたって「一律かつ機械的に判断しないように」という通知を市町村に発して注意喚起しています。

「介護保険優先」原則が適用される 3 サービス

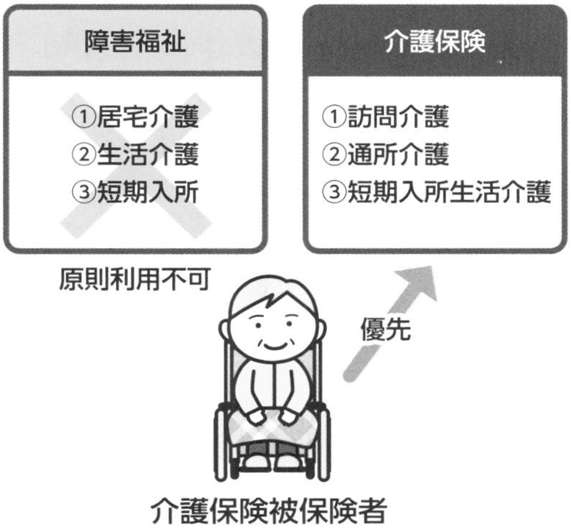

支援・しくみ

2007年《ねん》通《つう》知《ち》

「介護保険優先原則」の“機械的運用”を戒める重要な行政文書

「介護保険優先の原則」を適用することで、実質的にサービス利用の道を断たれる障害者が発生しないように、市町村に「条件に該当するか否かで一律・機械的に振り分けることのないように」と注意喚起した行政文書の一つ。具体的には、『平成 19 年 3 月 28 日障企発第 0328002 号・障障発第 0328002 号「障害者総合支援法に基づく自立支援給付と介護保険制度との適用関係等について」』のこと。障害者総合支援制度から提供が可能なケースが例示されています。

2007 年通知に示された「障害者総合支援制度から提供が可能」なケース

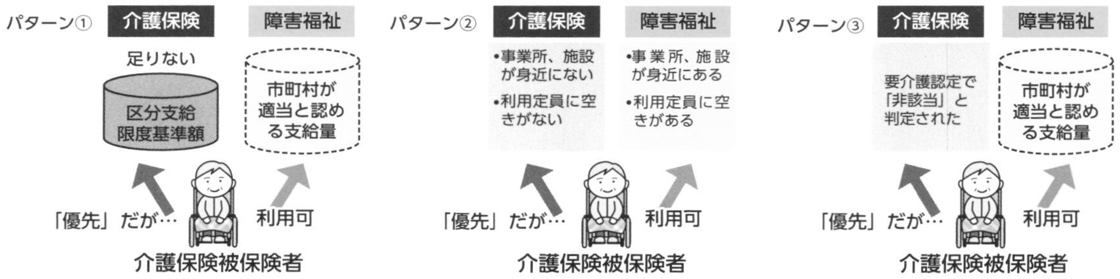

支援・しくみ

共《きょう》生《せい》型《がた》サービス

障害福祉・介護保険の相互乗り入れを可能とする特例

同一の事業者が「介護保険サービス」と「障害福祉サービス」の双方を一体的に提供できるように、2018 年度から導入されたサービス類型。介護保険または障害福祉のいずれかの指定を受けている事業所が、もう一方の制度の指定を受けやすくなるように、両制度に特例が設けられたものです。

なお、導入されたねらいは、「65 歳の壁」問題の解消だけではありません。加速する少子高齢化を背景に、制度の縦割りを解消していかなければ「サービス提供体制が維持できなくなる」という、人手不足への対応という側面もあります。

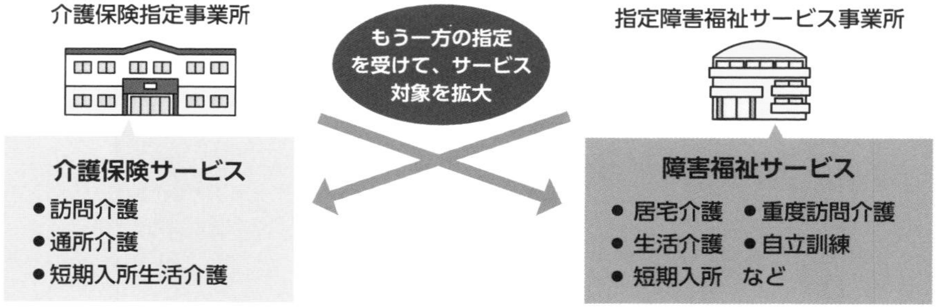

支援・しくみ

新《しん》高《こう》額《がく》障《しょう》害《がい》福《ふく》祉《し》サービス等《とう》給《きゅう》付《ふ》費《ひ》

65歳を境に徴収されるようになった「1割負担」を“相殺”する給付

「65歳の壁」の弊害を除去するために設けられた制度の一つ。それまで障害福祉サービスを「負担なし」で利用していた人が、65歳に達して介護保険サービスに切り換えられ、新たに利用者負担が発生した場合に、一定の要件を満たしていれば、その負担が“相殺”されてゼロになるように年単位で支給される給付。市町村への申請が必要。該当者には市町村から手続きの案内が届きます。

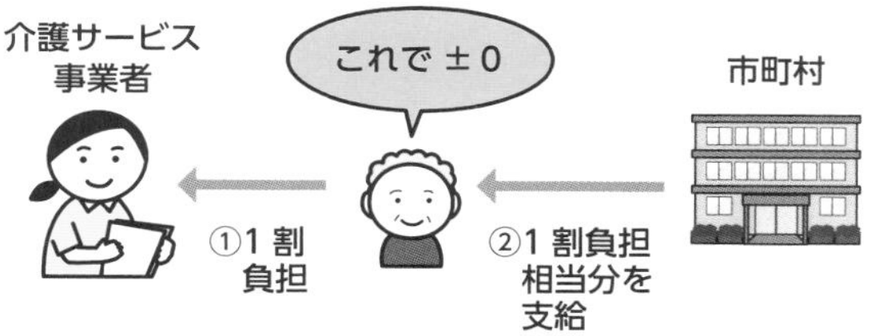

新高額障害福祉サービス等給付費支給申請書（特定給付対象者用）

次のとおり関係書類を添えて障害者の日常生活及び社会生活を総合的に支援するための法律施行令第43条の5第6項に規定する高額障害福祉サービス等給付費の支給を申請します。

申請年月日　　年　月　日

フリガナ		① 障害者総合支援法 ② 介護保険法	
申請者氏名	個人番号：	制度	受給者証番号・被保険者証番号
生年月日	年　月　日		
居住地	〒 電話番号		

サービス利用月の障害福祉相当介護保険サービス支払額（注）	円	申請に係るサービス利用月	年　月分	65歳に達するまでの介護保険法による保険給付の受給有無	□無 □有

（注）生活保護受給者等の方については、生活保護制度における介護扶助等の金額を記載（本人支払額があれば分けて記載）してください。
（注）支払額を証する領収書を添付してください。

高額障害福祉サービス等給付費を下記の口座に振り込んでください。

口座振替依頼書	銀行 信用金庫 信用組合	本店 支店 出張所	種目	口座番号
	金融機関コード	店舗コード	1 普通預金 2 当座預金 3 その他	
	フリガナ			
	口座名義人			

申請書提出者	□申請者本人　□申請者本人以外（下の欄に記入）		
フリガナ		申請書との関係	
氏　名			
住　所	〒 電話番号		

シーン5

自立支援医療

押さえておきたい用語の一覧

支援・しくみ

- **自己負担上限月額**
- **重度かつ継続**
- **精神通院医療**
- **更生医療**
- **育成医療**

機関

- **指定自立支援医療機関**

書類

- **自立支援医療費支給認定申請書**
- **自立支援医療意見書／自立支援医療診断書**
- **医療受給者証／自己負担上限額管理票**

自立支援医療は、障害者総合支援法に基づく自立支援給付の一つで、障害を有する人の医療費負担を軽減する制度です。対象となるのは、「精神通院医療」「更生医療」「育成医療」の３種類。受診の際には、市町村から交付された「医療受給者証」と「自己負担上限額管理票」を、保険証と併せて窓口に提示します。申請先は市町村で、「自立支援医療費支給認定申請書」や医師の意見書（精神通院医療の場合は診断書）などを提出します。

支援・しくみ

自《じ》己《こ》負《ふ》担《たん》上《じょう》限《げん》月《げつ》額《がく》

自立支援医療の1か月あたりの負担上限額

自立支援医療の自己負担割合は、障害福祉サービスと同様、「1 割負担」です。さらに所得区分と状態像に応じて 1 か月あたりの自己負担額の「上限」が決められています。これを「自己負担上限月額」といいます。

自己負担上限月額（「精神通院医療」「更生医療」「育成医療」共通）

所得区分	世帯の収入状況	自己負担上限額	重度かつ継続
生活保護	生活保護受給世帯	0 円	0 円
低所得 1	住民税非課税世帯 （本人収入 80 万円以下）	2,500 円	2,500 円
低所得 2	住民税非課税世帯 （本人収入 80 万円超）	5,000 円	5,000 円
中間所得 1	住民税課税世帯 （市町村民税 33,000 円未満）	医療保険の高額療養費に同じ	5,000 円
中間所得 2	住民税課税世帯 （市町村民税 33,000 ～ 235,000 円未満 ）	医療保険の高額療養費に同じ	10,000 円
一定所得以上	住民税課税世帯 （市町村民税 235,000 円以上）	対象外	20,000 円

※ここでいう「世帯」とは患者本人と同じ公的医療保険に加入している人の単位のこと

支援・しくみ

重《じゅう》度《ど》かつ継《けい》続《ぞく》

継続的に相当額の医療費負担が発生する状態

自立支援医療では、治療に期間が相当かかると見込まれる場合に、「継続的に相当額の医療費負担が発生する」ことへの配慮として、指定自立支援医療機関が「重度かつ継続」の状態であると診断した場合については、特例的な自己負担上限月額が設定されることとなっています。

対象となる人…以下のいずれかに該当している人

- ☑ 医療保険の高額療養費で「多数該当」となっている
- ☑ 次のような精神疾患と診断されている――①高次脳機能障害、認知症など、②アルコール依存症、薬物依存症など、③統合失調症、統合失調症型及び妄想性障害、④うつ病、躁うつ病など、⑤てんかん
- ☑ 3 年以上精神医療を経験している医師から、情動及び行動の障害又は不安及び不穏状態を示すことから入院によらない計画的かつ集中的な精神医療が続けて必要であると判断された

支援・しくみ

精《せい》神《しん》通《つう》院《いん》医《い》療《りょう》

精神障害にかかる継続的通院

自立支援医療の一つで、精神障害を有する人に継続的に提供される通院治療のこと（投薬・デイケア・訪問看護を含む）。

対象疾病

統合失調症、うつ病、躁うつ病などの気分障害、不安障害、薬物などの精神作用物質による急性中毒またはその依存症、知的障害、強迫性人格障害など「精神病質」、てんかんなど
※ 精神通院医療の対象となるか否かは、症例ごとに医学的見地から判断されます。

支援・しくみ

更《こう》生《せい》医《い》療《りょう》

身体障害の除去・軽減等（18歳以上）

自立支援医療の一つで、身体障害者手帳を持っている18歳以上の人に対して提供される、障害の除去・軽減や悪化防止に効果があると見込まれる治療のこと。

対象となる障害

肢体不自由、視覚障害、聴覚・平衡機能障害、音声・言語・そしゃく機能障害、心臓機能障害、腎臓機能障害、小腸機能障害、肝臓機能障害、ヒト免疫不全ウイルスによる免疫機能障害など

支援・しくみ

育《いく》成《せい》医《い》療《りょう》

身体障害の除去・軽減等（18歳未満）

自立支援医療の一つで、障害を有する児童に対して提供される、障害の除去・軽減や悪化防止に効果があると見込まれる治療のこと。

対象となる障害

肢体不自由、視覚障害、聴覚・平衡機能障害、音声・言語・そしゃく機能障害、心臓機能障害、腎臓機能障害、小腸機能障害、肝臓機能障害、その他の先天性内臓障害、免疫機能障害など

機関

指《し》定《てい》自《じ》立《りつ》支《し》援《えん》医《い》療《りょう》機《き》関《かん》

自立支援医療を受けられる医療機関

都道府県または政令指定都市による指定を受けた、自立支援医療を受けることのできる医療機関（「病院・診療所」「薬局」「訪問看護事業所」）のこと。指定は6年の更新制です。

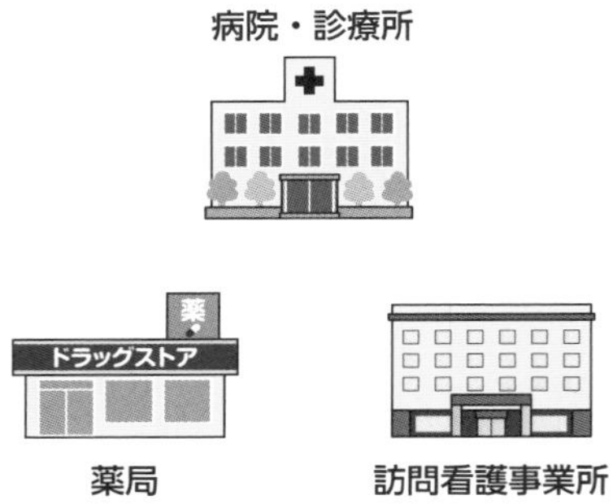

書類

自《じ》立《りつ》支《し》援《えん》医《い》療《りょう》費《ひ》支《し》給《きゅう》認《にん》定《てい》申《しん》請《せい》書《しょ》

自立支援医療を受けるための申請書類

自立支援医療の受給の申請にあたって、市町村に提出する書類。指定自立支援医療機関に依頼して作成してもらう意見書（更生医療・育成医療の場合。精神通院医療の場合は「診断書」）も一緒に提出します。

自立支援医療費支給認定申請書（新規・再認定・変更） ※1					
障害者・児	フリガナ		性別	年齢	生年月日
	受診者氏名		男・女	歳	明・大・昭・平・令 年 月 日
	フリガナ			電話番号	
	受診者住所	〒			
	個人番号				
受給者が18歳未満の場合	フリガナ			受診者との関係	
	保護者氏名				
	フリガナ			電話番号 ※2	
	保護者住所 ※2	〒			
	保護者個人番号				
負担額に関する事項	受診者の被保険者証の記号及び番号		保険者名		
	受診者と同一保険の加入者				
	受診者と同一保険の加入者個人番号				
	該当する所得区分 ※3	生保・低1・低2・中間1・中間2・一定以上		重度かつ継続 ※4	該当・非該当
身体障害者手帳番号			精神障害者保険福祉手帳番号		
受診を希望する指定自立支援医療機関（薬局・訪問看護事業者を含む）		医療機関名		所在地・電話番号	
受給者番号 ※5					
治療方針の変更		有・無	診断書の添付	有・無	
私は、上記のとおり、自立支援医療費の支給を申請します。 申請者氏名 印 ※6 年 月 日					

※1 新規・再認定・変更（自己負担限度額及び指定医療機関の変更認定の申請の場合）のいずれかに◯をする。
※2 受診者本人と異なる場合に記入。
※3 チェックシートを参照し、該当すると思う区分に◯をする。
※4 チェックシートを参照し、該当すると思う区分に◯をする。
※5 再認定または変更の方のみ記入。
※6 申請者指名については、記名押印又は自筆による署名のいずれかとすること。

------------------------- ここから下の欄には記入しないでください。 -------------------------

自治体記入欄

申請受付年月日		進達年月日		認定年月日	
前回所得区分	生保・低1・低2・中間1・中間2・一定以上			重度かつ継続	該当・非該当
今回所得区分	生保・低1・低2・中間1・中間2・一定以上			重度かつ継続	該当・非該当
所得確認書類	市町村民税課税証明書　市町村民税非課税証明書　標準負担額減額認定証 生活保護受給世帯の証明書　その他収入等を証明する書類（　　　）				
前回の受給者番号		今回の受給者番号			
診断書の提出	医療用（1年目）・医療用（2年目）・手帳用（1年目）・手帳用（2年目）				
備　考					

書類

自《じ》立《りつ》支《し》援《えん》医《い》療《りょう》意《い》見《けん》書《しょ》／自《じ》立《りつ》支《し》援《えん》医《い》療《りょう》診《しん》断《だん》書《しょ》

自立支援医療の支給の必要性を証する「意見書／診断書」

自立支援医療の支給申請に際して、申請日前３か月以内に指定自立支援医療機関に作成を依頼し、「支給認定申請書」と併せて市町村窓口に提出する書類。支給の要否を決定する客観的資料として使用されます。更生医療と育成医療には「自立支援医療意見書」が、精神通院医療には「自立支援医療診断書」が必要です。

自立支援医療（更生医療）意見書

本人の氏名		男 女	年　月　日生（　歳）
本人の住所			
病　名	（原因疾患名）		
不自由の状況	（現病歴及び障がい状況） 発病年月日　年　月　日【腎】透析療法開始日　年　月　日		
治療後における障害の快復状況の見込み			
治療	治療見込期間	入院医療期間　日間 通院治療回数並びに期間　回　日間	通算　日間
治療	治療開始予定年月日	年　月　日	
治療	医療費概算額	入院治療費　円 通院治療費　円 薬局（院外処方分のみ記入）　円 看護料　円	計　円
移送費見込額			円
医療及び移送費合計額			円

上記のとおり診断し、蔑視明細書のとおりその医療費及び移送費を概算します。

年　月　日

指定医療機関名

担当医師名　㊞

書類

医《い》療《りょう》受《じゅ》給《きゅう》者《しゃ》証《しょう》／自《じ》己《こ》負《ふ》担《たん》上《じょう》限《げん》額《がく》管《かん》理《り》票《ひょう》

自立支援医療の受給資格を証明——窓口提示で自己負担軽減

「医療受給者証」は、自立支援医療の対象であることを証明する書類。「自己負担上限額管理票」は、自立支援医療対象者の自己負担額が1か月あたりの上限を超えないように管理するための書類のことです。いずれも、申請が認められ、支給決定となった人に交付されます。指定自立支援医療機関の窓口に、保険証と一緒に提示して受診することで、医療費の自己負担額が軽減されます。ちなみに、指定難病患者に対する医療費助成制度でも、同様の「医療受給者証」「自己負担上限額管理票」が交付されます。

自己負担上限額管理票（　　年　　月分）

受　診　者		受給者番号	

自己負担上限月額　　　　　　　　　　円

日付	医療機関名	自己負担額	月額自己負担額累計額	自己負担額徴収印
／				
／				
／				
／				
／				
／				
／				
／				
／				
／				
／				
／				
／				

上記のとおり自己負担上限月額に達しました。

日付	医療機関名	確認印
／		

シーン6

補装具、日常生活用具

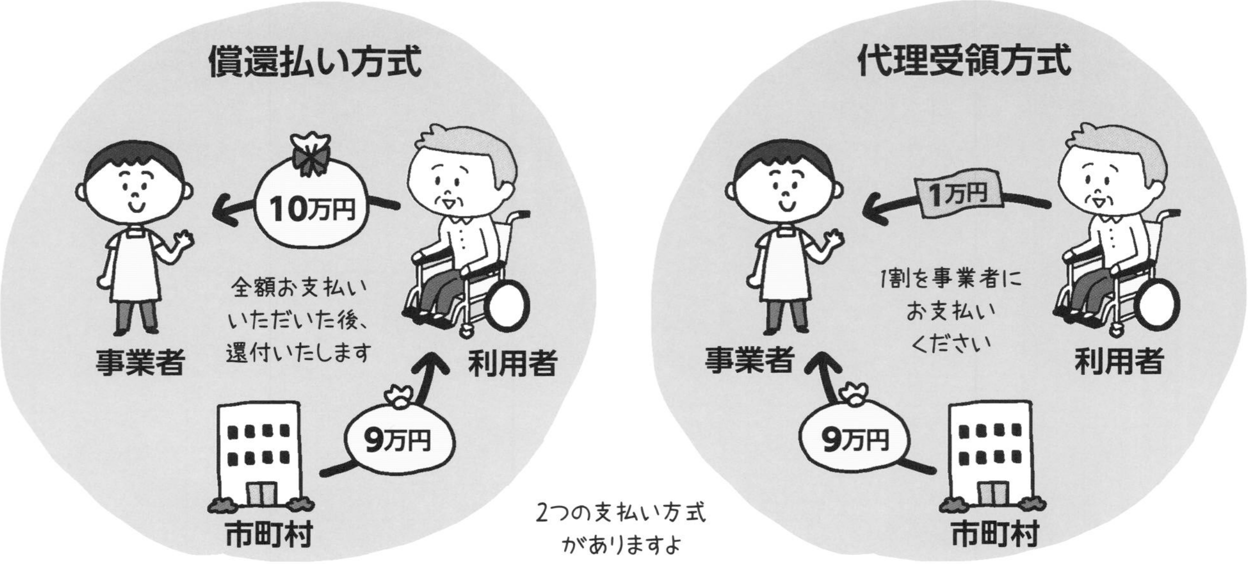

押さえておきたい用語の一覧

支援・しくみ
- **補装具**
- **日常生活用具**
- **償還払い方式**
- **代理受領方式**

機関
- **更生相談所**

書類
- **補装具費支給申請書**

障害者総合支援法に基づく自立支援給付の一環として、身体障害のある人や指定難病にかかっている人の日常生活や職業生活の質の向上を支援するため、「補装具」「日常生活用具」といった“ツール”の購入費・修理費の９割を補助するしくみがあります。先に事業者に全額支払って還付を受ける「償還払い方式」と、１割の利用者負担を事業者に支払う「代理受領方式」があります。いずれも、購入・修理に先立って、市町村への申請が必要です。

支援・しくみ

補《ほ》装《そう》具《ぐ》

身体部位・機能を代償・補完

失われた身体部位や損なわれた身体機能を代償《だいしょう》、補完する用具で、利用する人の身体にフィットするように製作され、身体に装着（装用）して用いるもののことを指します。

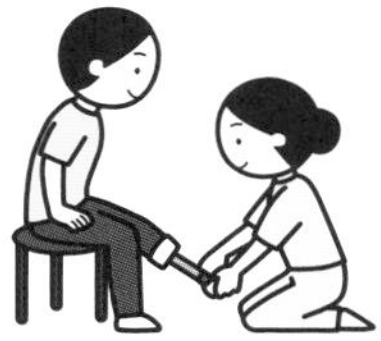

補装具の種類

義肢、装具、車いす、電動車いす、歩行器、歩行補助杖（T字状、棒状のものを除く）、座位保持装置、盲人安全杖、義眼、眼鏡、補聴器、重度障害者用意思伝達装置など

支援・しくみ

日《にち》常《じょう》生《せい》活《かつ》用《よう》具《ぐ》

日常生活を支える6つのカテゴリーの用具

在宅で暮らす障害がある人の、日常生活を支えるための用具。以下①～⑥の6つのカテゴリーからなります。ただし、一般的に普及している製品や、製作・開発に際して障害や難病に関する専門知識・技術を必要としない製品は含まれません。

①介護・訓練支援用具
②自立生活支援用具
③在宅療養等支援用具
④情報・意思疎通支援用具
⑤排泄管理支援用具
⑥居宅生活動作補助用具（住宅改修費）

機関

更《こう》生《せい》相《そう》談《だん》所《じょ》

身体障害・知的障害関連の広域の専門機関

身体障害と知的障害に関して、専門的な知識や技術を必要とする相談業務や判定業務を一手に担う広域の専門機関（対象は18歳以上）。「リハビリテーションセンター」という名称が用いられていることもあります。設置主体は都道府県、政令指定都市。

- 専門的知識と技術を必要とする相談・指導
- 来所の難しい人などのため、必要に応じて行う巡回相談
- 障害程度の判定
- 身体障害者手帳の交付
- 補装具の判定
- 各種手当の認定
- 区市町村からの相談対応
- 地域のサービス提供機関などへ情報提供、指導、研修支援

支援・しくみ

償《しょう》還《かん》払《ばら》い方《ほう》式《しき》

代金を全額支払い、後で還付を受ける

給付の支払い方式の一つで、利用者が購入費や修理費をいったん事業者に全額支払った後で、市町村に給付を請求して、現金（口座振込）で還付を受ける流れのこと。市町村から支払われる給付額は、購入費や修理費から所得区分に応じた利用者負担を控除した金額となります。

この方式では、利用者は事業者に払い込む購入費・修理費の全額分をあらかじめ用意しなければならず、かつ、市町村に請求する事務手続きも必要となります。

補装具費の支給は、原則として、この償《しょう》還《かん》払いによるものとされています。

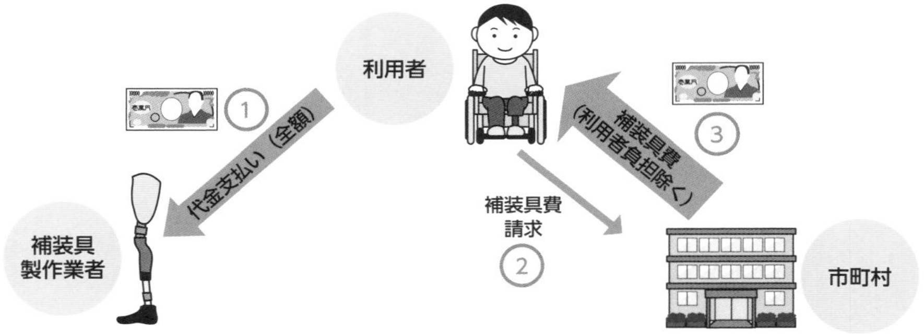

支援・しくみ

代《だい》理《り》受《じゅ》領《りょう》方《ほう》式《しき》

利用者負担（1割）を払うだけでよい

給付の支払い方式の一つで、利用者は所得区分に応じた利用者負担（1 割）を事業者に支払い、残額（9 割）は事業者が市町村に請求して支払いを受けるという方式です。

この方式では、利用者は多額の現金を用意する必要はなく、市町村に償還請求する事務手続きも不要です。

補装具費の支給は、原則として償還払いによるものとされていますが、市町村で代理受領方式を実施している場合は、「代理受領登録」を済ませた事業所に限って、代理受領払いが可能となっています。

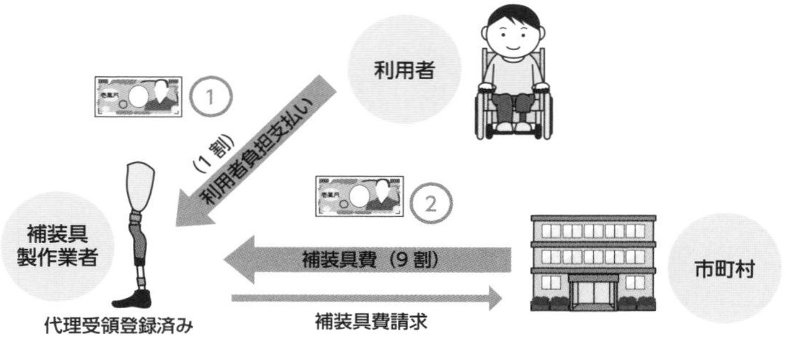

補《ほ》装《そう》具《ぐ》費《ひ》支《し》給《きゅう》申《しん》請《せい》書《しょ》

書類

補装具の支給申請にあたって、市町村に提出する申請書類

補装具の購入・借受・修理を申請する場合に、利用者が必要事項を記入して市町村に提出する申請書類。記載事項として、障害の種別や等級、疾患名、補装具名、希望する補装具業者などがあります。

補装具費（購入・借受け・修理）支給申請書

申請日　　年　　月　　日

○○市長

（申請者）
住　所
氏　名　　　　　　　　　　印
対象者との続柄
電　話

下記のとおり補装具費の支給申請（購入・借受け・修理）をいたします。

補装具費の支給申請（購入・借受け・修理）の決定のため、私の世帯の住民登録資料その他について、各関係機関に調査、照会及び閲覧することを承諾します。

<table>
<tr><td rowspan="3">対象者</td><td>住　所</td><td colspan="6"></td></tr>
<tr><td>フリガナ
氏　名</td><td colspan="6"></td></tr>
<tr><td>生年月日</td><td>年　月　日</td><td>性　別</td><td></td><td>電話</td><td colspan="2">（　　）</td></tr>
<tr><td colspan="2" rowspan="3">身体障害者手帳
障害名</td><td>手帳番号</td><td colspan="2">都道府県（市）
第　　　号</td><td>交付年月日</td><td colspan="2">年　月　日交付
年　月　日再交付</td></tr>
<tr><td>障害種別</td><td colspan="2"></td><td>障害等級</td><td colspan="2"></td></tr>
<tr><td>障害名</td><td colspan="5"></td></tr>
<tr><td colspan="2">疾患名</td><td colspan="6"></td></tr>
<tr><td colspan="2">購入・貸与・修理に係る補装具名</td><td colspan="6"></td></tr>
<tr><td colspan="2">判定予定日</td><td colspan="6"></td></tr>
<tr><td rowspan="3">希望する補装具業者</td><td>名　称</td><td colspan="6"></td></tr>
<tr><td>所在地</td><td colspan="6"></td></tr>
<tr><td>電　話</td><td colspan="3"></td><td>FAX</td><td colspan="2"></td></tr>
<tr><td colspan="2">該当する所得区分</td><td colspan="6">1. 生活保護　2. 低所得　3. 一般　4. 一定所得以上</td></tr>
<tr><td colspan="2">生活保護への移行予防措置に関する認定</td><td colspan="6">□ 生活保護への移行予防（定率負担減免措置）を希望します。</td></tr>
</table>

シーン7

障害者の地域生活の支援

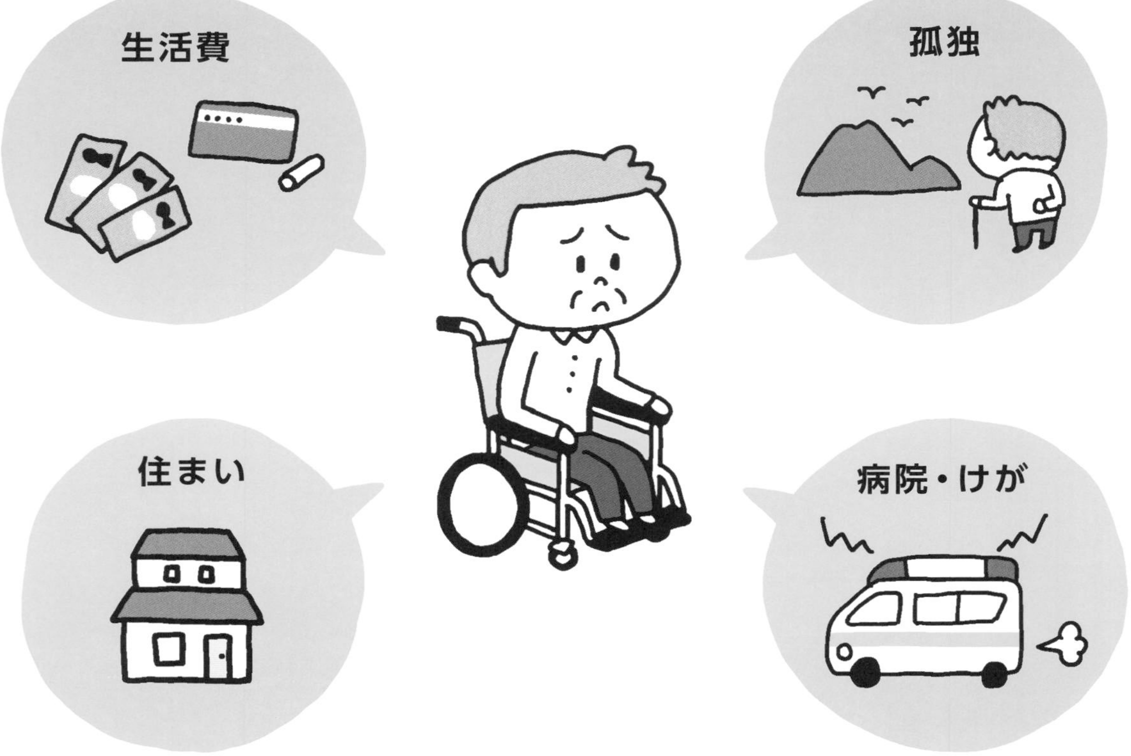

押さえておきたい用語の一覧

支援・しくみ

- 地域移行支援
- 地域定着支援
- 自立生活援助
- 地域移行支援計画
- ピアサポート
- 地域生活支援拠点
- 親亡き後
- クライシスプラン

機関

- 自立支援協議会

障害や病気があろうとも、施設や病院という閉じられた空間・社会のなかで過ごすのではなく、自らが「主」として自由に振る舞うことのできる住まいを持ち、多様な社会とかかわって人生を切り拓いていくことは、人として当然のことです。その“当たり前”を実現する営みが、「地域移行」です。障害福祉サービスには、地域移行をサポートするメニューがあり、拠点・体制が整えられてきています。

支援・しくみ

地《ち》域《いき》移《い》行《こう》支《し》援《えん》

退院・退所して「地域で暮らしたい」人の意向実現を支援

障害者支援施設や精神科病院などに入所・入院している人を対象とした、「地域で暮らしたい」という意向の実現に向けた一連の支援のこと。

現在入院（入所）中の病院（施設）と連携をとり、意思決定支援のもとで希望を聴き、アセスメントして、「地域移行支援計画」を作成します。障害福祉サービスの体験利用、体験宿泊などを手配し、同行します。住居の確保や役所への手続き等に同行して支援します。退院（退所）後は、自立生活援助や地域定着支援に引き継ぎます。

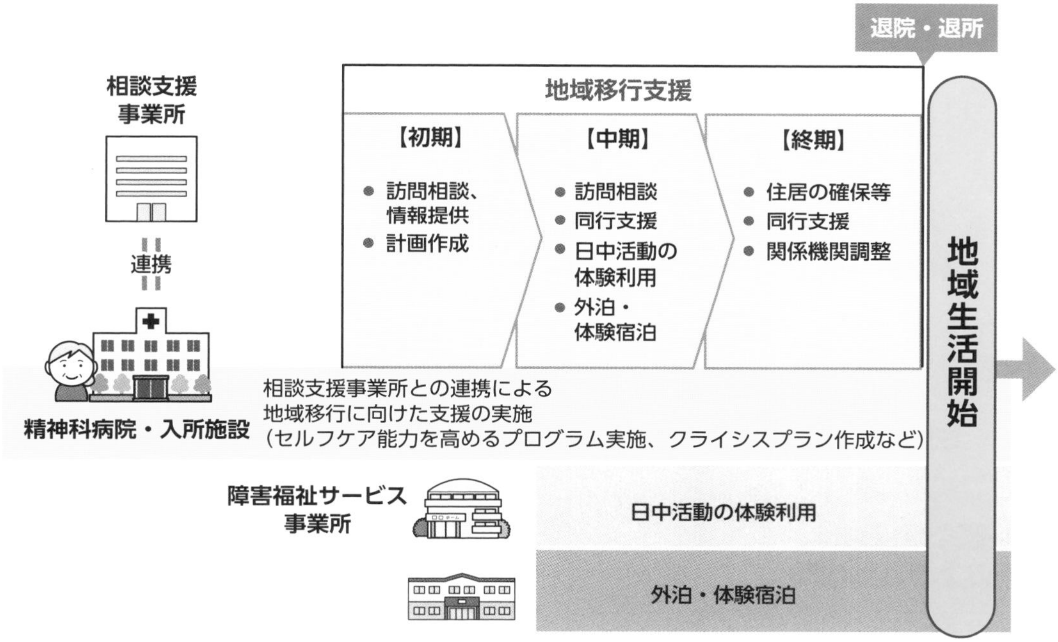

退院・退所後のニーズとサービス利用等のイメージ

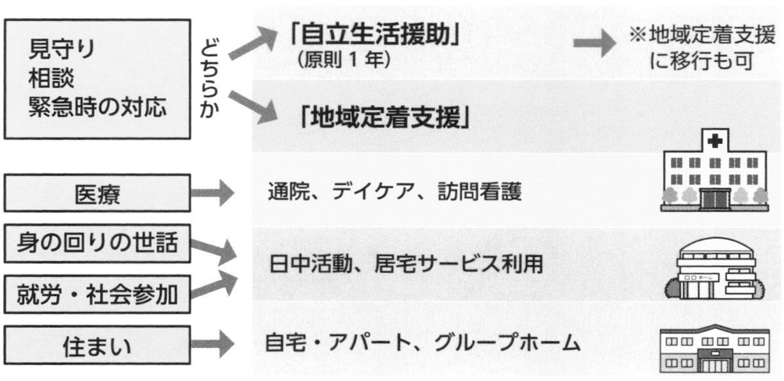

支援・しくみ

地《ち》域《いき》定《てい》着《ちゃく》支《し》援《えん》

24時間365日、SOSを受け付けて緊急対応

主に居宅で一人暮らしの障害のある人を対象に、24 時間 365 日、常に連絡が取れる体制をとっておいて、不安なときやトラブルが起きたときの SOS を受け、緊急訪問を含む相談支援を行う「見守り」サービスです。一人暮らしでなくても、同居者に障害・疾病等があって、緊急時の支援が見込めない状況にあるような場合は、利用が可能です。障害者支援施設や精神科病院から退所・退院した人が、安心して地域生活を継続できるように、“いざ”というときの心の支えとして創設されました。

なお、自立生活援助との併給はできません。

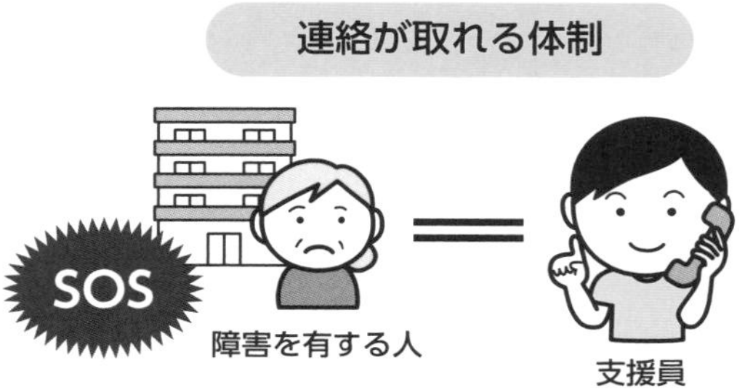

支援の内容

- 常時の連絡体制の確保
- 緊急時の対応
  - ・迅速な訪問
  - ・電話等による状況把握
  - ・関係機関等の連絡調整
  - ・一時的な滞在による支援

支援・しくみ

自《じ》立《りつ》生《せい》活《かつ》援《えん》助《じょ》

随時相談を受け付け、週1回以上の定期訪問

主に居宅で一人暮らしの障害のある人を対象に、週 1 回以上の間隔で定期的に訪問したり、利用者側からの連絡を受けてその場で相談に応じたり、場合によっては即時訪問したりする見守りサービスのこと。一人暮らしでなくても、同居者に障害・疾病等があって、緊急時の支援が見込めない状況にある人についても利用可能です。利用期間は原則 1 年間（必要があれば更新も可）。

地域定着支援とも似ていますが、「地域定着支援」は言わば“待ちの見守り”であるのに対して、「自立生活援助」は定期的に出かけて行って状況を確認する“積極的な見守り”の位置づけです。なお、地域定着支援との併給はできません。

支援の内容

- 定期的に利用者の居宅を訪問
- 利用者からの随時の相談・要請に対応
  - ・生活課題を把握
  - ・相談対応、助言
  - ・関係機関と連絡調整

支援・しくみ

地《ち》域《いき》移《い》行《こう》支《し》援《えん》計《けい》画《かく》

地域移行をめざした支援計画

地域移行支援の実施にあたって、向こう6か月間を目安として、地域移行を希望する本人の目指す目標、期待や不安、協力者や協力内容、支援上の留意事項、協力・支援の実施時期などを記載した計画書のこと。指定一般相談支援事業所が作成し、適宜見直しや必要に応じた変更を行います。

地域移行計画の作成に際して、指定一般相談支援事業所は、①本人や家族と面談して意向を聴き取り、心身の状況・環境をアセスメントして、計画の原案を用意します。②その原案をもとに、現在入院または入所している病院・施設の担当者を交えて「計画作成会議」を開催して意見を聴取し、必要な修正を加えたうえで計画を確定させます。③本人の同意を得た後、本人に交付し、その写しを市町村に提出します。

地域移行支援計画

これから先、6か月の計画です。自分のペースで取り組みます。今の時点の計画です。毎月相談をして、必要な時は見直しをしましょう。

利用者氏名：　　　　さん　　　　作成年月日

サービス等利用計画の到達目標	
(1) 長期目標（内容及び期間等）	
(2) 短期目標（内容及び期間等）	

私（本人）＿＿＿＿ 自身がすることを矢印の下に書き込みます

私（＿＿）の期待や不安	その為に協力する人	協力する内容	支援上の留意事項等	協力（支援）の目安					

同意日

使用者名 ＿＿＿＿ 印

指定一般相談支援事業所 ＿＿＿＿

相談支援専門員（地域移行推進員）＿＿＿＿ 印

支援・しくみ

ピアサポート

似た体験・境遇の者同士で行われる、対等の関係性の支援

何らかの課題を有する人が、自らの体験に基づいて、似たような境遇にある人の相談相手となったり、同じ仲間として社会参加や地域での交流、問題の解決等を支援したりする活動のこと。「ピア」は英語の peer で、仲間、対等、同輩を意味します。たとえば、障害を有する人同士、がんや難病などの患者同士（闘病経験者を含む）、ひきこもりの子をもつ親同士というような、「ピア」の関係性で行われる支援が「ピアサポート」で、ピアサポートを行う人を「ピアサポーター」といいます。

地域移行支援
外出同行において、実体験をもとに説明。利用者の不安や知りたいことに対応。

自立生活援助、地域生活支援員
経験者として、居宅生活のうえでの留意事項、症状発生時の対処、関係職種との付き合い方等について助言

家族への面談
当事者ならではの視点で家族関係について助言

ピア
サポーター

地域定着支援
電話相談において、同じような経験を持つ者同士の共感をもって対応

相談支援
経験しているからこそのわかりやすい制度説明や利用方法の助言

事業所内研修
同僚の専門職を対象に、体験を元に障害者への配慮等についてレクチャー

支援・しくみ

地《ち》域《いき》生《せい》活《かつ》支《し》援《えん》拠《きょ》点《てん》

重度障害をもつ人の地域生活を支える多機能拠点

重度障害を有する人でも安心して地域のなかで暮らしていけるように、①日常的な見守りと早朝・夜間、休日を含めた随時の相談対応、②緊急時の受け入れ手配、③「親亡き後等」を見据えた日常生活体験提供などの機能を有する「拠点」のこと。加えて、④専門的人材の確保・養成や、⑤地域の体制づくりを担う機能ももっています。地域によって、一つの機関ですべての機能を網羅するタイプの拠点もあれば、地域内の複数の機関で機能を分担し合うタイプの拠点もあります。

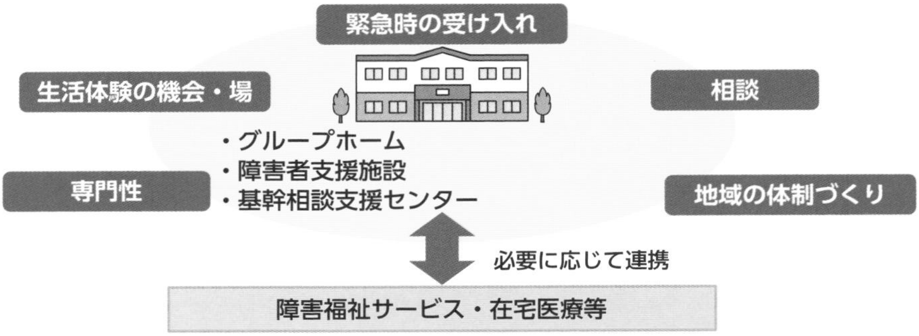

支援・しくみ

親《おや》亡《な》き後《あと》

社会的な支援で役割を引き継ぐ

障害を有する人の両親がどちらも死亡し、それまで親が担ってきた経済的保障、日常生活上の世話や見守り、あるいは後見的機能（意思決定や諸手続き）を、社会的な支援で引き継ぐ必要のある状況のことをいいます。

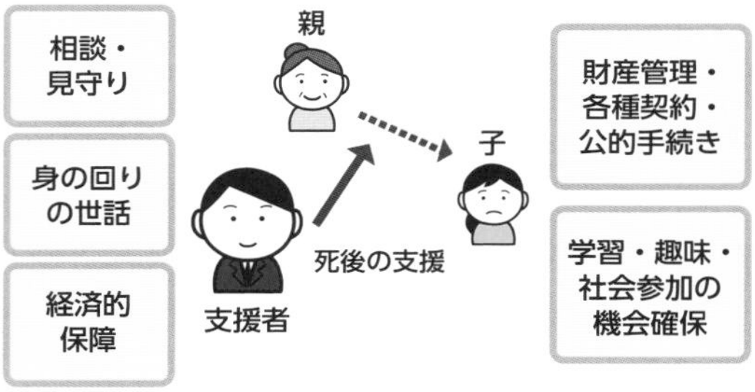

機関

自《じ》立《りつ》支《し》援《えん》協《きょう》議《ぎ》会《かい》

地域全体の底上げに取り組む会議体

障害を有する人でも普通に自立して暮らせる地域であるように、障害当事者と行政、保健、医療、福祉、教育、就労、住宅など、その地域の関係分野の専門職が協力して、地域の改善を進めるための会議体のこと。地域移行や地域定着が進むように、関係者間のネットワーク構築や、ピアサポーター養成研修に取り組んでいるところもあります。

市町村が「障害福祉計画」を定めたり変更したりする場合は、この自立支援協議会の意見を聴くことが、努力義務として定められています（障害者総合支援法第 88 条）。

支援・しくみ

クライシスプラン

状況悪化のサインと対処法の一覧

本人の「状態悪化のサイン」とその対処方法を一覧にした計画表のこと。精神科病院入院患者や施設入所者の地域移行に際して、作成されます。状態が悪くなるとどのような症状が出るのか（どういうときに出やすいか）、その際にどう対処すればよいかを、あらかじめ本人と支援者で確認して、家族、ホームヘルパー、訪問看護師、デイケアや作業所など日中を過ごす場所のスタッフと共有しておくものです。

危機かな（ピンチかな）と思った時に　（クライシスプラン）

利用者氏名　　　　　　　さん　　　　作成年月日

私の調子が悪くなる前は（サインは）	

サインかなと思ったら…

私のすること	
周りの人に<u>してほしい</u>こと	
周りの人に<u>してほしくない</u>こと	

同意日
　　年　　月　　日

主担当：＿＿＿＿＿＿　連絡先＿＿＿＿＿＿
主治医：＿＿＿＿＿＿　連絡先＿＿＿＿＿＿
行政：＿＿＿＿＿＿　連絡先＿＿＿＿＿＿
その他：＿＿＿＿＿＿　連絡先＿＿＿＿＿＿

出典　日本精神保健福祉協会「医療・福祉・行政係が共有して活用できる長期入院精神障害者の地域移行推進ガイドライン」2017 より

シーン8

精神障害に対応した社会資源

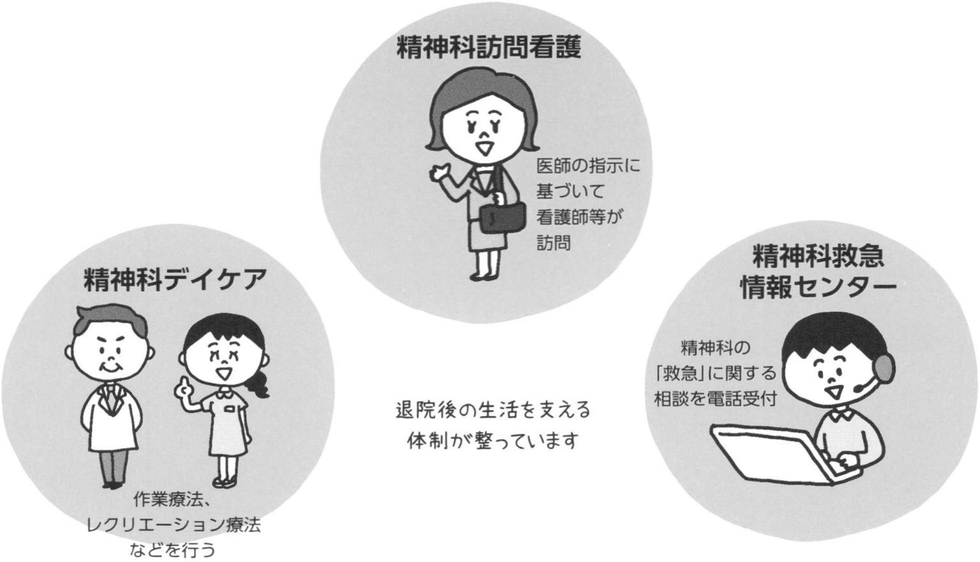

押さえておきたい用語の一覧

支援・しくみ

- **精神科デイケア**
- **精神科訪問看護**
- **精神科救急医療施設**
- **身体合併症対応施設**
- **クライシスハウス**

機関

- **精神医療相談窓口**
- **精神科救急情報センター**
- **精神保健福祉センター**
- **保健所**
- **市町村保健センター**

病院は「治療を受けるための場所」であり、本来なら「生活の本拠」となるべき場所ではありません。しかし、精神科医療では、入院が長期化して帰る場所がなくなってしまったり、退院してもほどなく再入院となってしまうことが少なくありません。そうした方々が、地域のなかで居場所をもち、役割をもって安心して暮らしていけるようにする試みが、今広がっています。「精神障害にも対応した地域包括ケアシステム」といわれるものです。

支援・しくみ

精《せい》神《しん》科《か》デイケア

精神科の「日帰りリハビリ」

精神科の医療機関で実施する「日帰りリハビリテーション」のこと。居宅で暮らす精神障害のある人向けに、再発防止や社会生活機能の回復を目的として、作業療法・レクリエーション療法・集団心理療法・生活技能訓練等を行うものです。実施する時間帯や長さによって、①デイケア、②ナイトケア、③デイナイトケア、④ショートケアという四つのタイプに分かれます。保険診療として実施され、自立支援医療制度の対象ともなっています。

①デイケア	②ナイトケア	③デイナイトケア	④ショートケア
お昼をまたいで午前午後通しで行う（6時間標準）	夕方16時以降に行う（4時間標準）	午前から夜にかけて行う（10時間標準）	午前または午後のみ短時間で行う（3時間標準）

- 生活リズムをつくる
- 日中の居場所
- 仲間とのふれあい
- 相談相手
- 病気の知識やストレス対処技術を身につける

支援・しくみ

精《せい》神《しん》科《か》訪《ほう》問《もん》看《かん》護《ご》

精神科の訪問看護

居宅で暮らす精神障害のある人やその家族等に対して、医師の指示に基づいて、看護師、精神保健福祉士または作業療法士が訪問し、療養状況に関する確認を行ったり相談にのって助言したりするサービスです。保険診療として実施され、自立支援医療制度の対象ともなっています。

支援内容
- 症状の観察、健康に関する相談
- 体温測定・血圧測定、心のケア、栄養相談、必要な処置
- 服薬の管理の確認や不安の相談
- 生活環境を整えていく手伝い

機関

精《せい》神《しん》医《い》療《りょう》相《そう》談《だん》窓《まど》口《ぐち》

「こころ」の電話相談

原則24時間365日体制で、地域の精神障害を有する本人または家族等からの相談に対応する電話相談窓口。精神科の臨床経験を有する看護職員、精神保健福祉士が、困りごとや不安・悩み、受診の要否、地域における支援など、多様な相談に対応します。相談内容に応じて、緊急医療の必要性の判断や、医療機関の案内、適切な助言を行います。実施主体は都道府県・政令指定都市で、精神保健福祉センターや医療機関等に開設されています。「精神科救急情報センター」と一体的に運営されている場合もあります。

機関

精《せい》神《しん》科《か》救《きゅう》急《きゅう》情《じょう》報《ほう》センター

精神科救急の電話相談

精神科の「救急」に関する相談を電話で受け付ける、都道府県単位の相談窓口です。相談を受けた精神科専門職員が緊急性を判断して、早急に受診が必要とみられる場合には、調整のうえ医療機関を紹介します。

支援・しくみ

精《せい》神《しん》科《か》救《きゅう》急《きゅう》医《い》療《りょう》施《し》設《せつ》

精神科救急を受け入れる病院

精神科救急医療圏域ごとに、24 時間、緊急な医療を必要とする精神障害者等の受け入れ態勢をとった医療機関のこと。地域事情に応じて、①拠点病院（精神科）が一括して救急搬送を受け入れる「常時対応型」のところと、②地域の医療機関が持ち回りで当番を担当する「病院輪番型」のところがあります。

支援・しくみ

身《しん》体《たい》合《がっ》併《ぺい》症《しょう》対《たい》応《おう》施《し》設《せつ》

身体・精神両面の急患に対応

身体疾患と精神疾患を併せもつ救急患者に対して、身体面・精神面を合わせた迅速かつ適切な医療を提供する医療機関のこと。

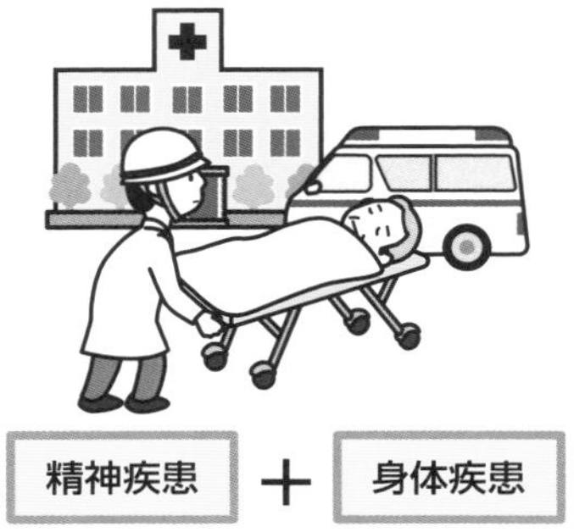

支援・しくみ

クライシスハウス

自宅からの「一時的離脱」で危機回避

地域で暮らす精神障害者が、病状の悪化時や、家族と一時的に距離をおきたいとき、近隣等との関係から一時的に自宅から離れたいときに、本人の希望に基づいて利用できる、宿泊機能をもった「居場所」のこと。

アメリカ・ウィスコンシン州での取り組みなどを範にとって、日本でも一部地域でモデル事業として実施され、「差し迫った状況ではあるものの、必ずしも入院医療を必要としないと判断される」状況において、不要な入院を防止するうえで有効と評価されています。

機関

精《せい》神《しん》保《ほ》健《けん》福《ふく》祉《し》センター

精神保健福祉に関する広域の中核施設

精神保健福祉法に基づいて都道府県が設置する精神保健福祉の専門機関。「こころの健康センター」という名称を使用しているところもあります。心の健康づくりの中核施設として、保健所および市町村に技術指導・技術援助を行い、医療、福祉、労働、教育、産業などの関係機関と連携して知識の普及・啓発を図っています。アルコール・薬物・ギャンブル依存症、思春期、ひきこもり、発達障害、自殺問題、災害精神保健などに関して、主として複雑困難事例に対する相談支援に取り組んでいます。自立支援医療（精神通院医療）や精神障害者保健福祉手帳の判定もこちらで行っています。

- 保健所及び市町村への技術指導・技術援助
- 自立支援医療（精神通院医療）の判定
- 精神障害者保健福祉手帳の判定
- 精神保健福祉に関する知識の普及・啓発
- 専門相談
（アルコール・薬物・ギャンブル依存症、思春期、ひきこもり、発達障害、自殺問題、災害精神保健などの、主として複雑困難事例に対する相談支援）

機関

保《ほ》健《けん》所《じょ》

保健行政全般の実施主体

地域住民の健康を支える中核的施設です。公衆衛生、食品衛生、感染症対策、難病対策、精神保健、母子保健など、地域住民の健康の保持増進に関する業務を幅広く行っています。地域保健法に基づいて、都道府県、政令指定都市、中核市、特別区などに設置されています。

（精神保健に関する相談）

- 未治療、医療中断に関する受診相談
- 思春期問題
- ひきこもり相談
- アルコール・薬物・ギャンブル依存症の家族相談など

機関

市《し》町《ちょう》村《そん》保《ほ》健《けん》センター

地域住民の健康生活をサポート

健康相談、保健指導、健康診査など、地域保健に関する事業を地域住民に行うための、市町村設置による施設です。主に生活習慣病対策や介護予防対策を取り扱っていますが、精神保健に関する健康相談を実施しているところもあります。

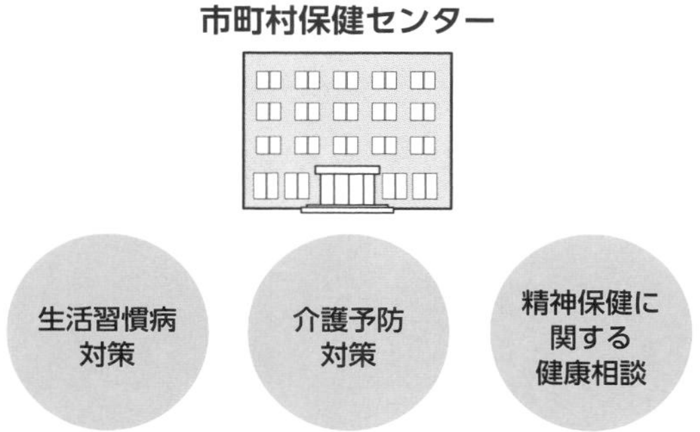

シーン9

「ひきこもり」と「8050問題」

押さえておきたい用語の一覧

支援・しくみ

- **ひきこもり**
- **8050 問題**
- **居場所**
- **家族会**
- **当事者会**

専門職

- **ひきこもりサポーター**

機関

- **ひきこもり地域支援センター**

保健・福祉専門機関が「ひきこもり」の人の存在を把握するきっかけとなるのが、親の入院だったり要介護だったりします。それは当事者からすれば、“非常事態”ですが、災い転じて、家族間の関係性やひきこもりの状態改善を図るチャンスともなりえます。「ひきこもり支援」に関する地域のワンストップ対応窓口は、市町村単位の「自立相談支援機関」です。また、専門機関として、都道府県単位の「ひきこもり地域支援センター」があります。

支援・しくみ

ひきこもり

誰にでも起こり得る、自分の身を守る反応

さまざまな要因の結果として社会的参加（義務教育を含む就学、非常勤職を含む就労、家庭外での交遊など）を避けて、家庭にとどまり続けている状態のこと。

ひきこもりは、特別な人に、特別に起こることではなく、「誰にでも起こり得る、自分の身を守る反応の一つ」です。その理解に立ち、ひきこもりが原因となって現に本人・家族に生じている生活困難を軽減していくはたらきかけが求められています。

しかし、ひきこもりに対しては、未だに誤った理解・偏見が根強く存在しています。こうした誤解・偏見が、当事者や家族をさらなる自己否定へと追いやり、孤立させ、支援の手から遠ざけSOSを出せなくさせて、問題をこじれさせる主な要因の一つになっています。

●ひきこもりへの誤解・偏見（例）

- 本人の甘えではないか
- 怠けているだけではないか
- 親の育て方が悪いからだ
- 何をするかわからない
- 周りにいてほしくない

支援・しくみ

8050《はちまるごーまる》問《もん》題《だい》

ひきこもりの長期化で、生活の行き詰まるリスクが高くなった状態

ひきこもりの長期化によって、ひきこもりの状態にある「子」と同居する「親」がそれぞれ齢をとって、生活が行き詰まるリスクの高くなった状態、またはリスクが顕在化した状態のこと。リスクとは、世帯の家計収支が悪化して暮らしが困窮したり、親が病気や要介護で家事ができずに家が「ごみ屋敷」化したり、具合が悪くなった状態でネグレクトによる衰弱死に至ったりする状況を指します。

8050の「80」は親の年齢層（80代）、「50」は子の年齢層（50代）に由来します。ひきこもりの長期化に伴うリスクが高まってくる時期ということで、命名されました。

「8050世帯」の抱える課題例

- ひきこもりの本人の心身の健康状態悪化
（加齢による生活習慣病、ひきこもりの長期化にともなう精神疾患）
- 家事を担っていた親の要介護による「ごみ屋敷化」

- 親に対する介護放棄、身体的・精神的虐待
（場合によっては死体遺棄）
- 低収入・貯蓄枯渇による家計破綻、生活困窮
- 「親なき後」の人生への悲観・絶望

専門職

ひきこもりサポーター

経験者の立場から、ひきこもり支援にかかわるピアサポーター

ひきこもりを経験した本人や家族、関心のある人で、ひきこもり地域支援センターの実施する「ひきこもりサポーター養成研修」を受け、ひきこもりサポーター名簿に登録した人のこと。ピアサポーターの一種。

市町村から依頼を受けて、ひきこもりの状態の人がいる家庭を訪問したり、地域で理解を広げる勉強会で講師やアドバイザーを務めたりします。ひきこもりの状態の人を発見し、公的な支援につなげる役割を担うこともあります。近年では、SNS を通じた相談対応や、オンラインでつないだ「居場所」事業の運営サポートなどといった活躍の場が広がってきています。

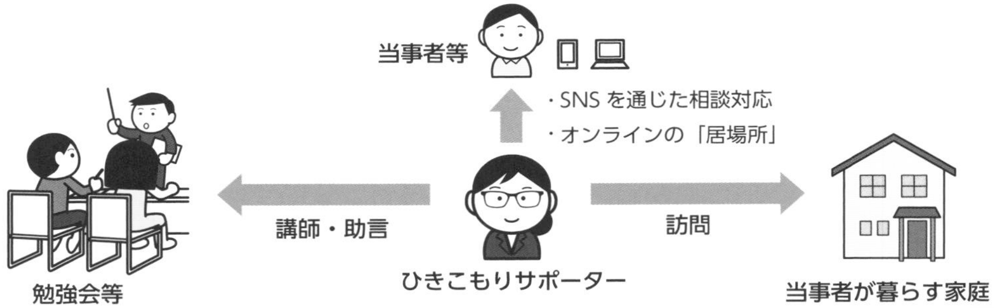

機関

ひきこもり地《ち》域《いき》支《し》援《えん》センター

ひきこもり支援に特化した広域の総合相談窓口

都道府県・指定都市に 1 か所ずつある、ひきこもり支援に特化した広域の総合相談窓口であり、ひきこもり支援に携わる人材の養成や、市町村で相談受付を担う「自立相談支援機関」などの後方支援をする役割も担っている拠点です。ひきこもり支援コーディネーター（社会福祉士、精神保健福祉士等）や、法律、医療、心理、就労など各分野の専門家で構成される、多職種チームが配置されています。

支援・しくみ

居《い》場《ば》所《しょ》

「ありのままの自分」でいられるよう配慮された社会参加の場

ひきこもり支援でいう「居場所」は、ひきこもりの状態の本人や家族が安心してそこへ出かけて行って、自分たちのことを隠したり取り繕ったりせず、ありのままの自分でいることができ、それが受け入れられるスペースのこと。似た体験をもつ者同士の安心感と、共感性を大切にした仲間との出会いを通して、他者との関係づくり、意欲の回復や自信を取り戻すための場です。

活動内容は多様で、映画を鑑賞したり、紙ねんどや毛糸などでものづくりしたり、ボードゲームやトランプで遊んだり、料理体験をしたり、農作業を体験したり、交流会・学習を行うなど、さまざまです。当事者・経験者のみで運営している居場所もあれば、公的機関が設置している居場所もあります。

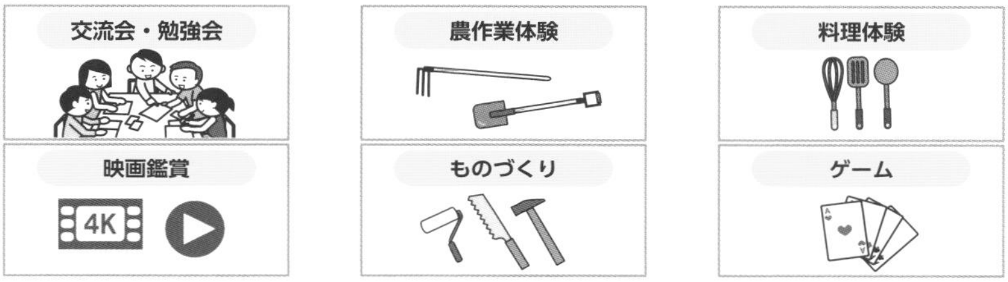

ほか、いろいろ

支援・しくみ

家《か》族《ぞく》会《かい》

ひきこもりの人の家族による互助組織

ひきこもりの状態の人の「家族」によって構成される、互助の組織のこと。定期的あるいは不定期に集まって「ひきこもる本人とのかかわり方」を学習したり、「ひきこもり経験者による体験発表」を聴いて質疑応答したり、近況報告や悩みの共有などを行っています（そうした催しを指して「家族会」と呼ぶこともあります）。

支援・しくみ

当《とう》事《じ》者《しゃ》会《かい》

ひきこもり当事者・経験者の互助組織

ひきこもり当事者・経験者で構成される互助の組織のこと。定期的あるいは不定期に集まって、お茶を飲みながら雑談したり、ゲームに興じたりしながら、互いのペースを尊重して、時間を共にします。偏見の目で見られる心配なしに自分の悩みを打ち明けたり、他のメンバーの経験を聴いて気づきを得たりする機会ともなります（そうした催しを指して「当事者会」と呼ぶこともあります）。

シーン 10

依存症対応

押さえておきたい用語の一覧

支援・しくみ

- **アディクション／依存症／嗜癖**
- **イネイブリング**
- **回復支援施設**
- **自助グループ・家族の会**

機関

- **依存症相談拠点**
- **依存症専門医療機関**

「巻き込まれ、責められ、孤立し、消耗する」。依存症の人のいる多くの家族が陥る状態です。依存症は、家庭内で「自己解決」できるものではありません。むしろ、孤軍奮闘すればするほど、回復のチャンスを遠ざけ、事態をさらに悪化させ、本人も家族も追い込まれてしまいます。実際に依存症であるかどうかや、本人にやめたいと思う意思があるかどうかにかかわらず、それによって困っている状況であるならば、できるだけ早く相談することが大事です。

支援・しくみ　アディクション／依存症《いそんしょう》／嗜癖《しへき》

生きづらさからの一時的開放——やめたくても、やめられない悪循環

生きづらさからの解放を求めて、アルコール、ギャンブル、薬物、ゲーム、インターネット等にのめりこんで、四六時中そのことばかりを考えるようになり、健康・人間関係・社会的立場に悪影響が出るとわかっていながら、自分で自分をコントロールできず、文字通り「やめたくても、やめられない」状況のことです。

依存症状が消えれば問題が解決したというものではなく、根本の「生きづらさ」に対して、一緒に向き合っていくような支援が求められます。

支援・しくみ　イネイブリング

依存を助長する「世話焼き」「尻拭い」「説教・詰問」

依存症の人の世話を焼いたり、尻拭いをしたりすることによって、結果的に、依存を続けやすい環境をつくってしてしまう行動のこと。

イネイブリングを行う人のことを「イネイブラー」といいます。

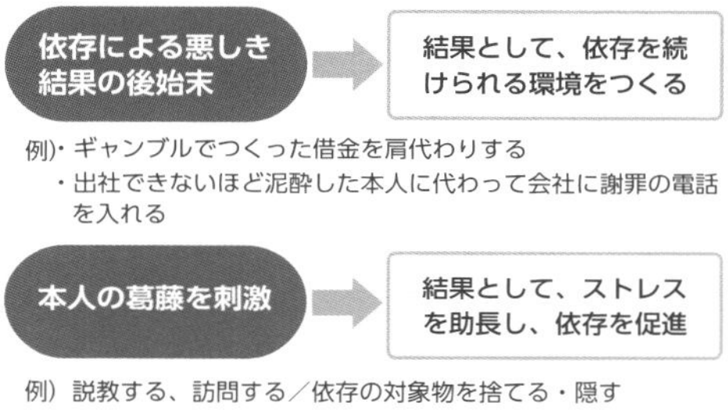

機関　依存症《いそんしょう》相談《そうだん》拠点《きょてん》

依存症のワンストップ相談窓口

都道府県・政令指定都市ごとに整備された依存症に関する相談の拠点。精神保健福祉センターまたは保健所内に設置され、依存症相談員が配置されています。

機関　依存症《いそんしょう》専門《せんもん》医療《いりょう》機関《きかん》

依存症は「治療の対象」

「依存症治療」を掲げている医療機関。診断に基づき、身体合併症の治療、再発防止および回復促進の各種治療プログラムが提供されます。

支援・しくみ　回復《かいふく》支援《しえん》施設《しせつ》

依存症のリハビリ施設

回復した当事者スタッフが中心になって運営している依存症のリハビリテーション施設です。

支援・しくみ　自助《じじょ》グループ・家族《かぞく》の会《かい》

当事者・家族同士の支え合い

回復途上にある当事者や、その家族が、自主的に運営するグループです。定期的に会合が開かれています。

シーン 11

障害のある人の就労支援

企業や官公庁と
雇用契約を結んで働く

障害福祉サービス事業所等で
一定の支援を受けつつ働く

押さえておきたい用語の一覧

支援・しくみ

- **一般就労／福祉的就労**
- **就労継続支援 A 型**
- **就労継続支援 B 型**
- **就労移行支援**
- **就労定着支援**
- **障害者雇用促進法**
- **特例子会社**

機関

- **地域障害者職業センター**
- **障害者就業・生活支援センター**

障害の有無にかかわらず、すべての国民が、人としての尊厳にふさわしい生活を保障され、社会・経済・文化その他あらゆる分野の活動に「参加」する権利をもっています。働いてお金を稼いだり、役割を獲得したり、人から感謝されたり、上達する喜びを味わうことは、障害のある人にとっても、人生の大事な要素です。その営みを後押しするための障害者総合支援制度のサービスメニューや、障害者雇用促進法に基づく支援があります。

支援・しくみ

一《いっ》般《ぱん》就《しゅう》労《ろう》／福《ふく》祉《し》的《てき》就《しゅう》労《ろう》

企業等に雇用される「一般就労」、支援付きで働く“場”を得る「福祉的就労」

「一般就労」は、健常者と同様に、企業や官公庁と雇用契約を結んで働くことです。「労働者」という立場で、就業規則を遵守して働く必要がありますが、最低賃金が保障されます。一方、「福祉的就労」は、一般就労が困難な障害者が、障害福祉サービス事業所等で「利用者」として一定の支援を受けつつ、障害の程度に配慮された就労の機会を得ることをいいます。福祉的就労のなかにも、雇用契約を結ぶ「雇用型」（就労継続支援A型）と、雇用契約は結ばない「非雇用型」（就労継続支援B型）があります。

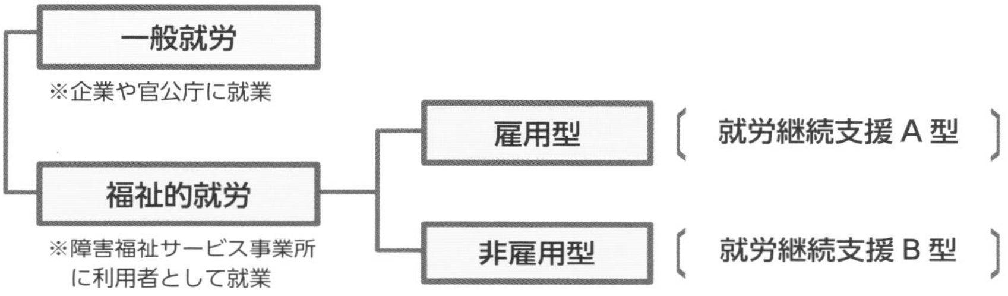

支援・しくみ

就《しゅう》労《ろう》継《けい》続《ぞく》支《し》援《えん》A型《がた》

雇用契約あり、報酬は「賃金」

障害を有し、企業等に就労することが難しい65歳未満（利用開始時年齢）の人に対して、雇用契約に基づく生産活動の機会を提供するサービスです。利用者でありながら、労働者という立場で働き、原則として最低賃金の保証を受けます。このサービスを通じて、一般就労に必要な知識や能力が高まった人については、一般就労への移行を目指します。

対象	一般就労が難しい人
年齢	65歳未満（利用開始時の年齢）
利用期間	制限なし
報酬形態	賃金

支援・しくみ

就《しゅう》労《ろう》継《けい》続《ぞく》支《し》援《えん》B型《がた》

雇用契約なし、報酬は「工賃」

障害を有し、企業等に就労することが困難な人に対して、生産活動の機会を提供するサービス。年齢制限はありません。雇用契約は結ばずに、「利用者」として支援を受けながら働き、工賃を得ます。このサービスを通じて生産活動や就労に必要な知識や能力が高まった人については、就労継続支援（A型）や一般就労への移行を目指します。

対象	一般就労及びA型事業所での就労が難しい人
年齢	制限なし
利用期間	制限なし
報酬形態	作業工賃

支援・しくみ

就《しゅう》労《ろう》移《い》行《こう》支《し》援《えん》

一般就労希望者向けの訓練・実習・就活支援

障害をもち、就労を希望する65歳未満（利用開始時年齢）の人に対して、就労に必要な知識・能力を習得するための訓練・実習、職場体験、就労に関する相談支援を行うサービス。利用者ごとに、標準期間（24か月）内での利用となります。就労した人には6か月間のアフターケア（職場定着支援）が行われます。

あん摩マッサージ指圧師、はり師、きゅう師の学校または養成施設で、免許を取得するための支援（3年または5年間）を行う「養成施設型」の就労移行支援もあります。

対象	一般就労の見込みがある人
年齢	65歳未満（利用開始時の年齢）
利用期間	原則2年間（必要性があれば、最大12か月更新可）

職業訓練（通所前期・中期） ▶ 職場探し（通所後期） ▶ 職場定着支援（訪問期）

- 職業訓練（通所前期・中期）
  - 基礎体力向上
  - 集中力・持続力等の習得
- 職場探し（通所後期）
  - 求職活動
  - 職場開拓
- 職場定着支援（訪問期）
  - 就職の継続支援
  - 定期的な面談等

支援・しくみ

就《しゅう》労《ろう》定《てい》着《ちゃく》支《し》援《えん》

就労後の職場定着のための相談・連携調整

就労移行支援や就労継続、その他自立訓練などのサービスなどを利用して企業等に就職した人を対象に、職場に定着して就労が続くように、継続的に本人とコミュニケーションをとって相談を受け、必要な対応を行うサービスです。本人の勤務先の事業主、本人の利用する障害福祉サービスの事業者、本人の通院する医療機関など、関係先との連絡調整も含めて、支援します。なお、就労から6か月間は、就労移行支援などによるフォロー（職場定着支援）が行われることになっているので、就労定着支援は6か月経過してからの利用開始となります。利用期間は最長3年間です。

支援・しくみ

障《しょう》害《がい》者《しゃ》雇《こ》用《よう》促《そく》進《しん》法《ほう》

企業等に障害者の雇用を促す枠組み

雇い入れる従業員の一定割合を障害者とするよう企業に義務づけ、達成できない企業から不足分に応じてペナルティとしての「納付金」を徴収する制度（障害者雇用率制度といいます）を定めている法律が、「障害者雇用促進法」です。

同法で定められた障害者雇用率のことを「法定雇用率」といい、2021年3月以降、民間企業では2.3%となっています。これにより、従業員を44人以上雇用している事業主は、身体障害者または知的障害者もしくは精神障害者を1人以上雇用する義務を負っています。

支援・しくみ

特《とく》例《れい》子《こ》会《がい》社《しゃ》

障害者雇用を進めるための子会社

障害者の雇用促進を図るために設立された会社で、障害者雇用促進法に定められた「法定雇用率」を達成するために親会社が設立したもの。障害や特性に対するサポート環境が整っているところが多く、比較的障害の程度に関係なく働くことが可能であるとされます。

機関

地《ち》域《いき》障《しょう》害《がい》者《しゃ》職《しょく》業《ぎょう》センター

専門的職業リハ提供、ジョブコーチ派遣

障害のある人に対して専門的な職業リハビリテーションを提供する施設のこと。全国の各都道府県に最低1か所ずつ設置されています。本人の希望と職業能力のアセスメント結果をもとに計画作成のうえ、「職業準備訓練」を行います。また、利用者が円滑に就職したり職場に適応できるように、企業と本人の間に入って環境調整を行う「ジョブコーチ」を派遣しています。

このほか、事業主からの障害者の雇用管理に関する相談に応じたり、地域の関係機関への助言・援助なども行っています。

機関

障《しょう》害《がい》者《しゃ》就《しゅう》業《ぎょう》・生《せい》活《かつ》支《し》援《えん》センター

就業と生活の一体的支援

障害のある人の就業と生活について、一体的な相談・支援を提供する支援機関です。雇用・保健・福祉・教育等の関係機関との連携拠点として、各都道府県に数か所～十数か所設置されています。

一般企業で働きたい障害者のほか、障害者の雇用に取り組んでいる企業、これから取り組みたいと考えている企業からの相談も受け付けています。

シーン 12

障害者手帳制度

押さえておきたい用語の一覧

書類

- **身体障害者手帳**
- **精神保健福祉手帳**
- **療育手帳**

障害者手帳は、心身に障害を有していることを示す証明書です。「身体障害者手帳」「精神保健福祉手帳」「療育手帳」の3種類あり、申請先はいずれも市町村です。手帳は障害福祉サービスに必要であるほか、手帳があることで税金が軽減されたり、各種公共・民間のサービスの料金が割引になったりもします。なお、2019年の法改正で、カード形式の手帳も登場しています（導入時期は都道府県によって異なります）。

書類

身《しん》体《たい》障《しょう》害《がい》者《しゃ》手《て》帳《ちょう》

身体障害を有することの証明書

身体障害者福祉法に定める障害程度に該当すると認められた場合に、本人（15歳未満は、その保護者）の申請に基づいて交付される証書。手帳の等級には、障害の程度により1～6級があり、数字が小さいほど障害が重いことを意味します。

取得の流れ

①手帳取得専用の診断書を用意し、医師に診断書を書いてもらう
②市町村窓口に申請書と診断書を提出
↓
交付

書類

精《せい》神《しん》保《ほ》健《けん》福《ふく》祉《し》手《て》帳《ちょう》

精神障害を有することの証明書

一定の精神障害の状態にあると診断された場合に、本人の申請に基づいて交付される証書。障害の程度により1～3級まであり、数字が小さいほど障害が重いことを意味します。身体障害者手帳・療育手帳と異なり、2年の有効期限があり、定期的に更新申請する必要があります。

取得・更新の流れ

①医師に診断書を書いてもらう。または障害年金の関連書類を用意する
②市町村窓口に申請書と診断書等を提出
↓
交付

書類

療《りょう》育《いく》手《て》帳《ちょう》

知的障害を有することの証明書

知的障害があると判定された場合に交付される証書。地域によっては、「愛の手帳」「みどりの手帳」などの名称が使われています。障害の程度の区分も各自治体によって差がありますが、数字が小さいほど障害が重いことを意味します。

取得の流れ

①市町村に手帳取得を申請する
②児童相談所または知的障害者更生相談所で、心理判定員や医師による面接や聴き取り、検査が行われる
↓
交付

column▷▷

カード型の手帳

2019年4月の法令改正により、各自治体では従来の“紙”の障害者手帳に代えて、プラスチック製の「カード」形式による手帳を交付できるようになりました。これにより、紙による手帳がいいか、カードによる手帳がいいか、本人がどちらかを選べるようになってきています（運用は自治体の裁量に委ねられているので、一部または全部でカードへの切り替えに対応していないところもあります）。

なお、カード型といっても、ICチップは登載されていません。

シーン 13

所得保障
（障害年金、障害者手当）

押さえておきたい用語の一覧

支援・しくみ

- **障害年金**
- **特別障害者手当**
- **障害児福祉手当**
- **特別児童扶養手当**
- **障害者扶養共済制度**

障害のある人の経済的自立をサポートするしくみとして、障害年金、特別障害者手当、障害児福祉手当、特別児童扶養手当といった現金給付による「所得保障」があります。年金は年金事務所に、手当などは市町村に申請します。また、いわゆる“親亡き後”への備えとして、保護者が生存中に掛金を納めておいて、保護者死亡後に本人に定額の年金を終身支給する、任意加入の共済制度もあります。

支援・しくみ

障《しょう》害《がい》年《ねん》金《きん》

「働くこと」が難しい人をサポート

20歳以上で、障害によって働いて収入を得ることが困難になった人に対して支給される現金給付。受給には国民年金障害認定基準に該当し、かつ、保険料の未納が一定以下であるなどの要件を満たしている必要があります。施設に入所していても支給されます。所得制限はありません。初診日に加入していた年金制度と、障害等級によって、受け取れる年金と額が異なります。

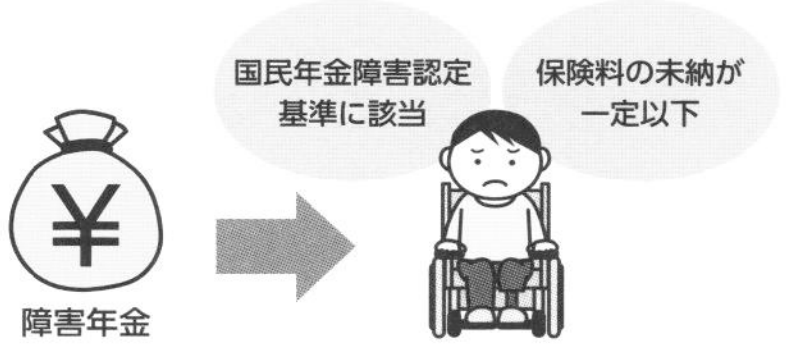

支援・しくみ

特《とく》別《べつ》障《しょう》害《がい》者《しゃ》手《て》当《あて》

重度の障害者の在宅生活をサポート

20歳以上で、著しく重度の障害があり、居宅で暮らす人に対して支給される現金給付です。申請先は市町村。

金額	月額27,300円
年齢	20歳以上
所得制限（支給されなくなるとき）	受給資格者（障害者）の前年の所得が一定の額を超えた場合、またはその配偶者・扶養義務者の前年の所得が一定の額以上の場合
支給月	2月、5月、8月、11月

※金額は2022年度

支援・しくみ

障《しょう》害《がい》児《じ》福《ふく》祉《し》手《て》当《あて》

重度の障害児の在宅生活をサポート

20歳未満で重度の障害のある子どもを、居宅で育てる保護者（父母など）に対して、支給される現金給付です。申請先は市町村。

金額	月額14,850円
年齢	20歳未満
所得制限（支給されなくなるとき）	受給資格者（障害児）の前年の所得が一定の額を超えた場合、またはその配偶者・扶養義務者の前年の所得が一定の額以上である場合
支給月	2月、5月、8月、11月

※金額は2022年度

支援・しくみ

特《とく》別《べつ》児《じ》童《どう》扶《ふ》養《よう》手《て》当《あて》

障害児の在宅生活をサポート

20歳未満で障害のある子どもを、居宅で育てる保護者（父母など）に対して、支給される現金給付です。申請先は市町村。

金額	1級:月額52,400円、2級:月額34,900円
年齢	20歳未満
所得制限（支給されなくなるとき）	受給資格者（障害児の父母等）またはその配偶者・扶養義務者の前年の所得が一定の額以上である場合
支給月	4月、8月、12月

※金額は2022年度

支援・しくみ

障《しょう》害《がい》者《しゃ》扶《ふ》養《よう》共《きょう》済《さい》制《せい》度《ど》

障害児者の保護者の「もしも」に備える共済制度

障害のある本人を扶養している保護者（両親、祖父母、きょうだい等）が、毎月一定の掛金を納めておくことによって、自身の身に万一のこと（死亡・重度障害）が起きたとき、それ以後、障害のある子に対して１口２万円または２口４万円の年金が終身支給される公的な共済制度です。 申請は都道府県・政令指定都市。

掛金額は、加入年度の４月１日時点での「保護者の年齢」に応じて決まります。上表のように、高齢になってから加入するほど、掛金額が高くなります。掛金の支払期間は、「①加入後から 20 年以上経過」「②満 65 歳になった次の年度の加入日と同じ日以後」という２つの条件を満たす月まで、となっています（それ以前に、保護者が死亡または重度障害状態と認められた場合を除く）。

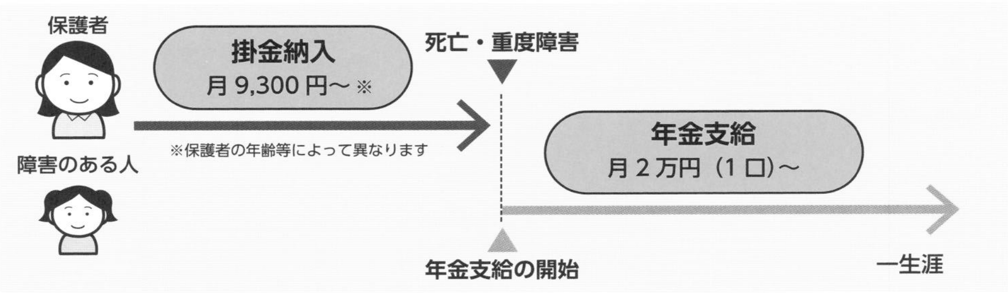

保護者の加入時点での年齢別掛金月額と払込期間

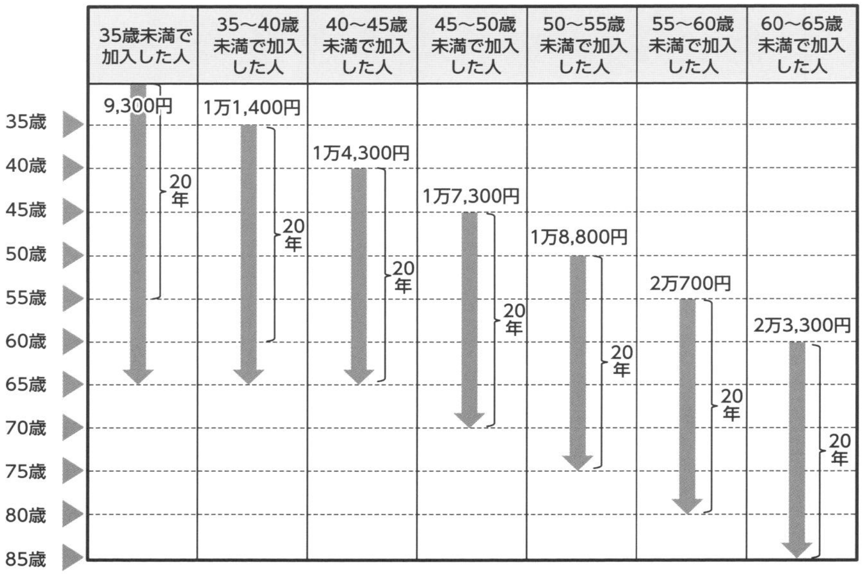

※年齢は「加入年度の４月１日時点での年齢」、金額は「１口あたりの金額」

3章

医療保険

シーン

シーン1

保険給付と自己負担

乳幼児
2 割負担

義務教育就学後～ 69 歳
3 割負担

70 ～ 74 歳
2 割負担

75 歳以上
1 割負担

押さえておきたい用語の一覧

支援・しくみ

- **療養の給付**
- **一部負担金**
- **診療報酬**
- **食事療養標準負担額**
- **生活療養標準負担額**
- **療養病床／一般病床**
- **医療区分**

書類

- **保険証／被保険者証**
- **高齢受給者証**

日本では、国民は原則として何らかの公的医療保険制度に加入し、病気を患ったりけがを負ったりしたときに、この保険を使って必要な医療を比較的安価な負担で受けられるしくみとなっています（療養の給付）。患者が医療機関に支払うのは、保健医療サービスにかかった費用の一定割合です（一部負担金）。入院した場合は、食事代等に関する負担もかかります（食事療養標準負担額／生活療養標準負担額）。

支援・しくみ

療養《りょうよう》の給付《きゅうふ》

公的医療保険を使って受ける保健医療サービス

公的医療保険を使って受ける保健医療サービス（各種医療技術、看護、薬剤等）のこと。公的健康保険の加入者は、保険証を持って医療機関にかかれば、医療費の支払いは「一部負担金」だけで済むようになっています。医療費の残り分は、医療機関が公的医療保険に請求し、支払いが行われることになっています。なお、この公的医療保険の負担する部分を、「療養の給付」と称することもあります。

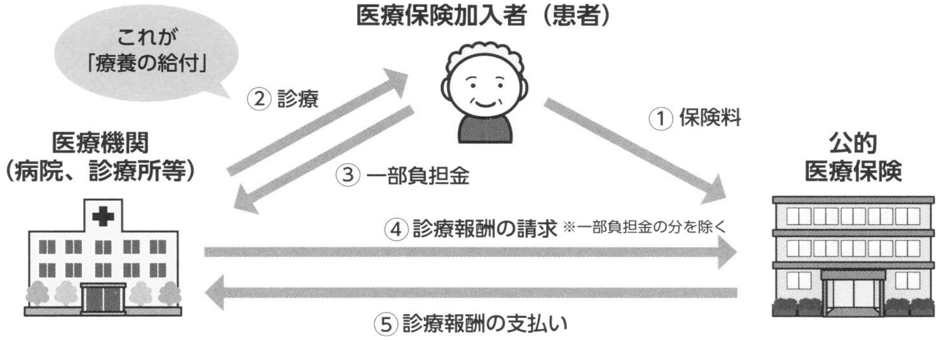

書類

保険証《ほけんしょう》／被保険者証《ひほけんしゃしょう》

保険加入を証明する証書

公的医療保険の加入者であることを証明する証書のこと。1人につき1枚ずつ、加入している医療保険から交付されます。医療機関を受診する際には、必ず窓口でこれを提示するようにします（提示しないと10割負担となってしまいます）。

正式名称は「被保険者証」ですが、「保険証」という略称が用いられることのほうが一般的です。

2021年10月からは、「マイナンバーカード」を保険証代わりに使用できるようになりました（準備の整った医療機関から順次可能となります）。

書類

高齢受給者証《こうれいじゅきゅうしゃしょう》

70～74歳の人に交付される証書

70～74歳までの人に対して、公的医療保険から発行される証書です。医療機関を受診する際に、保険証と一緒にこの「高齢受給者証」を窓口に提示します。一部には、保険証と一体化させて発行している公的医療保険もあります。

70～74歳の間は、所得状況によって受診時の一部負担金の負担割合が違うため、窓口での会計・支払いが円滑に行えるように「何割負担なのか」を記して発行しているのが、この高齢受給者証です。「マイナンバーカード」を保険証の代わりに使用する場合は、高齢受給者証の提示は不要となります。

支援・しくみ

一《いち》部《ぶ》負《ふ》担《たん》金《きん》

医療費の一定割合を患者が負担

保険診療を受けた際に、かかった医療費の一定割合について被保険者（患者）が支払う定率の負担金のこと。負担割合は年齢によって異なり、70 歳以上は所得段階での区分が加わります。

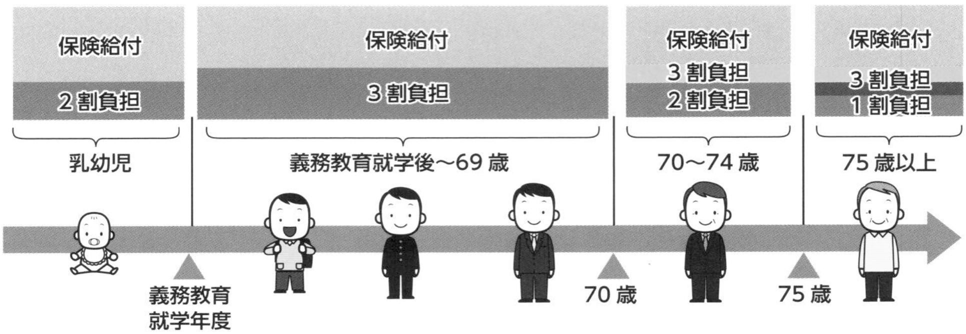

…収入の合計が 2 人以上世帯で 520 万円以上、1 人世帯で 383 万円以上の場合は 3 割負担

…75 歳以上で収入の合計が 2 人以上世帯で 320 万円以上 520 万円未満、1 人世帯で 200 万円以上 383 万円未満の場合は 2 割負担（2022 年 10 月～）

支援・しくみ

診《しん》療《りょう》報《ほう》酬《しゅう》

医療機関が受け取る「医療の対価」

患者に提供した保健医療サービスの対価として、医療機関が受け取る報酬のこと。一つひとつの医療行為について厚生労働大臣が全国共通の点数を設定しており、1 点＝ 10 円として計算されるルールとなっています。点数は、算定要件や施設基準とともに、2 年ごとに改定される慣習となっています。

支援・しくみ

食《しょく》事《じ》療《りょう》養《よう》標準《ひょうじゅん》負《ふ》担《たん》額《がく》

入院中の食事の自己負担

入院中に提供される食事について、1 食単位で請求される自己負担のこと。所得区分ごとに以下のように設定されています。

患者の所得区分		食事療養標準負担額
一般		460 円※
住民税非課税世帯	下記以外	210 円（90 日超は 160 円）
	70 歳以上で加入者全員が所得 0 円の世帯	100 円

※「指定難病患者」と「2016 年 4 月 1 日時点で既に 1 年を超えて精神病床に入院していて、その後も引き続き入院中の患者」については、260 円。

支援・しくみ

生《せい》活《かつ》療《りょう》養《よう》標準《ひょうじゅん》負《ふ》担《たん》額《がく》

入院中の食事と光熱水費の自己負担

療養病床に入院した65歳以上の人に対して請求される、食事に関する自己負担（1食単位）と、光熱水費に相当する居住費の自己負担（1日単位）のこと。所得区分と医療区分ごとに以下のように設定されています。

患者の要医療の状態／患者の所得区分		医療区分Ⅰの患者		医療区分Ⅱ・Ⅲの患者		指定難病患者	
		食費（／食）	居住費（／日）	食費（／食）	居住費（／日）	食費（／食）	居住費（／日）
一般		460円※	370円	460円※	370円	260円	なし
住民税非課税世帯	下記以外	210円	370円	210円（90日超は160円）	370円	210円（90日超は160円）	なし
	加入者全員が所得0円	130円	370円	100円	370円	100円	なし
	老齢福祉年金受給者	100円	なし	100円	なし	100円	なし

※　管理栄養士等を配置していない病院では、「420円」となります。

支援・しくみ

療《りょう》養《よう》病床《びょうしょう》／一《いっ》般《ぱん》病床《びょうしょう》

慢性期向け病床と急性期向け病床

慢性期の治療段階にある患者に対して、中長期の入院による療養を提供するために用意された病床が「療養病床」。これに対して、急性期の治療段階にある患者に対して、短期の入院による療養を提供するために用意された病床のことを「一般病床」といいます。

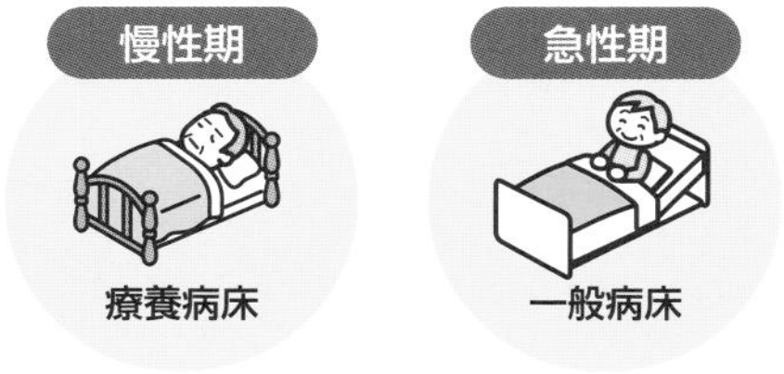

支援・しくみ

医《い》療《りょう》区《く》分《ぶん》

医療の必要度を3段階で区分

療養病床に入院する患者について、疾患、状態、医療処置等の状況をもとに、「医療の必要度」を客観的に3段階（Ⅰ～Ⅲ）に分類した区分のこと。区分Ⅲが最も重い区分となっています。

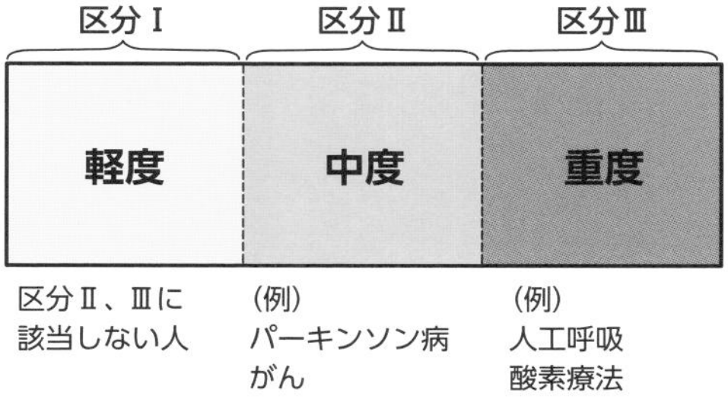

シーン２

高額療養費制度

押さえておきたい用語の一覧

支援・しくみ

- **高額療養費**
- **自己負担限度額**
- **多数該当**
- **外来上限特例**
- **合算高額療養費**
- **世帯合算**
- **高額介護合算療養費**

書類

- **限度額適用認定証**

保険証を提示して医療機関で受診すると、窓口での支払いは、実際にかかった医療費の一部（一部負担金）で済みます。しかし、医療費自体が高額になれば、３割負担でもかなりの額になります。そこで、ある一定ラインから先は、自己負担が“ほとんど”あるいは“まったく”かからなくなるようにバックアップする給付が用意されています（高額療養費制度）。病気による貧困リスクを防ぐ、日本の医療保障の“肝”ともいえるしくみです。

支援・しくみ

高《こう》額《がく》療《りょう》養《よう》費《ひ》

一部負担金が“著しく高額”とならないよう限度額超をカバー

受診後に窓口で支払う3割または2割もしくは1割の一部負担金が著しく高額にならないように、歴月1か月単位（月初め～月末まで）で「自己負担限度額」を超えた分について、公的医療保険から加入者に対して支給される給付のこと。ただし、食事標準負担額や保険外のサービスを受けたとき（個室利用、高度先進医療など）に支払う料金については、「対象外」となっています。

高額療養費のイメージ

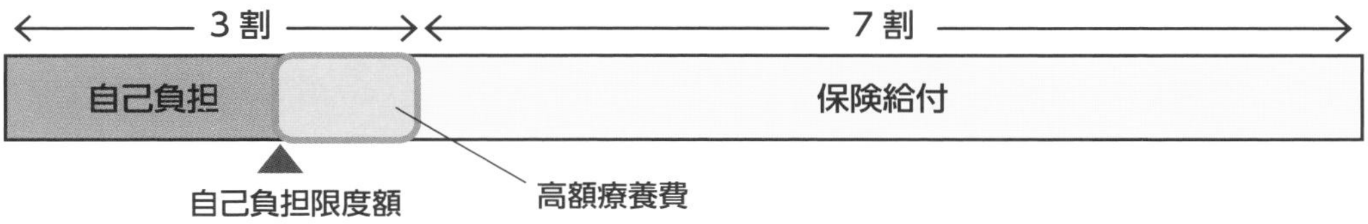

受け取り方として、①「現物給付」による受領と、②「償還払い」による受領の2通りがあります。

①の現物給付による受領とは、窓口での支払い時に、その時点で自己負担限度額を超える場合に、それ以上の請求がなされなくなるというものです。この方法をとる場合、加入している公的医療保険から「限度額適用認定証」の交付を受け、医療機関の窓口に提出しておく必要があります（下図左）。ただし、マイナンバーを被保険者証として提示した場合は、この手続きは不要です。

②の償還払いによる受領とは、いったん全額を支払っておいて自己負担限度額を超える分の払い戻しを医療保険に申請して償還を受けるものです（下図右）。

高額療養費の受け取り方（2パターン）

①「現物給付」による受領

受療前に、医療機関に
「限度額適用認定証」を提示しておく
※マイナンバーカードを提示した場合は不要

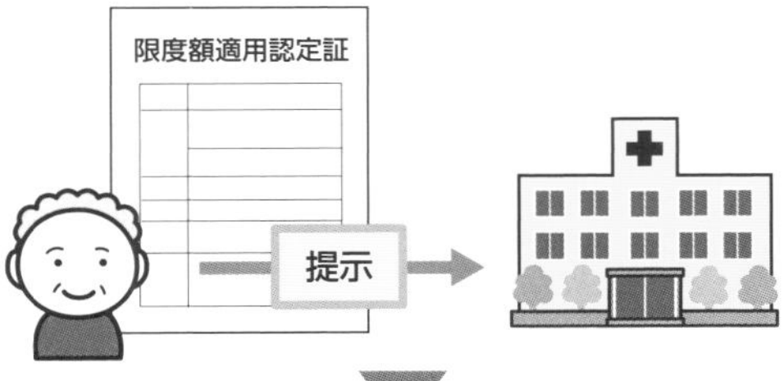

窓口での負担は月あたり限度額までとなる

②「償還払い」による受領

受療後に、医療保険に
「高額療養費支給申請書」を提出する

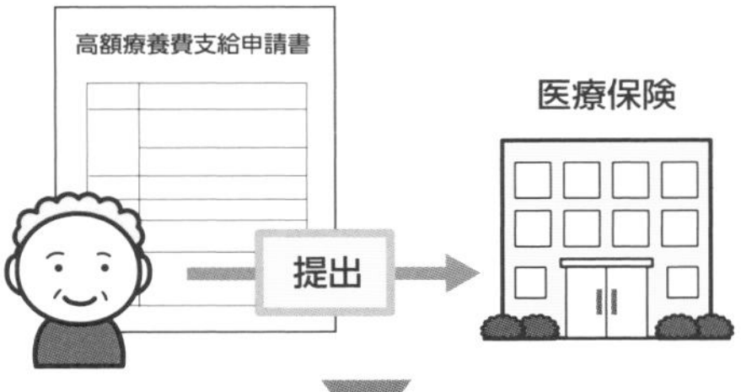

後日、指定口座に払い戻される

支援・しくみ

自《じ》己《こ》負《ふ》担《たん》限《げん》度《ど》額《がく》

高額療養費が支給されるかどうかを分かつ基準額

高額療養費が支給されるかどうかを分かつ基準額のこと。保険診療の一部負担金がこの金額を上回ると、超過した額が高額療養費として支給されます。自己負担限度額は、高額療養費が低所得層に手厚く給付されるように、所得に応じて５段階（下図上）（70 歳以上は６段階（下図下））の所得区分が設けられています。

自己負担限度額（月あたり）

所得区分	自己負担限度額
ア	252,600 円 ＋ 医療費が 842,000 円を超えた場合は、その超えた分の 1％ （多数該当 140,100 円）
イ	167,400 円 ＋ 医療費が 558,000 円を超えた場合は、その超えた分の 1％ （多数該当 93,000 円）
ウ	80,100 円 ＋ 医療費が 267,000 円を超えた場合は、その超えた分の 1％ （多数該当 44,400 円）
エ	57,600 円 （多数該当 44,400 円）
オ	35,400 円 （多数該当 24,600 円）

ア　社保：標準報酬月額 83 万円以上／国保：旧ただし書き所得 901 万円超
イ　社保：標準報酬月額 53 万円～ 79 万円／国保：旧ただし書き所得 600 万円超～ 901 万円以下
ウ　社保：標準報酬月額 28 万円～ 50 万円／国保：旧ただし書き所得 210 万円超～ 600 万円以下
エ　社保：標準報酬月額 26 万円以下／国保：旧ただし書き所得 210 万円以下（住民税非課税世帯は除く）
オ　住民税非課税世帯

70 歳以上の自己負担限度額（月あたり）

区分		自己負担限度額		自己負担割合	
		外来上限特例		75 歳～	～74 歳
現役並みⅢ			252,600 円 ＋ 医療費が 842,000 円を超えた場合は、その超えた分の 1％ （多数該当 140,100 円）	3 割負担	
現役並みⅡ			167,400 円 ＋ 医療費が 558,000 円を超えた場合は、その超えた分の 1％ （多数該当 93,000 円）	3 割負担	
現役並みⅠ			80,100 円 ＋ 医療費が 267,000 円を超えた場合は、その超えた分の 1％ （多数該当 44,400 円）	3 割負担	
一般		18,000 円 （年間上限 14.4 万円）	57,600 円 （多数該当 44,400 円）	※ 1 割負担	2 割負担
住民税非課税世帯	Ⅱ	8,000 円	24,600 円	1 割負担	2 割負担
	Ⅰ		15,000 円	1 割負担	2 割負担

現役並みⅢ：標準報酬月額 83 万円以上／課税所得 690 万円以上
現役並みⅡ：標準報酬月額 53 万円～ 79 万円／課税所得 380 万円以上～ 690 万円未満
現役並みⅠ：標準報酬月額 28 万円～ 50 万円 ／課税所得 145 万円以上～ 380 万円未満
一般：標準報酬月額 26 万円以下／課税所得 145 万未満（住民税非課税世帯は除く）
住民税非課税世帯：Ⅰは総所得金額が０円の世帯。Ⅱはそれ以外の世帯

※2020 年 10 月以後一部の人が２割負担となります。「一部負担金」の項参照（110P）

支援・しくみ

多《た》数《すう》該《がい》当《とう》

年4回目以降に適用される、負担軽減の特例

直近の1年の間に、高額療養費が3回支給されている場合、4回目以降の自己負担限度額を引き下げて、患者の負担軽減を図る特例的なしくみのこと。「多数回該当」と称することもあります。過去1年間で本則の自己負担限度額を超えた回数が2回以下になると、多数該当は解除されて、本則の限度額に戻されます。

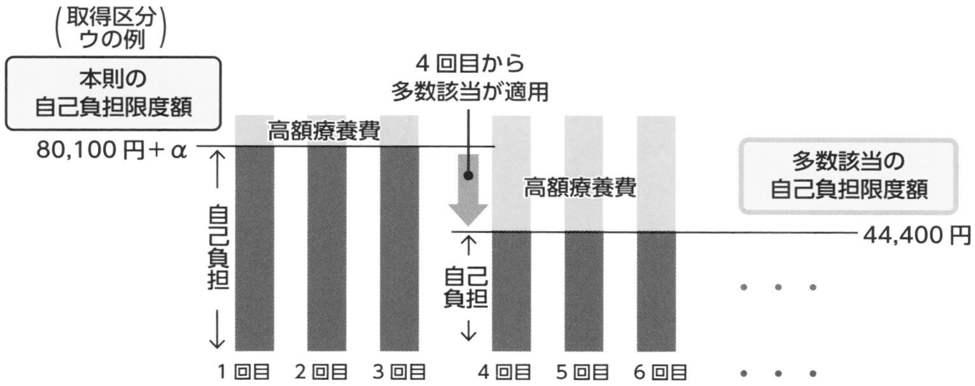

支援・しくみ

外《がい》来《らい》上《じょう》限《げん》特《とく》例《れい》

70歳以上は外来の自己負担が「1か所月18,000円まで」

70歳以上の「一般」または「住民税非課税世帯」の所得区分の人に適用される、外来に特化した個人単位の自己負担限度額。外来で1医療機関につき、以下の限度額を超えて一部負担金が請求されることはありません。複数の医療機関への支払いを合算してこの上限額を超える場合は、申請により超過分が払い戻されます。

- 一般：月18,000円
- 住民税非課税世帯：月8,000円

なお、所得区分「一般」の人については、これに加えてさらに特例があります。毎年8月1日～翌年7月31日の期間で区切った1年間で、外来で支払った一部負担金合計額が「144,000円」を超えた場合は、申請により超過額が払い戻されます。

ただし、この外来上限を超えた回数は、「多数該当」にはカウントされません。

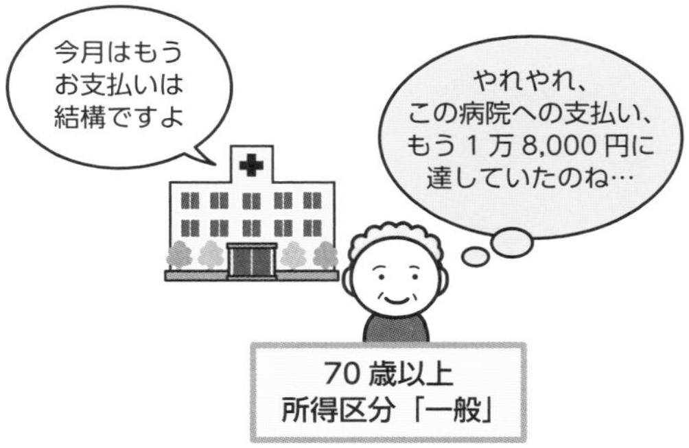

支援・しくみ

合《がっ》算《さん》高《こう》額《がく》療《りょう》養《よう》費《ひ》

複数の医療機関への支払いを「合算」できるしくみ

1か所の医療機関への支払いだけで自己負担限度額を超えなくても、複数の医療機関への支払いを合計して超えれば、これを合算して高額療養費の支給を受けることができます。これを「合算高額療養費」といいます。

ただし、70歳未満の人の場合については、「月2万1000円を超えた一部負担金しか合算できない」という制約があります。一方、70歳以上の人については、そうした制約はなく、すべての一部負担金を合算できることになっています。

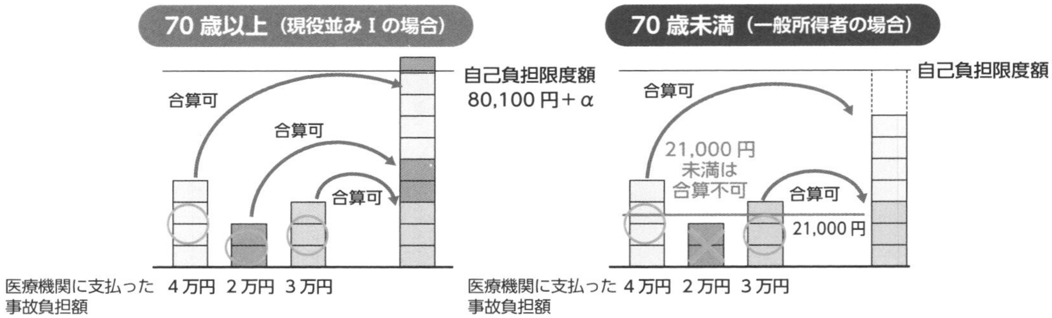

支援・しくみ

世《せ》帯《たい》合《がっ》算《さん》

同一世帯・同一保険の家族で「合算」できるしくみ

世帯内で同じ公的医療保険に加入する家族同士でも、合算して自己負担限度額を超えれば、高額療養費の支給を受けることができます（70歳未満の人については「月2万1000円を超えた一部負担金しか合算できない」という制約があります）。

なお、たとえ同居して同一生計を立てていても、夫が後期高齢者医療制度、妻が国保というような場合は、加入する医療保険が違うので合算できません。

加入している医療保険が違うため、合算できず、高額療養費は支給されない

加入している医療保険が同じなので、合算でき、高額療養費が支給される

支援・しくみ

高《こう》額《がく》介《かい》護《ご》合《がっ》算《さん》療《りょう》養《よう》費《ひ》

医療+介護の自己負担が上限を超える世帯に支給

医療保険と介護保険とで、それぞれにかかった自己負担額を合算して、年単位（8月1日～翌年7月31日の期間で区切った1年間）で上限額を超えた場合に、申請により超過額が払い戻される給付のこと。個人単位ではなく世帯単位で合算できますが、「加入している医療保険が同じ」である必要があります。毎回（毎年）、申請手続きが必要です。

高額介護合算療養費の自己負担限度額

70歳以上

所得区分	医療＋介護の世帯内自己負担限度額
現役並み所得者Ⅲ	212万円
現役並み所得者Ⅱ	141万円
現役並み所得者Ⅰ	67万円
一般	56万円
住民税非課税世帯Ⅱ	31万円
住民税非課税世帯Ⅰ	19万円

70歳未満

所得区分	医療＋介護の世帯内自己負担限度額
ア	212万円
イ	141万円
ウ	67万円
エ	60万円
オ	34万円

書類

限《げん》度《ど》額《がく》適《てき》用《よう》認《にん》定《てい》証《しょう》

自己負担額が高額になると見込まれるとき、用意しておきたい書類

その人の自己負担限度額を記載してある、医療保険発行の証書。受療前に医療機関に提示しておくことで、歴月ごとの窓口での一部負担金の支払いが自己負担限度額までとなります。なお、マイナンバーカードを被保険者証として提示した場合は、提出不要です。

国保の限度額適用認定証

国民健康保険限度額適用認定証
交付年月日
記　号
番　号
世帯主（組合員）
住　所
氏　名
適用対象者
氏　名
生年月日
発行期日
有効期限
適用区分
保険者番号並びに保険者の名称及び印

後期高齢者医療制度の限度額適用認定証

後期高齢者医療限度額適用認定証
有効期限
交付年月日
被保険者番号
被保険者
住　所
氏　名
生年月日
発行期日
適用区分
保険者番号並びに保険者の名称及び印

シーン3

保険外併用療養費制度

押さえておきたい用語の一覧

支援・しくみ

- 混合診療禁止の原則
- 保険外併用療養
- 選定療養
- 評価療養
- 患者申出療養
- 先進医療
- 初診時選定療養費／再診時選定療養費
- 特別療養環境室（差額ベッド）

日本国内で提供されている医療は、国の定める診療報酬のルールに従った「保険診療」が主体です。保険診療と、その枠外にある「保険外診療」（自由診療）とは、原則として、一緒に提供してはならないとするルールがあります（混合診療禁止の原則）。ただし、厚生労働大臣の認める先進医療や個室の利用などに関しては、一定のルールのもとで、併用してよいという例外が設けられています（保険外併用療養費制度）。

支援・しくみ

混《こん》合《ごう》診《しん》療《りょう》禁《きん》止《し》の原《げん》則《そく》

自由診療と保険診療の併用を「原則禁止」とするルール

原則として、保険外の自由診療と保険診療を一緒に受けることを禁じるルールのこと。これにより、両者を一緒に受けると、保険診療の分についてもすべて自由診療扱いとなり、患者は10割負担をしなければなりません。

「医療」というサービスは専門性が高いため、患者は自分の受ける医療が必要・適正なものなのか、医療費の請求が妥当なのか、合理的な判断を下すことが困難です。いわゆる「情報の非対称性」が存在しているため、圧倒的にサービスの受け手（患者側）が“不利”な状態といえます。こうした状況を是正して、安心して医療を受けられるように制度化したしくみが「保険診療」です。

具体的には、診療内容と点数を「診療報酬」で細かく定め、医療を一定の“型”におさめています。さらに、請求内容を逐一、専門機関によって審査しています。悪質な不正請求が認められた場合には、保険診療を行えなくするペナルティ（保険指定の停止、取り消し）が与えられます。

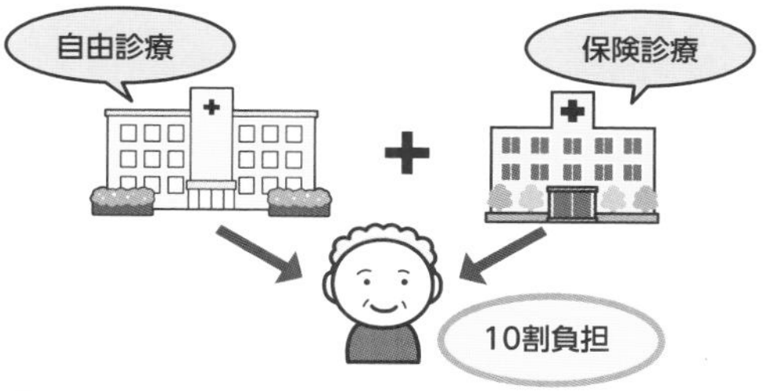

支援・しくみ

保《ほ》険《けん》外《がい》併《へい》用《よう》療《りょう》養《よう》

特例として厚生労働大臣が認める「併用可」の療養

混合診療をすべて一律に禁じてしまうと、それはそれで差し障りがあるということで、厚生労働大臣の定める療養（①評価療養、②選定療養、③患者申出療養）に限定して「併用可」とする特例的なしくみがあります。このしくみ、あるいは併用して提供される医療のことを「保険外併用療養」といいます。

混合診療禁止の原則

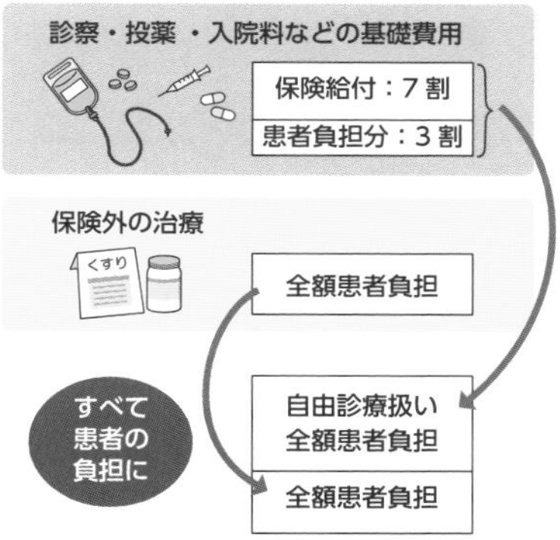

保険外併用療養

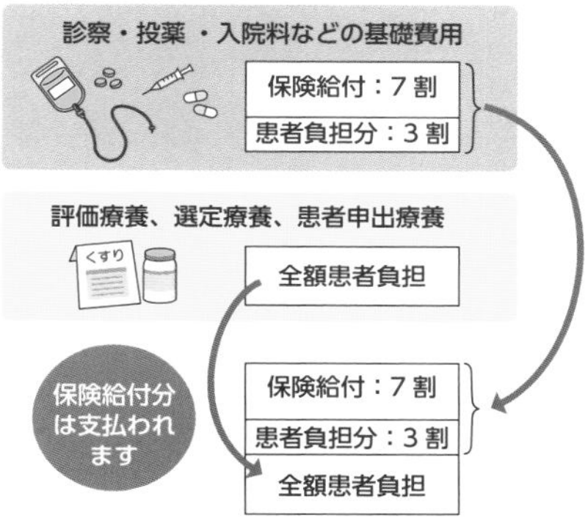

3章 医療保険

支援・しくみ

選《せん》定《てい》療《りょう》養《よう》

患者の希望に応える「特別なサービス」

通常の診療の過程で患者本人の希望によって提供される「特別なサービス」であって、厚生労働大臣が保険診療との併用を認めているもの。この部分の費用は、患者が全額を負担することになります。

区分	項目
快適性・利便性を向上させるサービスを受ける場合	①特別の療養環境 いわゆる「差額ベッド」
	②予約診療
	③時間外診療
自己判断で大病院の受診を選択する場合	④大病院の初診（他院からの紹介状を持たずに受診した場合）
	⑤大病院の再診（他院を紹介する申し出を断って受診を続けた場合）
患者自身の希望で保険適用外の医療行為を選択した場合	⑥制限回数を超える医療行為
	⑦前歯部の材料差額
	⑧金属床総義歯
	⑨小児う蝕治療後の継続管理
	⑩水晶体再建に使用する多焦点眼内レンズ
入院費の一部が保険適用除外となってからも入院継続した場合	⑪180日を超える入院（療養病床への入院は除く）

支援・しくみ

評《ひょう》価《か》療《りょう》養《よう》

保険導入に向けて
現在「評価の途上にある治療」

先進医療、治験（未承認の医薬品、医療機器、医療材料の試行）、医薬品の適応外使用（現時点で保険適用が認められていない用法での使用）のように、保険導入に向けて現在評価の途上にある治療で、厚生労働大臣が保険診療との併用を認めているものをいいます。この部分の費用は、患者が全額を負担することになります。

区分	項目
保険導入に向けて評価途上にある医療技術を受ける場合	①先進医療（2022年6月現在、83種類）
保険導入に向けて評価途上にある医療技術を受ける場合	②医薬品、医療機器、再生医療等製品の治験に係る診療
	③医薬品医療機器法承認後で保険収載前の医薬品、医療機器、再生医療等製品の使用
	④薬価基準収載医薬品の適応外使用
	⑤保険適用医療機器、再生医療等製品の適応外使用

支援・しくみ

患《かん》者《じゃ》申《もうし》出《で》療《りょう》養《よう》

患者の求めを起点とした高度医療

評価療養にはない先進医療（または評価療養の対象となってはいるものの、実施の認められている医療機関が限られていて、身近な医療機関で受けることのできない先進医療）について、その受療を求める患者が申し出て、国が実施を認めたものをいいます。

この部分の費用は、患者が全額を負担することになります。

支援・しくみ

先《せん》進《しん》医《い》療《りょう》

保険導入を“評価”中の高度医療

厚生労働大臣が保険診療との併用を承認した、高度な医療技術を用いた治療法のこと。大学病院などで研究・開発された新しい治療法のうち、ある程度実績を積んで治療法として確立し、保険の適用とするかどうかを現在「評価」している段階にある医療技術です。評価の結果、保険適用されて「保険診療」として提供されるようになるものもあれば、対象から外れるものもあります。2022年6月1日現在、全部で83種類あります。

支援・しくみ

初《しょ》診《しん》時《じ》選《せん》定《てい》療《りょう》養《よう》費《ひ》／再《さい》診《しん》時《じ》選《せん》定《てい》療《りょう》養《よう》費《ひ》

大病院受診にかかる追加費用

紹介状を持たずに200床以上の病院を直接受診した患者に請求される特別料金が、初診時選定療養費。

200床以上の病院にかかって、所要の治療を終えて病状が安定した後、他院への紹介を辞退して通院を続けた患者に対して請求される特別料金が、再診時選定療養費。

料金を徴収するかどうか、徴収する場合いくらにするかは、各病院の裁量に委ねられています。大学病院や地域の中核病院（地域医療支援病院）等については、法律によって一定額以上の徴収が義務づけられています。

支援・しくみ

特《とく》別《べつ》療《りょう》養《よう》環《かん》境《きょう》室《しつ》（差《さ》額《がく》ベッド）

個室等利用の追加費用

1人あたりの面積を広くとるなど、快適さを加味した病室のこと。利用にあたっては、別途病院の定める追加料金が請求されます。個室や2人部屋が大半ですが、それ以上の定員の病室でも、一定の条件を満たせば「特別療養環境室」として追加料金の徴収が認められています。

なお、追加料金を徴収できるのは、患者が利用に同意している場合に限られます。また、治療上の必要性（病状が重篤なため安静を必要とする場合、免疫力が低下して感染症に罹《り》患《かん》するおそれのある場合など）があって特別療養環境室を利用する場合は、徴収が認められません。

シーン4

療養費とあん摩、はり・きゅう、柔道整復

押さえておきたい用語の一覧

支援・しくみ

- 療養費
- 海外療養費
- 償還払い
- 受領委任払い
- 往療
- 柔道整復療養費
- あん摩・マッサージ・指圧療養費
- はり・きゅう療養費

公的医療保険は、医療サービスを直接提供する（一部負担金の支払いだけで診療を受けられる）形で保険給付を行う「現物給付」が原則となっていますが、やむを得ない事情で自費で受診したときなど特別な場合には、後日、現金による払い戻しも行われています（療養費）。あん摩・マッサージ・指圧、はり・きゅう、柔道整復の施術を受けたときも、要件を満たしていれば、療養費支給の対象となります。

支援・しくみ

療《りょう》養《よう》費《ひ》

現金で後日払い戻される保険給付

被保険者証を持たずに医療機関にかかった場合や、療養の給付の対象となっていない材料や装具を受けた場合に、後日、申請に基づき、保険給付として認められた費用額から一部負担金の額を控除して支給される現金給付のこと。

療養費が受けられる主なケース

- ●コルセット、ギプス、サポーター、治療用眼鏡など、治療用装具を作製したとき
- ●やむをえず被保険者証を持たずに医療機関にかかった場合
- ●柔道整復師（整骨院・接骨院）から施術を受けたとき
- ●生血液の輸血を受けたとき
- ●海外の医療機関で診療を受けたとき
- ●はり・きゅう・マッサージの治療を医師の同意を得て受けたとき

支援・しくみ

海《かい》外《がい》療《りょう》養《よう》費《ひ》

海外で診療を受けた場合に支給される療養費

海外旅行や海外赴任など短期間の海外渡航中に、急な病気やけがなどによってやむを得ず現地の医療機関で診療等を受けた場合に、帰国後、加入している公的医療保険に申請することで、支払った医療の一部について払い戻しを受けられる制度のこと、あるいはその給付金。

●支給対象

日本国内で保険診療として認められている医療行為であって、海外の医療機関で受けたもの

（留意点）
日本国内で保険適用となっていない医療行為や薬が使用された場合は支給対象外

●支給額

現地で受けた医療を、日本国内の標準治療で実施した場合の診療報酬で計算し直して、さらに自己負担相当額を差し引いた額が支給される

（留意点）
医療体制や治療方法等が日本と異なる国で医療を受けた場合、現地で支払った額と払い戻される額に相当の差が生じることがある

支援・しくみ

償《しょう》還《かん》払《ばら》い

全額負担した後で払い戻しを受ける受領方式

給付の受領方式の一つで、いったん全額を医療機関や施術所に支払った後で、自身の加入する公的医療保険に領収書と「療養費支給申請書」を提出して払い戻しを受ける受領方式のこと。療養費の支払い方式は、基本的には「償還払い方式」です。

「あん摩・マッサージ・指圧、はり・きゅう、柔道整復の施術に関する療養費」で、医師の同意が必要なものについては、このときに医師の同意書（原本）も一緒に提出する必要があります。

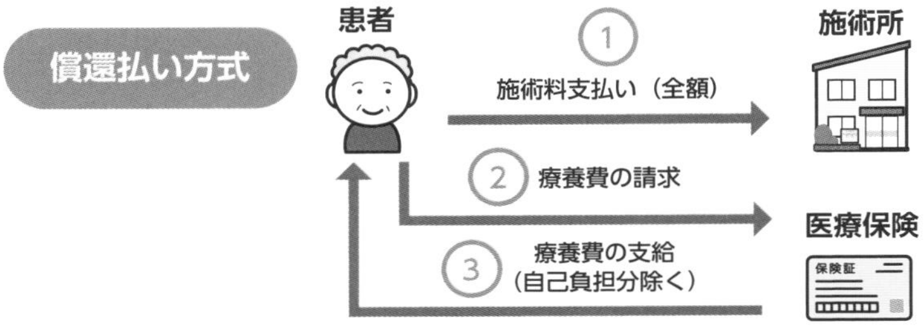

支援・しくみ

受《じゅ》領《りょう》委《い》任《にん》払《ばら》い

自己負担分のみを支払う受領方式

給付の受領方式の一つで、医療機関で保険診療を受けるのと同じように、施術料の3割（または1割もしくは2割）を患者が自己負担分として施術所に支払い、残りを公的医療保険が支払うという受領方式のこと。あん摩・マッサージ・指圧、はり・きゅう・柔道整復の施術に関しては、要件を満たしていれば、「受領委任払い方式」で療養費の支給を受けることができます。この場合は、施術所の用意した「療養費支給申請書」に患者が署名して、後の手続きを施術所に託す形となります。

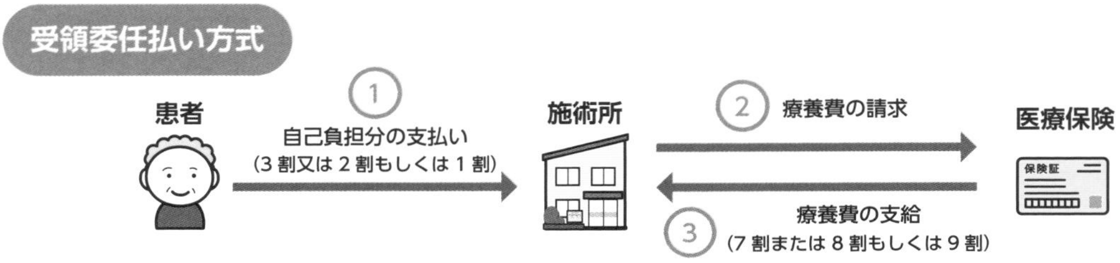

支援・しくみ

往療《おうりょう》

自宅を訪問して行う施術

自分で歩くことが難しい患者を対象に、施術者（あん摩マッサージ指圧師、はり師、きゅう師、柔道整復師のいずれか）が自宅等を訪問して施術を行うこと。

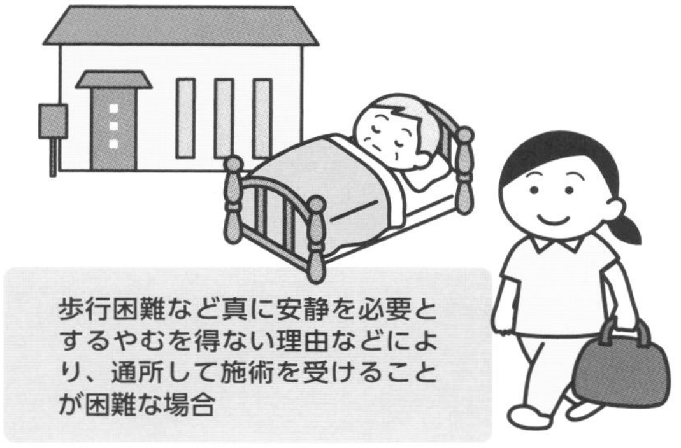

支援・しくみ

柔《じゅう》道《どう》整《せい》復《ふく》療《りょう》養《よう》費《ひ》

施術を受けた際の保険給付

整骨院・接骨院で骨折、脱臼、打撲、捻挫に対して柔道整復の施術を受けた場合に、支給される療養費のこと。

骨折と脱臼については、応急処置を除き、あらかじめ医師の同意が必要です。また、医療機関で治療中の傷病がある場合、その傷病を対象とした施術については、給付対象とはなりません。

支援・しくみ

あん摩《ま》・マッサージ・指《し》圧《あつ》療《りょう》養《よう》費《ひ》

施術を受けた際の保険給付

筋麻痺、片麻痺、関節拘縮などで、医学的にあん摩・マッサージ・指圧が有効であると医師が認めた症例について、あん摩・マッサージ・指圧の施術を受けたときに、支給される療養費のこと。

これらの施術を受けるときは、施術前に医師から「同意書」の交付を受ける必要があります（同意書の有効期間は６か月）。また、往療についても医師の同意が必要です。なお、単なる肩こりや腰痛、疲労回復や慰安を目的としたものは、給付対象となりません。

支援・しくみ

はり・きゅう療《りょう》養《よう》費《ひ》

施術を受けた際の保険給付

神経痛、リウマチ、頸腕症候群、五十肩、腰痛症および頸椎捻挫後遺症などの慢性的な疼痛について、適当な治療手段がなく、はり・きゅうの施術による効果が期待できるとして医師が同意した場合に、はり・きゅうの施術に関して支給される療養費のこと。

これらの施術を受けるときは、医師の「同意書」が必要です（同意書の有効期間は６か月）。なお、医療機関で治療中の傷病がある場合、その傷病を対象とした施術については、給付対象とはなりません。

シーン5

病気・けがで休業した場合の給付

押さえておきたい用語の一覧

支援・しくみ

- **傷病手当金**
- **資格喪失後の継続給付**
- **標準報酬月額**
- **新型コロナウイルス感染症に係る傷病手当金**
- **休業（補償）給付**
- **傷病（補償）年金**
- **給付基礎日額**

一家のなかで家計を支える人が「病気・けが」で働けなくなると、家計に深刻なダメージがもたらされ、生活困窮に直結する可能性もあります。そこで、サラリーマンや公務員が加入する公的医療保険には、休業中の所得を保障するための現金給付があります（傷病手当金）。業務・通勤災による病気・けがの場合には、医療保険ではなく、労災保険から給付を受ける形となります（休業（補償）給付）。

支援・しくみ

傷病《しょうびょう》手《て》当《あて》金《きん》

健康保険等から支給される、休業時の現金給付

業務災害以外の病気やケガで療養のため仕事につくことができず、その間、給与等が支払われないときに、生活費を保障するために支給される現金給付のこと。会社員や公務員が加入する健康保険や共済組合だけに存在し、国保や後期高齢者医療制度にはない給付です（後述する「新型コロナウイルス感染症に係る傷病手当金」を除く）。

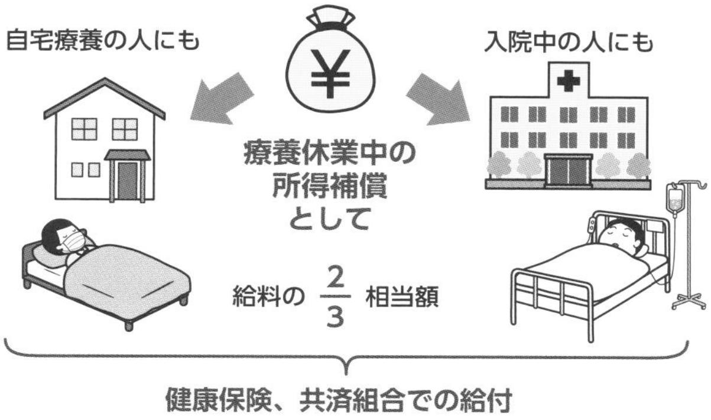

※ 国保や後期高齢者医療制度に、療養休業中の所得補償はありません

（ただし、新型コロナウイルス感染症に特化した限定的な給付が、期限付きで、実施されていました）

傷病手当金は、休みが3日間連続してから4日目以降の休業に対して、支給されます。支給期間は、同一傷病による休業に対して、「通算1年6か月」までとされています。支給額は、休業1日につき給料1日分（正確には、直近12か月分の「標準報酬月額」の平均額を30で割った金額）の3分の2です。会社から給料等が支払われる場合や同じ傷病による障害年金が支給される場合は、一部または全額が支給停止となります。

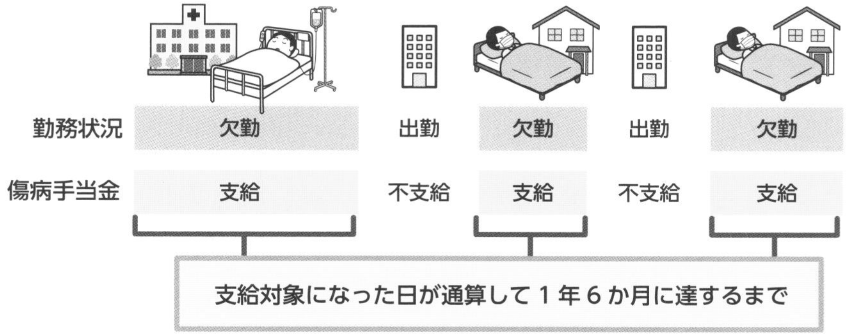

3章 医療保険

支援・しくみ

資《し》格《かく》喪《そう》失《しつ》後《ご》の継《けい》続《ぞく》給《きゅう》付《ふ》

退職後も支給が継続される

傷病手当金を受給中に退職することとなった場合、資格喪失日の前日（＝退職日）までに継続して１年以上健康保険に加入していた人については、資格を喪失した後もなお、支給開始から１年６か月経過するまでの間、継続して傷病手当金を受給し続けることができます。これを「資格喪失後の継続給付」といいます。

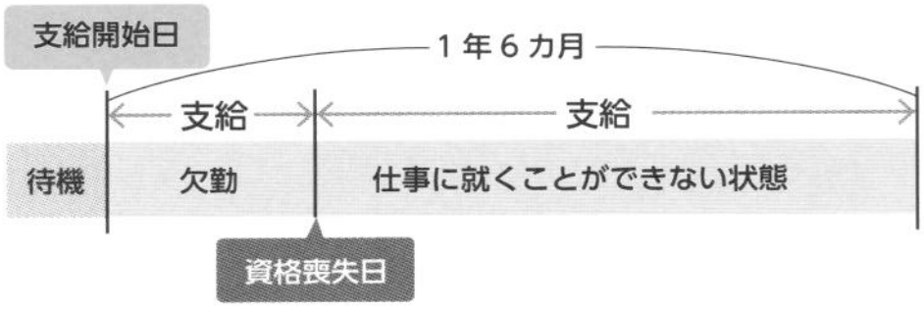

支援・しくみ

標《ひょう》準《じゅん》報《ほう》酬《しゅう》月《げつ》額《がく》

給与月額+諸手当→社会保険の算定基礎

健康保険の被保険者一人ひとりについて、一定期間の給与総額（給料、交通費、各種手当、年４回以上の賞与）をその月数で割った額のこと。健康保険や厚生年金保険において、保険料や給付額の算定の基礎となる金額です。

毎年、４月・５月・６月の３か月分の給与総額の平均額を標準報酬月額として、９月から翌年８月まで適用します。これを「定時決定」といいます。被保険者の固定的給与が大きく変動した時には、定時決定を待たずに見直しが行われます。これを「随時改定」といいます。

支援・しくみ

新《しん》型《がた》コロナウイルス感《かん》染《せん》症《しょう》に係《かか》る傷《しょう》病《びょう》手《て》当《あて》金《きん》

国保・後期高齢者医療制度における特例的な傷病手当金

特例的に「新型コロナウイルス感染症」に特化した形で、国民健康保険及び後期高齢者医療制度に設けられた傷病手当金。全国一律の制度として創設されたものではなく、市町村等で任意に条例改正をして開始する位置づけのものであるため、地域によって実施しているところ・していないところのバラつきがあります。

給付は、新型コロナウイルス感染症に感染して（感染疑いを含む）、療養のために仕事につくことができず、その間、給与等が支払われないときに、生活費を保障するために支給されます。支給額や支給期間は、一般の傷病手当金と同様です。

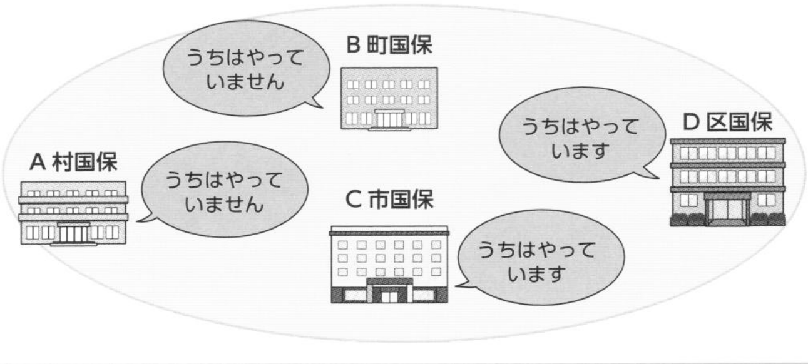

任意給付のため、
自治体によって
対応が分かれています。

支援・しくみ

休業《きゅうぎょう》（補償《ほしょう》）給付《きゅうふ》

業務・通勤災害で働けない場合

業務または通勤途上の災害を原因とする病気やけがで、療養のため仕事につくことができず、その間、給与等が支払われないときに、生活費を保障するために労働者災害補償保険から支給される現金給付のこと。業務災害の場合は「休業補償給付」、通勤災害の場合は「休業給付」といいます。支給額は、それまでに事業主から支払われていた賃金（正確には「給付基礎日額」）の８割相当です。

休業（補償）給付は、休んだ日が３日連続で続き、さらに休みをとる場合に、４日目以降の休業に対して、休業が終了するまで支給されます。

支援・しくみ

傷病《しょうびょう》（補償《ほしょう》）年金《ねんきん》

1年半経過して治癒しない場合

業務または通勤途上の災害を原因とする病気やけがで、療養開始後１年６か月を超えても傷病が治癒せず（症状の固定にも至らず）、その傷病の程度が傷病等級１級～３級に該当する場合に、休業補償給付に代えて支給される現金給付。業務災害の場合は「傷病補償年金」、通勤災害の場合は「傷病年金」といいます。

支給額は、傷病等級別に３段階に設定されています（１級：給付基礎日額の313日分／２級：277日分／３級：245日分）。

支援・しくみ

給付基礎日額《きゅうふきそにちがく》

賃金の日額換算→労災保険の算定基礎

労災事故発生日（または医師の診断によって疾病の発生が確定した日）※の直前３か月間にその労働者に対して支払われた賃金の合計額を日額換算した、１日当たり賃金額のこと。労災保険の「休業補償給付」「傷病補償年金」「障害補償給付」「遺族補償給付」の給付額算定に用いられます。なお、「賃金」には、臨時的支払われた賃金、賞与など３か月を超える期間ごとに支払われる賃金は含まれません。

※賃金締切日が定められているときは、その直前の賃金締切日。

column

労災と傷病手当金の併給調整

Q：労災保険から休業補償給付を受けている期間中に、それとは別に、療養のために休業を要する病気やけが（業務災害以外のもの）となった場合は、どうなるのでしょうか？

↓

A：その場合は、傷病手当金は支給されません。ただし、休業補償給付の日額が傷病手当金の日額より低い場合に限って、その差額が支給されることになっています。

シーン6

医療保険への加入

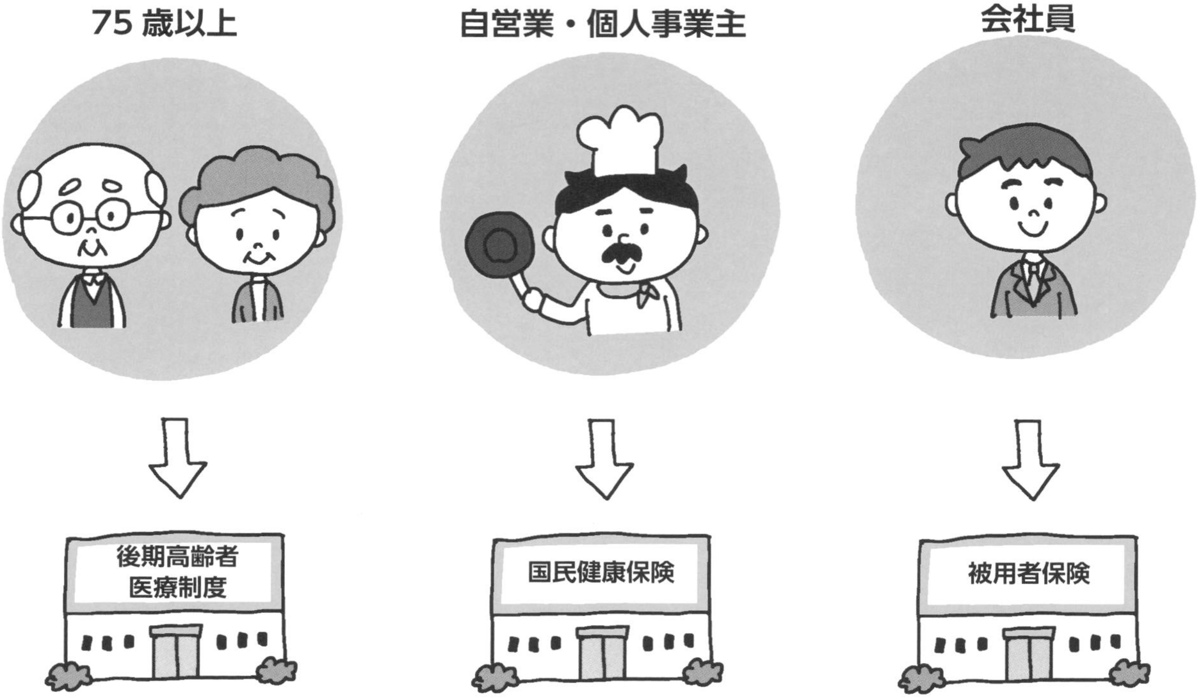

押さえておきたい用語の一覧

支援・しくみ
- **被用者保険**
- **国民健康保険**
- **後期高齢者医療制度**
- **被扶養者認定**
- **任意継続**

日本の公的医療保険制度は、大きく分けて、①サラリーマンや公務員の加入する「被用者保険」（俗にいう社保）、②自営業者、農林漁業従事者、パートやアルバイトで被用者保険に加入していない人、無職で被用者保険に加入していない人などが加入する「国民健康保険」、③75歳以上の人が加入する「後期高齢者医療制度」――という三つに分かれます。それぞれ、加入の単位、保険料の決められ方、納付の仕方が異なります。

支援・しくみ

被《ひ》用《よう》者《しゃ》保《ほ》険《けん》

会社や役所に勤める人が加入する公的医療保険

会社や役所に勤める人が加入する公的医療保険。①中小企業を対象とした全国単位の医療保険＝「全国健康保険協会（協会けんぽ）」、②主として大企業を対象とした企業・業界単位の医療保険＝「健康保険組合」、③中央省庁や地方自治体や私立学校を対象とした医療保険＝「共済組合」があります。企業・役所ごとに、どの医療保険と“組む”かは決まっていて、就職すると同時にそこに加入し（被保険者の資格を取得し）、退職すると同時に脱退する（被保険者の資格を喪失《そうしつ》する）ことになります。

被用者保険には、国保や後期高齢者医療制度にはない「メリット」があります。第一に、保険料の半分（もしくはそれ以上）を事業主が負担する決まりになっていること。第二に、生計維持関係にある同一世帯の家族等を「被扶養者」として加入させることができ、その分の保険料負担がかからないこと。第三に、病気・けがや出産で働けないときに、休業中の手当が出ること（傷病手当金、出産手当金）。第四に、（医療保険によりますが）法律で規定された給付に加えて、独自の「上乗せ給付」が支給されること――などです。

なお、保険料は給料からの「天引き」となります。

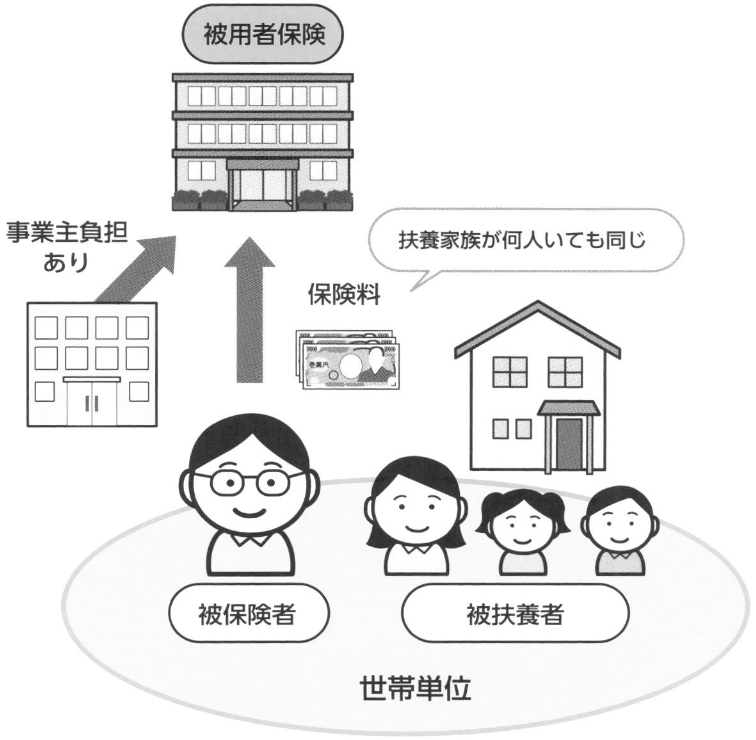

支援・しくみ

国《こく》民《みん》健《けん》康《こう》保《ほ》険《けん》

被用者保険、後期高齢者医療制度の対象ではない人が加入する公的医療保険

　被用者保険の加入者ではなく、後期高齢者医療制度の加入者でもない人を対象とした公的医療保険。自営業者、パートやアルバイトで被用者保険には加入していない人、定年退職後で75歳未満の人、被用者保険には加入していない無職の人などが加入します。市町村と都道府県が運営を担い、各種手続きは住んでいる市町村の国民健康保険担当部署で受け付けています。

　保険料（保険税という場合もあります）は、世帯単位で計算され、世帯主に請求されます。口座引落とし、納付書による振込等で支払います。

支援・しくみ

後《こう》期《き》高《こう》齢《れい》者《しゃ》医《い》療《りょう》制《せい》度《ど》

75歳以上の人が加入する公的医療保険

　75歳以上の人が加入する公的医療保険。65歳以上75歳未満で、寝たきりなどの一定の障害の状態にある人も、申請して認められれば、こちらの制度に加入することができます。運営は、都道府県単位で設立されている特別地方公共団体の「後期高齢者医療広域連合」が担っていて、各種手続きの窓口業務は住んでいる市町村の国民健康保険担当部署で行われています。

　保険料は個人単位で計算され、個人単位で請求されます。介護保険と同様、原則として年金からの天引きで徴収されます。

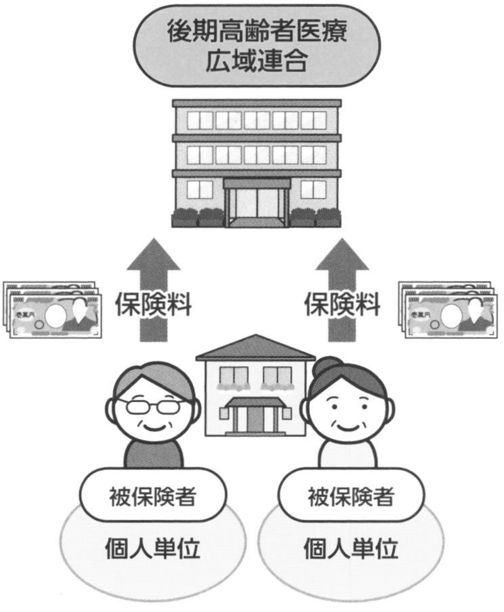

支援・しくみ

被《ひ》扶《ふ》養《よう》者《しゃ》認《にん》定《てい》

家族を被扶養者として保険加入させてよいかを決める手続き

被用者保険で、生計維持関係にある同一世帯の家族等を「被扶養者」として加入させてよいか否《いな》かを決定する手続きのこと。

被扶養者として認定されれば、被扶養者の分の保険料負担なしに医療保障を受けられるようになりますが、認定されるには決められた基準を満たしている必要があります。

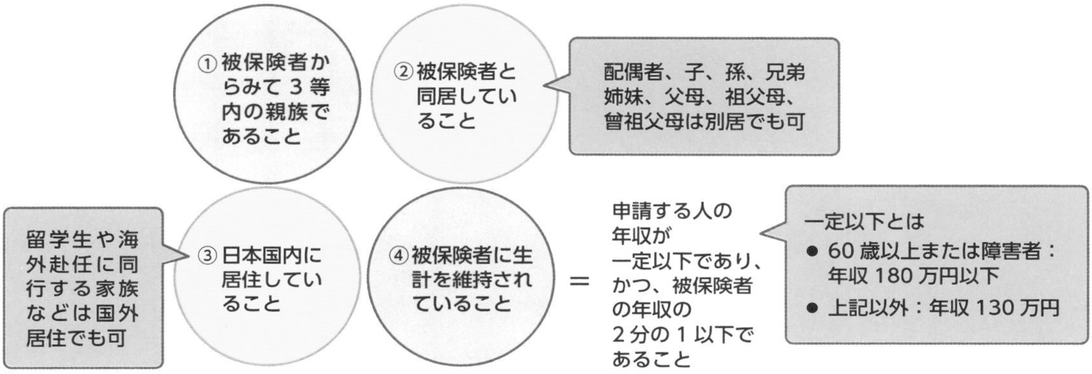

支援・しくみ

任《にん》意《い》継《けい》続《ぞく》

退職後も被用者保険に継続加入

被用者保険では、会社を退職すると被保険者資格を失うこととなります。次の仕事が決まっていない場合は、①家族の被用者保険の被扶養者となる、②国保に加入する、③任意で被保険者資格を継続する——という3つの選択肢のなかから可能なものを選ぶ必要があります。この三つ目の選択肢が、「任意継続」です。

事業主分の保険料負担も自分で負担しなくてはならないため、在職時より保険料負担が増すことになりますが、それでも国保に移るより負担を抑えられる場合があります。

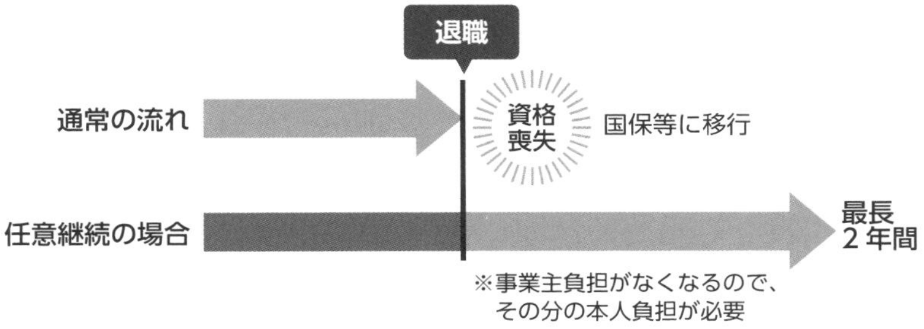

シーン7

保険料

押さえておきたい用語の一覧

支援・しくみ

- **非自発的失業者の保険料軽減**
- **保険料減免／徴収猶予**
- **「旧被扶養者」に対する保険料減免**
- **滞納処分**

書類

- **短期被保険者証**
- **資格証明書**

国保や後期高齢者医療制度の保険料の滞納を続け、督促にも応じないでいると、資格期間の短い保険証（短期被保険者証）に切り替えられたり、保険証の返還を求められたりします。保険証を返還した後は、医療を受ける際にいったん10割分を負担する必要があります。財産が差し押さえられることもあります（滞納処分）。特別な事情がある場合は、窓口で申請して認められれば保険料減免を受けられます。

支援・しくみ

非《ひ》自《じ》発《はつ》的《てき》失《しつ》業《ぎょう》者《しゃ》の保《ほ》険《けん》料《りょう》軽《けい》減《げん》

倒産・解雇・雇い止めによる離職者に対する保険料算定の特例

倒産・解雇・雇い止めなど、会社の都合によって離職した人を対象に、国保の保険料計算のもととなる給与所得を「30/100」とみなして計算し、保険料負担を軽減するしくみのこと。

離職後は収入が激減し、先々の見通しも立たないなかで、国保の保険料は前年の所得をもとに計算されるため、現在の負担能力に見合わない過重な保険料が請求されてしまいます。これを避けるために、保険料を大幅に軽減する措置がとられている、ということです。

ハローワークで交付される「雇用保険受給資格者証」で、「12. 離職理由」の欄に、11・12・21・22・23・31・32・33・34 のいずれかの番号が入っている人が該当します。

手続きは自動的には行われませんので、該当する人は各自届け出る必要があります。「雇用保険受給資格者証」と「マイナンバーが確認できる書類」をもって、市町村の国保担当窓口に出向いて申請します。

雇用保険受給資格者証 (第1面)

1. 支給番号	2. 氏　　名			
3. 被保険者番号	4. 性別	5. 離職時年齢	6. 生年月日	7. 求職番号
8. 住所又は居所				
9. 支払い方法（記号（口座）番号 - 金融機関名 - 支店名）				
10. 資格取得年月日	11. 離職年月日	12. 離職理由		
14. 60歳到達時賃金日額	14. 離職時賃金日額	15. 給付制限		
16. 求職申込年月日	17. 認　定　日	18. 受給期間満了年月日		
19. 基本手当日額	20. 所定給付日数	21. 通算被保険者期間		
22. 離職前事業所名				
23. 再就職手当支給歴	24. 特殊表示（災害時、一括、巡相、市町村）			

安定所連絡メッセージ1

安定所連絡メッセージ2

管轄公共職業安定所又は
管轄地方運輸局所在地

電話番号

交付　　年　　月　　日

公共職業安定所長　印

支援・しくみ

保《ほ》険《けん》料《りょう》減《げん》免《めん》／徴《ちょう》収《しゅう》猶《ゆう》予《よ》

保険料納付が困難となった場合の手続き

災害によって世帯の財産に被害を受けたり、退職・倒産・廃業・営業不振等による所得の減少等で保険料の納付が困難な世帯について、国保や後期高齢者医療制度の保険料の納付を一部または全部免除するしくみを「保険料減免」、納付時期を一定期間猶予するしくみを「保険料徴収猶予」といいます。いずれも、世帯主が国保等の窓口に申請し、世帯の生活状況等の調査を経たうえで可否が決定されます。原則として、この減額等の対象となる保険料は申請した月以降のものとなります。

「所得減少に対する保険料減免」の申請に必要な書類

生活状況・収支内訳・資産・負債のわかる書類

（例）預金通帳、給与明細、確定申告書の控え、家賃明細、公共料金、通信費の請求書、各種ローンの明細書、家計簿

支援・しくみ

「旧《きゅう》被《ひ》扶《ふ》養《よう》者《しゃ》」に対《たい》する保《ほ》険《けん》料《りょう》減《げん》免《めん》

配偶者の後期高齢者医療制度への移行に伴う「負担増」への配慮

配偶者等が 75 歳になって後期高齢者医療制度に移行し、それに伴って新たに国保の保険料を負担しなくてはならなくなった人（65 歳以上に限る）を対象に、保険料の一部を減免するしくみのこと。「旧被扶養者」というのは、配偶者が 75 歳に達する以前は、保険料負担が不要な「被扶養者」という立場であったことを指しています。

手続きは自動的には行われません。該当する人は、各自届け出をする必要があります。国民健康保険への加入手続きを行う際に、被用者保険から発行された「健康保険資格喪失証明書」を提出します。

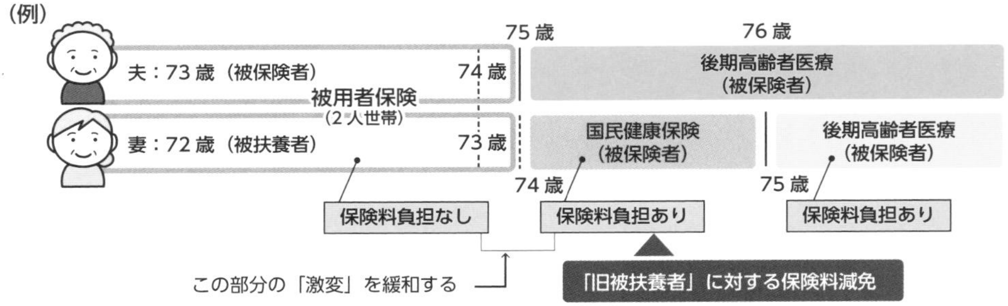

書類

短《たん》期《き》被《ひ》保《ほ》険《けん》者《しゃ》証《しょう》

有効期間が短く設定された保険証

国民健康保険や後期高齢者医療制度で保険料を滞納した場合に、通常の保険証の代わりに交付される有効期間１～６か月の被保険者証のこと。短期被保険者証であっても、変わらず保険診療を受けることができますが、有効期間が切れるたびに窓口で更新手続きをする必要があります。

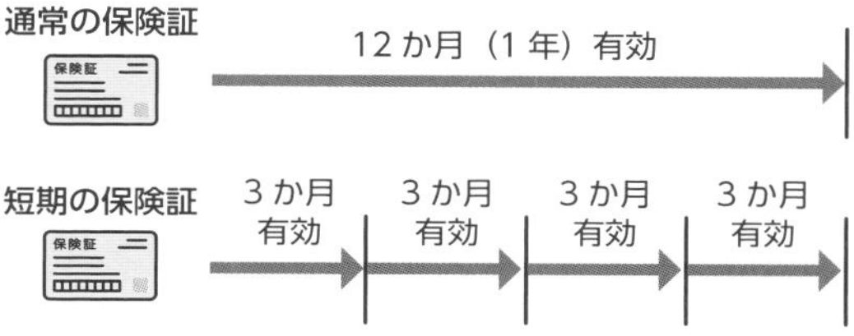

※有効期間が３か月の場合

支援・しくみ

滞《たい》納《のう》処《しょ》分《ぶん》

保険料滞納者への強制徴収

保険料（税）の滞納を続け、度重なる督促にも応じない人を対象に、財産を差し押さえ、公売等によって現金化し、滞納している保険料（税）に充てる一連の強制徴収手続きのこと。

差し押さえ対象となる財産は不動産、売掛金、給料、預貯金をはじめ、生命保険、自動車、有価証券、家賃収入、売掛金、電化製品、宝石などの貴金属、骨董品、絵画などにも及びます。

書類

資《し》格《かく》証《しょう》明《めい》書《しょ》

保険料滞納で保険証を返還させられた者に交付される証書

国民健康保険や後期高齢者医療制度で保険料を１年以上滞納すると、市町村から保険証の返還を求められることとなりますが（返還しないと10万円以下の過料）、このとき被保険者証の代わりに交付される書類が「資格証明書」です。以後、医療機関を受診するときはこの資格証明書を持参する必要があります。資格証明書で医療を受けると、窓口での支払いは「10割負担」となり、市町村に申請して本来の一部負担金との差額（7割分）の払い戻しを受けることとなります（その際に滞納分の保険料の納付やその後の納付の誓約が求められます）。

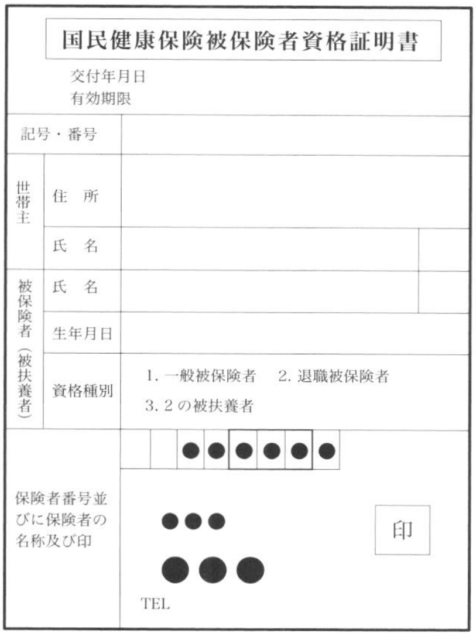
国民健康保険被保険者資格証明書

交付年月日
有効期限

記号・番号		
世帯主	住　所	
	氏　名	
被保険者（被扶養者）	氏　名	
	生年月日	
	資格種別	1. 一般被保険者　2. 退職被保険者 3. 2の被扶養者
保険者番号並びに保険者の名称及び印		●●●●●● ●●● ●●●　印 TEL

シーン 8

医療費助成・自己負担軽減

押さえておきたい用語の一覧

支援・しくみ

- **公費負担医療**
- **感染症入院医療費公費負担制度**
- **自立支援医療**
- **精神科措置入院**
- **指定難病医療費助成制度**
- **長期高額疾病の特例**
- **無料低額診療事業**

受診時の自己負担（一部負担金）は、①基本は「3 割負担」、② 70 ～ 74 歳と小学校就学前の乳幼児は「2 割負担」、③ 75 歳以上は「1 割負担」ですが、病気の種類やその原因によっては、法律または条令に基づき、国や地方自治体が医療費の全額あるいは一部を公費で負担したり、医療保険の高額療養費の「特例」が適用されるものもあります。また、低所得者向けに無料・低額で診療を行う事業も一部医療機関で行われています。

支援・しくみ

公《こう》費《ひ》負《ふ》担《たん》医《い》療《りょう》

国や自治体が費用負担して提供する政策的医療

法律または条令に基づき、①公的補償、②公衆衛生、③福祉、④治療研究の観点から必要とされる医療について、国や地方自治体が医療費の全額または一部を公費で負担して提供するしくみ。またはそのしくみによって提供される医療のこと。

公費負担医療は、基本的には制度ごとに定めた障害や特定の病気（治療法）のみを対象としています。したがって、対象外の病気やけがについては、一般の保険診療によって、所定の一部負担金を支払って受療することとなります。

乳幼児や児童の医療費自己負担への助成は、市町村等がそれぞれ主体となって実施している公費負担医療で、地域ごとにしくみにばらつきがあります。

①補償的医療	原爆被爆や予防接種にともなう健康被害などに対する補償
②公衆衛生的医療	感染症法や精神保健福祉法等に基づいて患者個人の保護と治療の必要性ならびに“公共の福祉”の観点から、入院医療を提供するもの
③福祉的医療	障害の除去・軽減や低所得者等の受療機会の保障を目的とするもの
④治療研究的医療	難病の治療、研究を目的とするもの

支援・しくみ

感《かん》染《せん》症《しょう》入《にゅう》院《いん》医《い》療《りょう》費《ひ》公《こう》費《ひ》負《ふ》担《たん》制《せい》度《ど》

感染症法による入院にかかる公費負担

感染症法に基づき、保健所からの勧告・措置によって入院や宿泊療養を行った場合に、自己負担相当分が公費負担される制度。前項の整理表の②にあたります。

基本的に、入院時食事代も含めて自己負担はありません。ただし、世帯全員の住民税所得割額の合計が56万4,000円を超える場合は、月額2万円を限度に自己負担が生じることがあります。

対象疾病の範囲

一類感染症（7疾病）	エボラ出血熱、クリミア・コンゴ出血熱、痘そう 天然痘 、ペスト、マールブルグ病、ラッサ熱、南米出血熱
二類感染症（7疾病）	急性灰白髄炎（ポリオ）、ジフテリア、症急性呼吸器症候群（SARS）、結核、鳥インフルエンザ（H5N1、H7N9）、中東呼吸器症候群（MERS）
新感染症	人から人に伝染する未知の疾病で、伝染力及びり患した場合の重篤度から判断した危険性がきわめて高い感染症（現在、対象となる疾病はありません。）
指定感染症	政令によって、一類・二類・三類感染症に準じた対応を行うことが定められた感染症（※三類は通常の保険診療と同様で、自己負担あり）
新型インフルエンザ等感染症	新型インフルエンザ、再興型インフルエンザ、新型コロナウイルス感染症、再興型コロナウイルス感染症

支援・しくみ

自《じ》立《りつ》支《し》援《えん》医《い》療《りょう》

障害者総合支援法に基づく公費負担

通院による継続的な治療が必要と認められた精神疾患の患者に対する医療や、身体障害の除去・軽減に確実な効果が期待できると認められた医療について、医療費助成を行い、患者の負担軽減を図る制度。

自己負担割合が「1 割」に軽減され、そのうえで所得区分・状態像に応じて月額上限が設定されて、月々その上限額を超える費用徴収は行われないことになっています。

自立支援医療
自己負担割合：1 割（月額上限あり）

支援・しくみ

精《せい》神《しん》科《か》措《そ》置《ち》入《にゅう》院《いん》

措置入院にかかる公費負担

自傷他害のおそれがあって精神科病院に措置入院となった患者について、自己負担相当分が公費負担される制度。

基本的に、入院時食事代も含めて自己負担はありません。ただし、世帯全員の住民税所得割額の合計が 56 万 4,000 円を超える場合は、月額 2 万円を限度に自己負担が生じることがあります。

精神科措置入院
入院時食事代含めて自己負担なし

※世帯の所得により自己負担あり

支援・しくみ

指《し》定《てい》難《なん》病《びょう》医《い》療《りょう》費《ひ》助《じょ》成《せい》制《せい》度《ど》

難病法に基づく公費負担

「指定難病」と診断され、かつ、「重症度分類等」に照らして病状の程度が一定程度以上の患者に対して、医療費を助成して負担軽減を図る制度のこと。

受診時の自己負担割合が「2 割」に軽減され、そのうえで所得区分・状態像に応じて月額上限が設定されて、月々その上限額を超える費用徴収は行われないことになっています。

指定難病とは、原因不明かつ治療方法が確立していない病気であるとして、「難病の患者に対する医療等に関する法律（難病法）」に定められる基準に基づいて、厚生労働大臣が“指定”した疾病のことです。現在、338 疾病が指定されています（2021 年 11 月 1 日が最終更新）。

指定難病医療費助成制度
自己負担割合：2 割（自己負担上限あり）

支援・しくみ

長《ちょう》期《き》高《こう》額《がく》疾《しっ》病《ぺい》の特《とく》例《れい》

高額療養費の自己負担額を大幅に引き下げる特例

著しく高額な治療を長期（ほとんど一生の間）にわたって必要とする疾病にかかった患者について、高額療養費の自己負担限度額を通常の場合より引き下げて「1万円」※とすることで、医療費負担を軽減するしくみのこと。現在のところ、以下の3つの疾病がこれに該当しています。

①血漿分画製剤を投与している先天性血液凝固第Ⅷ因子障害または先天性血液凝固第Ⅸ因子障害（血友病）〈1984年10月～〉
②人工腎臓を実施している慢性腎不全〈1984年10月～〉
③抗ウイルス剤を投与している後天性免疫不全症候群（HIV感染を含み、厚生労働大臣の定める者に係るものに限る。）〈1996年7月～〉

※ ②の疾病に該当する「上位所得者」（月収約53万円以上、または課税所得380万円以上の人）については、自己負担限度額が「2万円」となります。

支援・しくみ

無《む》料《りょう》低《てい》額《がく》診《しん》療《りょう》事《じ》業《ぎょう》

生活困窮者に無料または低額で医療を提供

第二種社会福祉事業として都道府県（政令指定都市、中核市）に届け出て、低所得者、要保護者、ホームレス、DV被害者、人身取引被害者等の生活困窮者に対して無料または低額な料金で提供する診療のこと。利用するには、事業を実施している医療機関、または近くの福祉事務所や社会福祉協議会に相談します。実施医療機関は、それぞれ減免基準を設けて、患者の収入などを審査したうえで減免の可否や程度を決定します。実施医療機関リストは都道府県のホームページで公開されています。

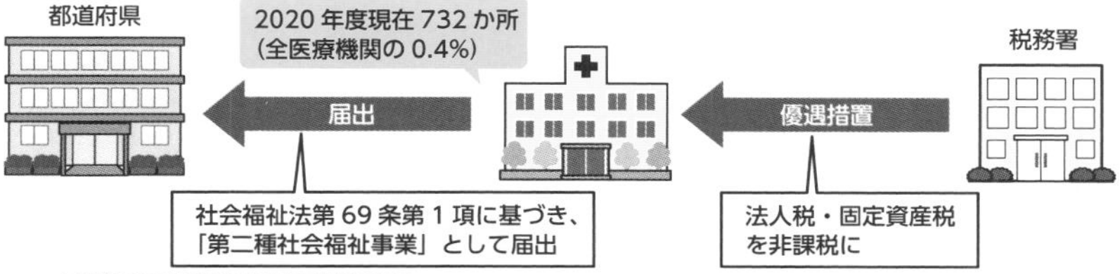

無料定額診療事業の基準

1. 診療費の減免方法を定めて明示していること
2. 生活保護受給中の患者と、無料定額診療事業対象患者の合計が、総延患者数の10%以上
3. 医療ソーシャル・ワーカーを配置し、相談室を設置していること　ほか

シーン9

病院の機能

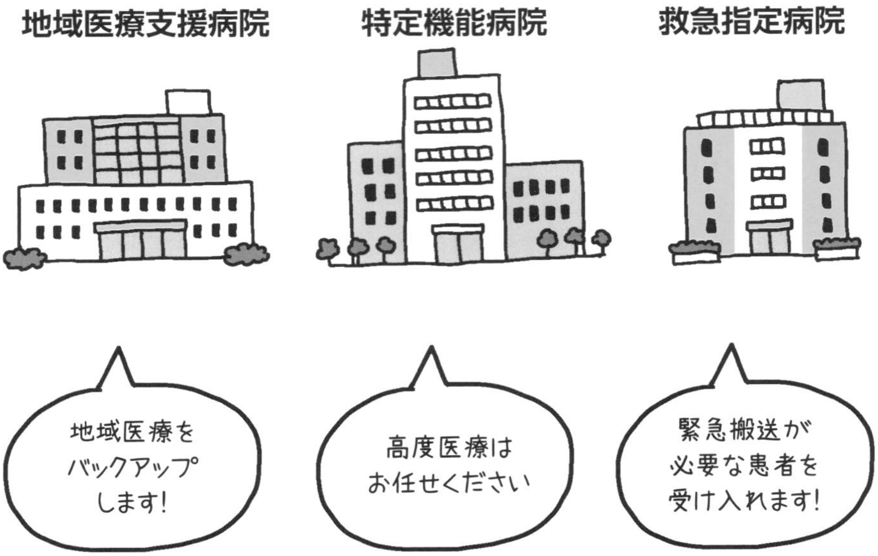

押さえておきたい用語の一覧

機関

- 地域医療支援病院
- 特定機能病院
- 救急指定病院
（救急告示病院）

地域包括ケアシステムの構築と並行して、医療の体制も見直しが進められています。日常的な医療は身近なかかりつけ医などでかかり、専門的な治療や入院が必要なときは、紹介状をもって拠点病院にかかるというような受診の流れを徹底しようとするものです。また、少子高齢化に伴う医療ニーズの変化に合わせて、地域の医療機能や病床を最適化させる見直し（地域医療構想）も、進められてます。

地《ち》域《いき》医《い》療《りょう》支《し》援《えん》病《びょう》院《いん》

機関

地域医療への支援機能を備えた中核的な病院

地域の病院や診療所に対する「支援機能」を備える中核的な病院として、都道府県知事が承認した病院のこと。地域の診療所や小さな病院では対応できない重症患者や救急患者を受け入れて、一定の治療を終えたら再びかかりつけの診療所等に引き継ぐ役割を担います。また、自院の設備や機器を地域の診療所・病院の医師と共同利用したり、地域の医療従事者を対象とした教育・研修の実施なども行います。2018年12月現在、全国に607病院あります。

紹介状を持たずに直接受診してきた患者からは、5,000円以上（歯科の場合は3,000円以上）の追加負担を徴収することが、法律によって義務づけられています（ただし一般病床が200床未満の病院を除く）。

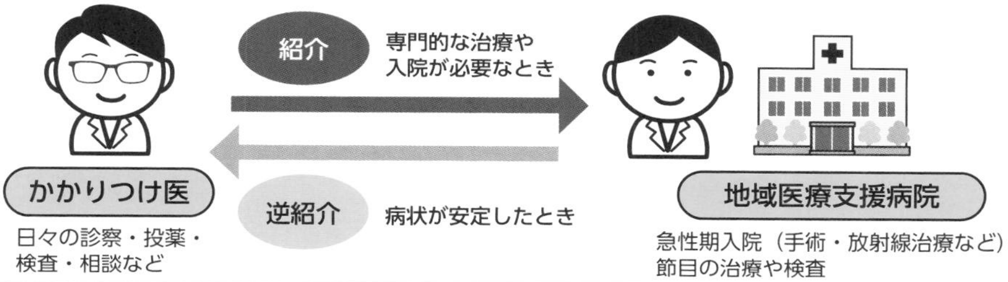

特《とく》定《てい》機《き》能《のう》病《びょう》院《いん》

機関

高度な医療を実施する体制・能力を備えた大学病院

一般の医療機関では実施が困難な高度な医療を実施する体制・能力を備えた病院として、厚生労働大臣が承認した病院。病床数が400床以上あり、高度な医療機器・施設が備わっていて、かつ、原則として内科、外科、精神科、小児科、皮膚科、泌尿器科、産科、婦人科、眼科、耳鼻咽喉科、放射線科、脳神経外科、整形外科、歯科、麻酔科、救急科をすべてカバーし、医師が通常の2倍以上（半数は専門医）配置されているなど、高度医療を提供・評価・開発・研修が実践できることが要件となっています。現在、特定機能病院に承認されているのは、大学病院本院と、国立国際医療研究センター（東京都）、国立がんセンター（東京都）、国立循環器病センター（大阪府）など、全国に87病院あります（2021年4月1日現在）。

地域医療支援病院と同様、紹介状を持たずに直接受診してきた患者に対する追加負担の徴収義務あり。

機関

救急《きゅうきゅう》指《し》定《てい》病《びょう》院《いん》（救急《きゅうきゅう》告《こく》示《じ》病《びょう》院《いん》）

救急患者の搬送を受け入れる、都道府県知事の指定した病院

事故や急病等による救急患者を救急隊が緊急に搬送する医療機関として、都道府県知事が認めた病院のこと。「救急指定病院」とも「救急告示病院」ともいいます。

救急医療体制は、初期救急、第二次救急、第三次救急という３段階の役割分担がとられています。

初期救急とは、入院や手術を伴わない比較的軽傷な医療で、休日夜間急患センターや地域の病院・診療所が交替で診療する「在宅当番医」などによって担われています。

二次救急は、入院治療や手術を必要とする重症患者に対応する救急医療で、複数の病院が当番日を決めて担当したり、拠点病院が施設の一部を開放して地域の医師と協力して対応したりしています。通常、入院や手術を必要として救急車で搬送されるのは、この二次救急です。

三次救急は、初期救急・第二次救急では対応が不可能な重篤疾患や多発外傷を受け入れる救急医療のことで、救命救急センターや高度救命救急センターが担っています。

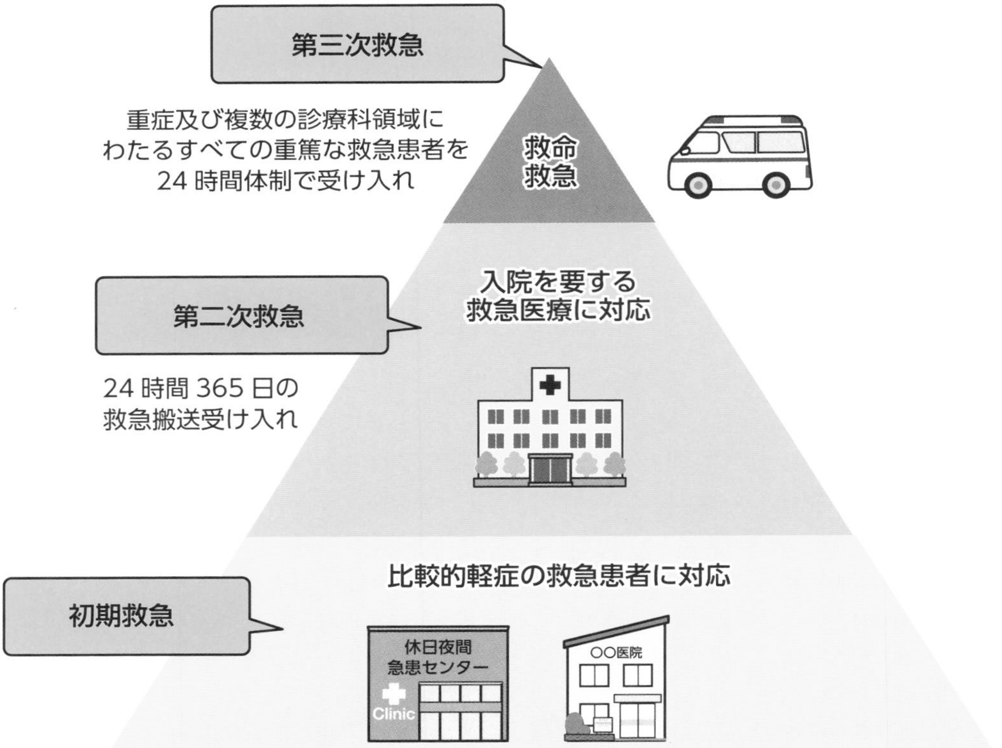

4章

権利擁護

シーン

シーン1

成年後見制度

押さえておきたい用語の一覧

支援・しくみ

- **法定後見**
- **任意後見**
- **後見（人）**
- **保佐（人）**
- **補助（人）**
- **同意権／取消権／代理権**
- **法人後見**
- **後見支援信託**
- **成年後見制度利用支援事業**

専門職

- **親族後見人／専門職後見人／市民後見人**
- **成年後見監督人**

書類

- **本人情報シート**

判断能力が十分でないと、周囲の言うがままにハンコを押して財産トラブルに巻き込まれたり、身内に貯金を使い込まれたり、悪質業者のカモにされてしまったり――というような権利侵害に遭うリスクが高まります。そこで、財産管理・処分、遺産相続、福祉施設への入退所など、いわゆる「法律行為」の全般について、第三者に代理させたり補助させたりする制度が、「成年後見制度」です。大きく「法定後見」と「任意後見」に分かれます。

支援・しくみ

法《ほう》定《てい》後《こう》見《けん》

本人の判断能力低下を受け、家裁に申立て→後見等開始

意思能力が低下してきた「本人」やその親族が、家庭裁判所に対して申し立てを行い、あるいは本人に親族がいない場合や協力が得られない場合は、必要に応じて市町村長が申し立てを行って、申し立てを受けた家庭裁判所が本人の判断能力の程度や生活状況を把握したうえで、類型（後見、保佐、補助）を決定して適任者を選任し、その後見人等によって行われる法律行為の代理・身上の保護・財産管理のこと。

後見人等の業務内容

財産目録の作成

本人の財産の状況などを明らかにして、家庭裁判所に財産目録を提出する

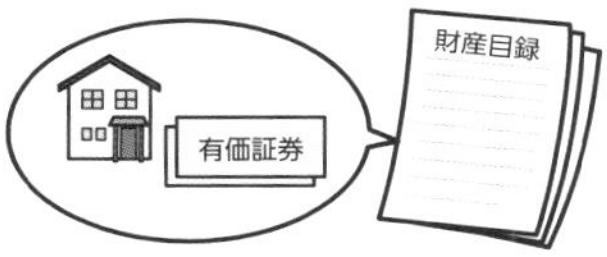

今後の収支予定の作成

本人の意向を尊重し、本人にふさわしい暮らし方を考慮して、今後の収支予定を立てる

財産管理

日々の生活の中で、本人の預金通帳などを管理し、収入や支出の記録を残す

身上の保護

本人の住居・療養・介護等の生活全般に配慮して、住居の確保に関する契約、入退院の手続き、施設への入退所契約、介護サービスの利用手続き、必要となる費用の支払いを、本人に代わって行う

家庭裁判所への報告

後見人等として行った業務の状況を、家庭裁判所に報告する

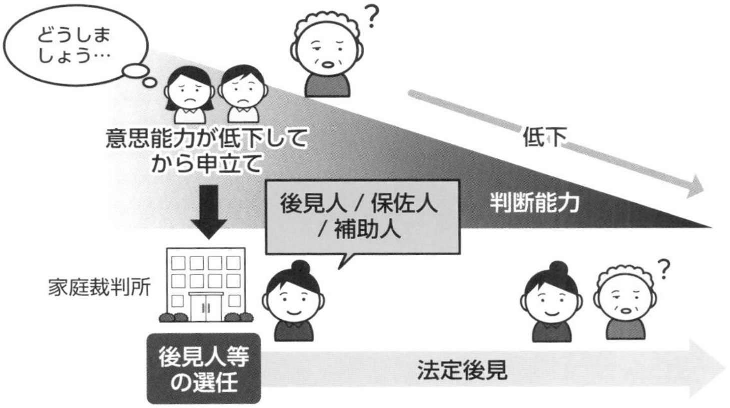

支援・しくみ

任《にん》意《い》後《こう》見《けん》

事前に"意中の人"と契約し、判断能力低下→監督人選任で効力発生

自分の判断能力が低下する前に、法律行為の代理、身上の保護、財産管理を"託す"人をあらかじめ決めておいて「任意後見契約」を交わし、いざ判断能力が低下してきたと感じられてから開始される後見のこと。後見の内容は法定後見と同じ。

任意後見契約は、公証役場の任意後見人が作成する「公正証書」で取り交わす必要があります。任意後見契約の効力は、家庭裁判所に「任意後見監督人選任」の申し立てを行い、任意後見監督人が選任されることによって発生します。

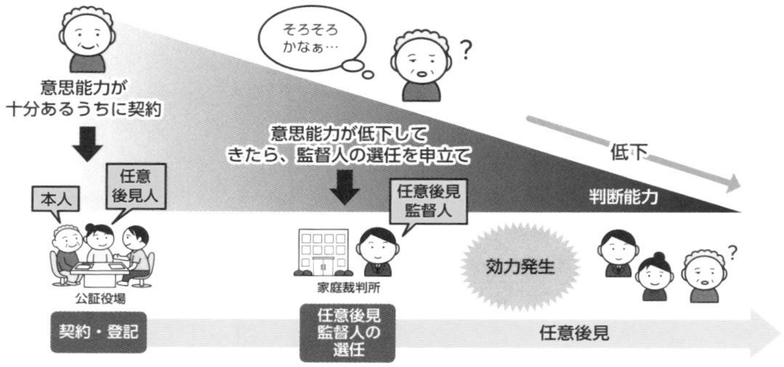

支援・しくみ

後《こう》見《けん》(人《にん》)

最も重い類型、すべての法律行為に代理権と取消権

法定後見の類型の一つで、3類型のうち最も広範にわたって本人の意思決定を代行する。対象となるのは、「常に自分一人で判断ができない状態にあり、日常生活に常に支援が必要な人」です。後見を受ける人のことを「成年被後見人」、後見する人のことを「成年後見人」といいます。法的権限として、日常生活に関する行為を除くすべての法律行為について、①代理権（本人に代わって法律行為を行う権利）と②取消権（本人が単独で行った法律行為を無効にする権利）を裁判所から与えられます。

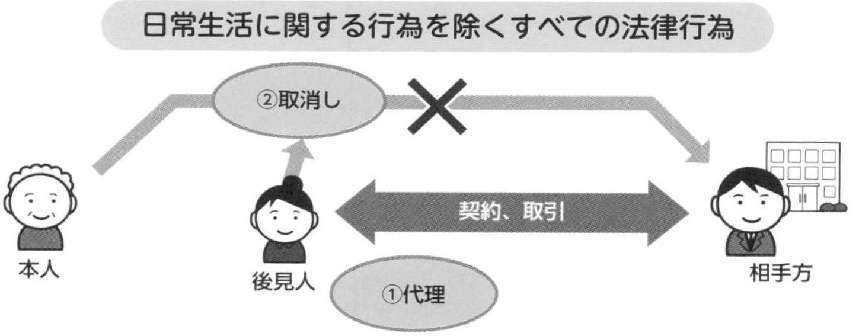

日常生活に関する行為を除くすべての法律行為を後見人が「代理」する

支援・しくみ

保《ほ》佐《さ》（人《にん》）

中程度の類型、財産上の重要な法律行為に同意権・取消

法定後見の類型の一つで、3類型のなかで本人の意思決定の範囲が中間に位置するもの。対象となるのは、「時々自分一人で判断ができない状態にあり、日常生活のかなりの部分で支援が必要な人」です。保佐を受ける人のことを「被保佐人」、保佐する人のことを「保佐人」といいます。法的権限として、財産上の重要な法律行為等を行う際の同意権と取消権、申し立ての範囲内で家庭裁判所が定める特定の法律行為にかかる代理権を裁判所から付与されます。

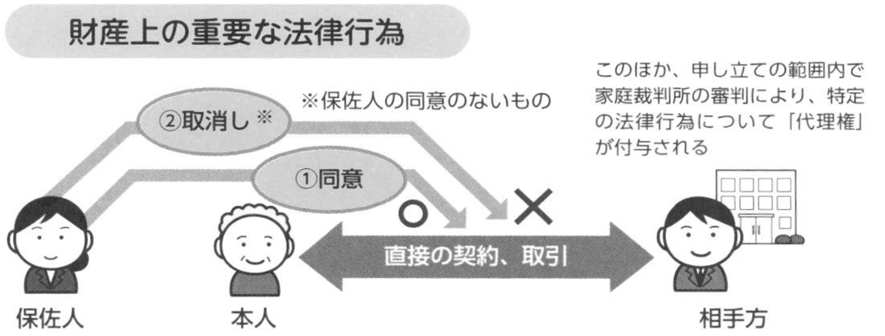

財産上の重要な法律行為に限定して、保佐人が「同意」「取消し」を行う

支援・しくみ

補《ほ》助《じょ》（人《にん》）

最も軽い類型、家裁が定める特定の行為に同意見・取消権

法定後見の類型の一つで、3類型のうち本人の意思決定の代行が最も限定的なもの。対象となるのは、「物事によっては自分一人で判断ができない状態にある人」です。補助を受ける人のことを「被補助人」、補助する人のことを「補助人」といいます。法的権限として、財産上の重要な法律行為等について申し立ての範囲内で家庭裁判所が定める特定の行為にかかる同意権・取消権、申し立ての範囲内で家庭裁判所が定める特定の法律行為にかかる代理権を裁判所から与えられます。

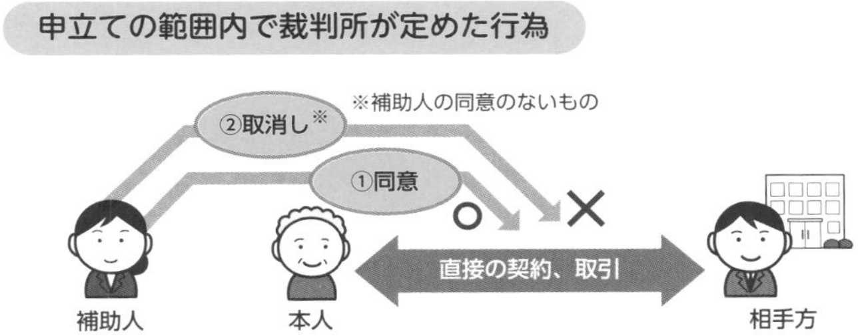

財産上の重要な法律行為のなかの、申立ての範囲内で裁判所が定めた行為について、補助人が「同意」「取消し」を行う

支援・しくみ

同意権《どういけん》／取消権《とりけしけん》／代理権《だいりけん》

後見人等に与えられる権限

同意権は、本人が契約などの法律行為を行う際に、その内容が本人に不利益なものでないかどうかを検討して、問題がない場合に同意する権限のこと。

取消権は、同意を経ずに行われた法律行為について、無効なものとして原状に戻す権限（取消権）のこと。

代理権は、本人に代わって法律行為を行う権限のこと。

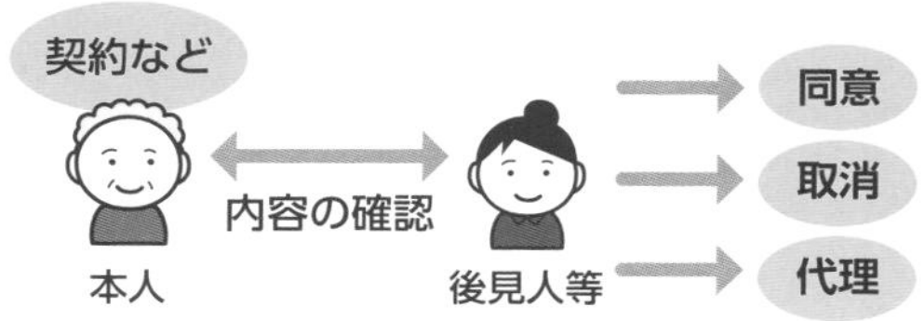

専門職

親族後見人《しんぞくこうけんにん》／専門職後見人《せんもんしょくこうけんにん》／市民後見人《しみんこうけんにん》

後見人等の担い手は3種類

「親族後見人」は、本人の配偶者、子、孫などの親族のなかから選任された者のこと。

「専門職後見人」は、弁護士や司法書士などの法律の専門職、社会福祉士などの福祉の専門職や団体などのなかから選任された者のこと。

「市民後見人」は、親族や専門職以外で、地方自治体等が行う養成研修を修了するなどして成年後見制度に関する知識や技術・態度を身に付けた一般市民のなかから選任された者のこと。

支援・しくみ

法人後見《ほうじんこうけん》

法人が実施する後見

社会福祉法人や社団法人、NPO などで利益相反のない法人が、裁判所の選任を受けて実施する後見のこと。

法人後見では、法人に勤務する職員が法人を代理して、後見等にかかる実務を担います。担当職員が何らかの理由でその事務を行えなくなった場合には、法人内で別の職員に担当を引き継いで、後見事務が継続されることとなります。

専門職

成年後見監督人《せいねんこうけんかんとくにん》

後見人を「監督」する役職

後見人が行う事務を監督するために、家庭裁判所によって選任された人のこと。家庭裁判所が「親族後見人だけでは不十分であり、専門職の関与が必要である」と判断した場合に選任されます。

監督人になる人

弁護士や司法書士などの専門職で、裁判所が適当と認めた人

監督人が行うこと

定期的に財産や収支状況を確認し、助言・指導を行う。（一般的には 3～ 4 か月に 1 回程度の頻度）

後《こう》見《けん》支《し》援《えん》信《しん》託《たく》

支援・しくみ

「信託」による被後見人の財産保護

本人の財産のうち、日常生活で使用する分を除いた金銭を、信託銀行等に信託するしくみのこと。本人の財産保護を目的としたもので、これにより、信託財産を払い戻したり、信託契約を解約したりするには、家庭裁判所の指示書が必要になります。利用対象は後見類型のみで、一定以上の流動資産がある場合（目安とされるのは 500 万円以上）に裁判所から利用の検討を求められます。

これと類似して、銀行、信用金庫、信用組合等が取り扱っている「後見制度支援預貯金」というしくみもあります。

成《せい》年《ねん》後《こう》見《けん》制《せい》度《ど》利《り》用《よう》支《し》援《えん》事《じ》業《ぎょう》

支援・しくみ

申立て費用や後見人報酬を助成

成年後見制度の利用が必要であるにもかかわらず、「身寄りがなくて親族による申し立てができない」「お金がなくて申し立て費用や成年後見人等への報酬を払えない」などの事情によって、実際に利用に結びついていないケースについて、問題を解消して利用を促進する一連の取り組みのこと。実施主体は市町村。

前者については市町村長が成年後見審判の申し立てを行い、後者については審判の申し立て費用や後見人等への報酬について助成を行っています。

本《ほん》人《にん》情《じょう》報《ほう》シート

書類

「本人の生活状況・課題」について援助職が記したレポート

成年後見制度の申し立てにあたって、ケアマネジャーなど援助職が、本人の「日常生活の状況」や「現在直面している課題」について、診断書を書く医師に対して詳細に情報伝達するために、本人・家族から作成依頼を受けて交付する文書のこと。

「本人情報シート」を巡る流れ

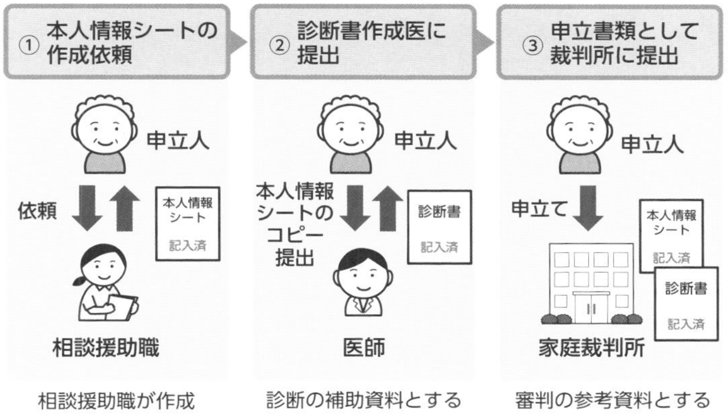

シーン2

日常生活自立支援事業

押さえておきたい用語の一覧

専門職
- **専門員／生活支援員**

支援・しくみ
- **医療・福祉サービス利用の支援**
- **日常的金銭管理サービス**
- **書類等預かりサービス**

判断能力は一定程度あるものの、「一人で福祉サービスの利用手続きをするのは不安」「預金の出し入れや払い込み、重要書類の保管を確実にこなせるか心配」という高齢者、知的・精神障害のある人を対象に、①医療・福祉サービス利用の支援、②日常的な金銭管理の支援、③書類の預かりを行う公的支援が、「日常生活自立支援事業」です。実施主体は社会福祉協議会。「専門員」と「生活支援員」が分業して支援にあたります。

専門職

専門員《せんもんいん》／生活支援員《せいかつしえんいん》

「相談・調整担当」と「援助担当」

日常生活自立支援事業に携わるスタッフで、「専門員」はコーディネート、「生活支援員」は実際の援助を担います。

専門員となるのは社会福祉協議会の職員で、利用者・家族や関係機関から相談を受け、アセスメントのうえ支援計画を作成し、その後継続的に相談・調整にあたります。

生活支援員となるのは、主として非常勤または登録型のスタッフ（60歳以上の人も多い）で、専門員が作成した支援計画に基づき、専門員の指示のもと、利用者を定期的に訪問して実際の支援を行います。

支援・しくみ

医療《いりょう》・福祉《ふくし》サービス利用《りよう》の支援《しえん》

利用の「手続き」をサポート

福祉サービスを安心して利用できるように必要な援助を行うもの。日常生活自立支援事業の基本サービスです。

- サービスに関する情報提供
- サービスの利用や変更・中止について一緒に考えながら手続きを支援
- 利用料支払いの手続きを支援
- サービスに関する苦情解決制度の手続きを支援

※ 治療への同意や入院・入所に際しての身元保証は含まれません。

支援・しくみ

日常的金銭管理《にちじょうてききんせんかんり》サービス

支払い代行や預貯金の出し入れ

日々必要となるお金の出し入れや公共料金等の振込を手伝うサービス。日常生活自立支援事業の「オプション」としての位置づけです。

- 医療費、税金、公共料金等の支払い代行
- 年金、手当等の受領確認
- 日常的な生活費に関する預貯金の出し入れ

※ 日常的な使用を越えた財産管理や処分、資産の運用、相続手続きなどは含まれません。

支援・しくみ

書類等預《しょるいとうあず》かりサービス

通帳や印鑑を安全に保管

通帳や印鑑などの大事な書類を預かって、金融機関の貸金庫に保管するサービス。日常生活自立支援事業の「オプション」としての位置づけです。

＜対象物＞
- 年金証書、預貯金通帳、不動産権利証書、契約書類
- 実印、銀行印 など

※ 預かり対象は、原則として本人名義のものに限られます。また、期日管理が必要な書類は対象外となっています。

シーン３

虐待や暴力による被害の防止を図る支援

兆候を察知したら、
いち早く通報・情報共有

押さえておきたい用語の一覧

支援・しくみ

- **虐待**
- **早期発見の努力義務**
- **通報義務**
- **やむを得ない事由による措置**

人を貶め、傷つけ、追い込む「虐待」は、決して許されるものではありません。医療福祉や司法、教育等に携わる専門職は、早期発見のアンテナを張り、兆候を察知したらいち早く通報・情報共有して、リスクが大きくならないうちに適切に対応する必要があります。何かが起きてからではなく、起こる前の行動が肝心です。虐待の事実が明らかになれば、本人の安全安心のため、一時保護などの措置が必要になる場合があります。

支援・しくみ

虐《ぎゃく》待《たい》

尊厳を傷つけ、生存を脅かす行為

人としての権利・尊厳を侵害し、その程度によって生命、心身の健康、社会活動、人間関係、暮らし・財産に深刻なダメージを及ぼす、不適切な行為のこと。それが「虐待であるか否か」は、加害側の自覚の有無の問題ではなく、かつ、被害側の自覚の有無の問題でもありません。

虐待防止を目的として制定された法律（児童虐待防止法、障害者虐待防止法、高齢者虐待防止法等）において、虐待は、①身体的虐待、②心理的虐待、③ネグレクト、④性的虐待、⑤経済的虐待という５種類にカテゴライズされています。

支援・しくみ

早《そう》期《き》発《はっ》見《けん》の努《ど》力《りょく》義《ぎ》務《む》

発見しやすい立場の職種が負う責務

保健・医療・福祉にかかわる関係職種の従事者や行政職員に課されている、「虐待の事実の早期発見に努めるべき義務」のこと。児童虐待防止法、障害者虐待防止法、高齢者虐待防止法のいずれにも、「虐待を発見しやすい立場にあることを自覚し、虐待の早期発見に努めなければならない」という趣旨の規定があります。

支援・しくみ

通《つう》報《ほう》義《ぎ》務《む》

国民各人が等しく負う責務

虐待やDVを受けたと思われる人を発見した場合、速やかに通報（児童虐待の場合は「通告」）するよう国民（発見者）に課せられている義務または努力義務の総称。通報にあたっては、「証拠」も「本人の同意」も不要です。

虐待種別	通報（通告）先
高齢者虐待	市町村、地域包括支援センター
障害者虐待	障害者虐待防止センター
児童虐待	児童相談所、福祉事務所、市町村
DV被害	配偶者暴力相談支援センター、警察官

支援・しくみ

やむを得《え》ない事《じ》由《ゆう》による措《そ》置《ち》

職権による短期入所等の保護

養護者（介護・養護にあたる家族や同居人）による虐待によって生命または身体に重大な危険が生じているおそれがあると認められる高齢者や障害者を一時的に保護するために、市町村が「職権」により実施する短期入所等の措置のこと。

ちなみに、「やむを得ない事由」は、虐待事案のほか、「サービスの契約や利用申請の手続きが困難な場合」などについても該当します。

シーン4

「悪質商法」「特殊詐欺」への対応

押さえておきたい用語の一覧

支援・しくみ

- 悪質商法
- 特殊詐欺
- 特定商取引法
- クーリングオフ
- 被害回復給付金支給制度
- 被害回復分配金
- 弁護士費用立替制度

機関

- 消費生活センター
- 法テラス（日本司法支援センター）

専門職

- 消費生活相談員

「悪質商法／特殊詐欺」の被害防止や万一被害を受けたときの救済には、身近な人による見守りが欠かせません。援助職として、本人・家族にいつもと様子が違うところがないか、常にアンテナをはたらかせておくることが大事です。被害を受けた可能性が高ければ、消費生活センターへの相談を勧めましょう。詐欺被害の場合は警察に通報するようにします。

支援・しくみ

悪《あく》質《しつ》商《しょう》法《ほう》

不安や弱みにつけこむ不当な取引

消費者の不安をあおったり、弱みにつけ込むなどして、高額な商品やサービスを売りつけ、不当な利益を上げる商法。主な手口として、次のようなものがあります。

点検商法	無償点検を装い虚偽の情報で不安をあおり、商品を売りつけたり、高額な工事契約を締結させる
利殖商法	元本保証・高配当を謳って出資案件に勧誘して持ち逃げする
催眠商法	会場で無料プレゼントを配り気分を高揚させて高額の商品を売りつける
アポイントメント商法	言葉巧みにアポイントを取り、喫茶店や事務所に誘い出し、強引に契約を結ばせる商法

支援・しくみ

特《とく》殊《しゅ》詐《さ》欺《ぎ》

巧みに信じさせて騙し取る犯罪

電話や郵便物などで親族や公共機関の職員を名乗って被害者を信じ込ませ、金品を騙し取る（脅し取る、強奪する）犯罪。主な手口として、次のようなものがあります。

オレオレ詐欺	実の子や孫が窮地に陥っていると勘違いさせ、現金を騙し取る
架空請求詐欺	未払いの請求があるとでっち上げ、訴訟をちらつかせて現金を騙し取る
預貯金詐欺	警察官、銀行協会職員、自治体職員を名乗り、「手続きに必要」と欺いてキャッシュカード等を騙し取る
還付金詐欺	税金還付等に必要な手続きを装って、ATMから偽口座に送金させる
アポ電詐欺	警察官などを装って電話し、情報収集したうえで強盗に押し入る

支援・しくみ

特《とく》定《てい》商《しょう》取《とり》引《ひき》法《ほう》

消費者トラブル防止の枠組みの法的根拠

事業者による違法・悪質な勧誘行為等を防止し、消費者の利益を守ることを目的とする法律。訪問販売や通信販売等の消費者トラブルを生じやすい以下の取引類型を対象に、事業者が守るべきルールと、クーリングオフ等の消費者を守るルール等が定められています。

訪問販売	消費者の自宅を訪問して、商品やサービスを販売する取引
通信販売	新聞、雑誌、インターネット等で広告し、申込みを受ける取引
電話勧誘販売	電話で勧誘を行い、申込みを受ける取引
連鎖販売取引（マルチ商法）	会員に友人・知人を加入させ、これを繰り返して販売組織を拡大する取引
特定継続的役務提供	長期に継続する価格のサービス提供。エステティックサロン、語学教室など
業務提供誘引販売取引	「高収入の仕事の提供」と引き換えに商品等を売りつける取引
訪問購入	消費者の自宅等を訪問して、物品の購入を行う取引

支援・しくみ

クーリングオフ

消費者に認められている一方的な契約解除

特定商取引法の規制対象となる取引について、①代金総額が 3,000 円以上、②消耗品を使用・消費していない、③契約書を受け取った日から 8 日以内（マルチ商法や内職商法は 20 日以内）など、一定の要件を満たせば、消費者の側から一方的に契約解除できる制度。支払ったお金は全額返金を要求できます。商品の引き取り費用は事業者負担です。なお、事業者の側でクーリングオフ妨害があった場合（「この商品はクーリングオフできない」と嘘を言われた、脅かされた等）、クーリングオフ期間は延長されます。

クーリングオフの手続き

契約書面を受け取った日を含めて 8 日（マルチ商法や内職商法は 20 日）以内に、事業者に書面通知する

- 右のように「通知書」を作成し、両面のコピーをとって保管しておく
- 「特定記録郵便」または「簡易書留」で送る

通知書

次の契約を解除します。

契約年月日　令和〇〇年〇月〇日
商品名　〇〇〇〇
契約金額　〇〇〇〇〇〇〇円
販売会社　株式会社××××□□営業所
担当者△△△△

支払った代金〇〇〇〇〇〇〇円を返金し、商品を引き取ってください。

令和〇〇年〇月〇日
〇市〇町〇丁目〇番〇号
氏名　〇〇〇〇

機関

消《しょう》費《ひ》生《せい》活《かつ》センター

消費生活相談に対応する専門機関

消費生活全般（悪質商法の被害を含む）に関する相談を受け付けて、公正な立場で処理にあたる地方自治体の行政機関。消費者啓発活動や生活に関する情報提供なども行います。電話をかけた人の最寄りの相談窓口を案内する「消費者ホットライン」は、局番なしの「188」。

- 悪質商法による被害や商品事故の苦情などの消費生活相談に対し、問題解決のための助言・あっせん
- 消費者に対する普及啓発

専門職

消《しょう》費《ひ》生《せい》活《かつ》相《そう》談《だん》員《いん》

消費生活相談に当たる専門職員

消費生活センターに配置されて、消費者からの相談を受け付けて対処方法をアドバイスしたり、消費者と事業者の間に入ってトラブル解決の斡旋などを行う専門職員。被害を未然に防ぐために、市民向けに啓発・注意喚起する役割も担います。

支援・しくみ

被《ひ》害《がい》回《かい》復《ふく》給《きゅう》付《ふ》金《きん》支《し》給《きゅう》制《せい》度《ど》

犯罪による経済的被害の救済

刑事裁判確定後、犯人から剝奪した「犯罪被害財産」を金銭化して、事件によって被害を受けた人に給付金を支給する制度のこと。

支給を受けるには検察官への申請が必要です。申請の受付開始時に官報や検察庁の公式サイトに掲載されますので、期間内に申請するようにします。

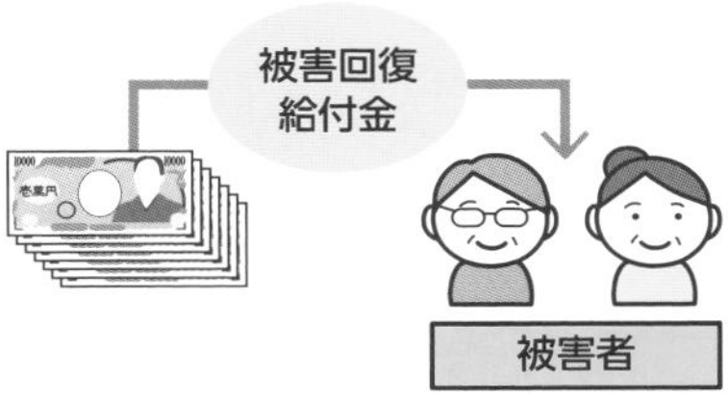

支援・しくみ

被《ひ》害《がい》回《かい》復《ふく》分《ぶん》配《ぱい》金《きん》

詐欺口座を凍結して預金を分配

被害者が振り込んだ口座を金融機関が凍結（利用停止）し、被害者からの申請により、その被害額や凍結された口座の残高に応じて、被害額の全部または一部を被害者に「分配」する制度、または分配されるお金のこと。

口座から引き落とされた後では遅いので、振り込め詐欺の被害にあったらすぐに警察に通報して振込先の金融機関に連絡を入れる必要があります。なお、金銭の受け渡しに口座が使われた場合でないと、本制度の対象とはなりません。

支援・しくみ

弁《べん》護《ご》士《し》費《ひ》用《よう》立《たて》替《かえ》制《せい》度《ど》

弁護士費用を一時的に立て替え

まとまったお金がなくても法律の専門家による支援が受けられるように、依頼に必要となる着手金・実費などについて、一時的に「法テラス」が立て替え払いするしくみのこと。利用にあたって、①収入・資産が一定額以下、②和解・調停・示談等によって紛争解決の見込みがあること――などの要件があります。

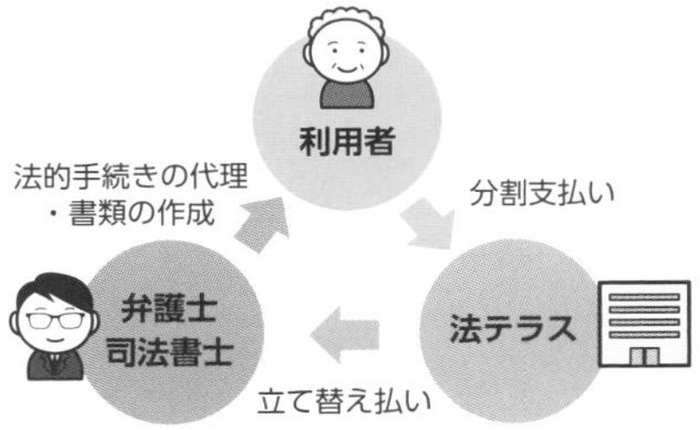

機関

法《ほう》テラス(日《に》本《ほん》司《し》法《ほう》支《し》援《えん》センター)

法的トラブル解決の総合案内所

国によって設立された、法的トラブル解決のための総合案内所のこと。正式名称は「日本司法支援センター」。刑事・民事を問わず、あらゆる法的な悩み（法的なものかわからないという悩みも含む）に関する相談を電話、メール、窓口で受け付けて、相談内容に応じた法制度の紹介、トラブル解決に資する適切な関係機関の案内を行っています。また、経済的に余裕がない人を対象とした無料法律相談や、弁護士・司法書士の費用の立て替え払い（費用立替制度）も行っています。

シーン5

「ケアラー」に対する支援

押さえておきたい用語の一覧

支援・しくみ

- **ケアラー**
- **ヤングケアラー**
- **ダブルケア**
- **地域子育て支援拠点**
- **市区町村子ども家庭総合支援拠点**
- **病児保育／一時預かり**
- **子育て短期支援事業**

機関

- **子育て世代包括支援センター**
- **児童相談所**

心身に病気や障害や生きづらさを抱えた人が、住み慣れた地域で自分らしく安心した暮らしを続けていくためには、寄り添う家族・近親者等（ケアラー）の「心身の健康、生活の質の充実」が大事であるとされます。なかには、子どもが家族をケアするケース（ヤングケアラー）や、介護と育児の負担・責任を同時に背負っているケース（ダブルケア）もあり、専門分野の壁を越えて世帯全体を支援する視点が重要になってきています。

支援・しくみ

ケアラー

困難を抱えた家族・親戚等を世話する「支え手」

何らかの事情があって日常生活に困難が生じた家族、近親者、友人・知人に対して、身の回りの世話や、見守り、相談助言、寄り添うことによる癒しなどの「ケア全般」を行う人のこと。これには、業務として対価を得て行うケアは含まれません。

現状では、一日中つきっきりになって自由な時間が取れなかったり、定職に就けず収入がほとんど（あるいはまったく）なくなってしまったり、友人や地域の人との交流が途絶えてしまったりして、社会的孤立や生活困窮の状態にあるケアラーも少なくないとされます。本人に対する支援のみならず、ケアラーも含めた世帯全体に対する支援が求められます。

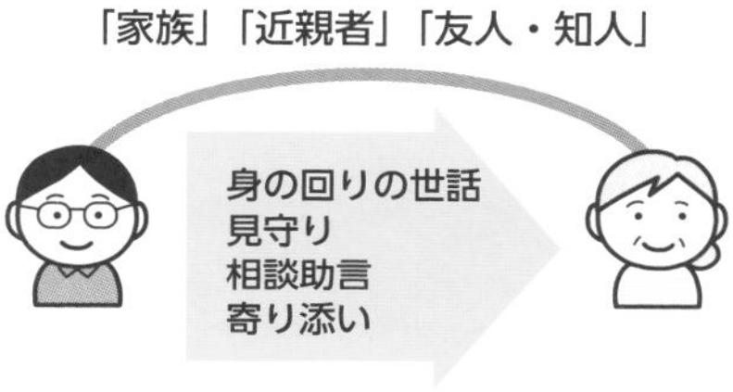

※業務として対価を得て行うケアは含まない

支援・しくみ

ヤングケアラー

日常的に家族の介護・見守り・家事を担う児童

病気や障害等で支援を要する家族等に対して日常的に世話や介護や見守りを行っている児童（18 歳未満の者）のこと。家族をケアすること自体は一概に否定されるべきものではありませんが、負担の大きいケアが長期間続くことで、友人との人間関係形成の機会の喪失、親子関係の逆転（子どもが保護者のように気遣いしなければならない状況）、学校の遅刻・早退・欠席（それによる学業停滞）などが懸念されます。

ヤングケアラーのいる世帯の援助にあたっては、子どもが自分自身のことにエネルギーを注げるように（子どもとしての時間を過ごせるように）、ケアにかかる負担軽減と、孤立防止の取り組みが必要です。

ヤングケアラーが担う「ケア」の例

- 病気・障害のある家族の身の回りの世話
- 病気・障害のある家族の見守り
- 保護者の代わりに行う家事
- 保護者の代わりに行う年少のきょうだいの世話
- 外国人や障害を有する親の通訳
- 家計を助けるための労働

支援・しくみ

ダブルケア

「子育て」+「老親介護」など 2つのケアの同時進行

子育てをしながら親を介護するというような、世帯内で２つのケアが同時進行している状況のこと。ダブルケアラーには、時間や労力などの「負担」もさることながら、子どもの健やかな育ちを支える「責任」、老親の生命と健康と尊厳を支える「責任」が、同時にのしかかります。

広義には、病気や障害を抱える配偶者・きょうだい・成人後の子どもに対するケアや、自分自身の病気・障害の自己管理、異なる言語や文化的背景をもつ外国人の世帯員の通訳なども、ダブルケアの概念を構成するケアに含まれます。なかには、トリプルケア（三重）やクワトロケア（四重）のケースもあるとされます。

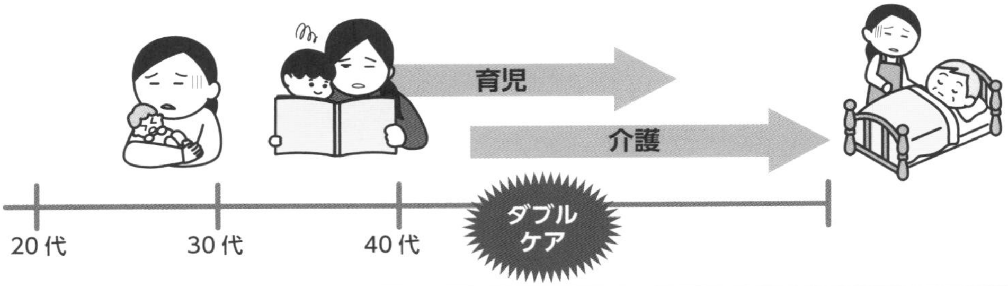

機関

子育《こそだ》て世代《せだい》包括《ほうかつ》支援《しえん》センター

妊娠～子育て期を支える専門機関

保健師や助産師などが妊娠・出産・産後の健康状態や発育・発達に関する相談に応じ、必要な情報提供や助言、保健指導などを実施して、妊娠期から子育て期にわたる切れ目のない支援を一体的に提供する拠点のこと。市町村保健センターまたは地域子育て支援拠点に設置されています。

- 妊産婦・乳幼児等の実情把握
- 妊娠・出産・子育てに関する各種の相談に応じ、必要な情報提供・助言・保健指導を実施
- 支援プランの策定
- 関係機関との連絡調整

支援・しくみ

地域《ちいき》子育《こそだ》て支援《しえん》拠点《きょてん》

相談も交流もできる身近な「場」

子育て中の親子が気軽に集い、相互交流や子育ての不安・悩みを相談できる場。「子育て支援センター」や「つどいの広場」、その他いろいろな愛称で呼ばれています。公共施設や保育所、児童館などの地域の身近な場所で、乳幼児のいる子育て中の親子の交流や育児相談、情報提供を実施しています。

支援・しくみ

市《し》区《く》町《ちょう》村《そん》子《こ》ども家《か》庭《てい》総《そう》合《ごう》支《し》援《えん》拠《きょ》点《てん》

市町村の子ども家庭支援の拠点

市区町村単位で区域内に居住するすべての子どもとその家庭、妊産婦等を対象に相談を受け付け、助言、情報提供、サービスの紹介・調整、必要に応じた家庭訪問等を実施する拠点のこと。児童虐待に関する相談・通報に対する対応や、地域の実情調査も行います。「子ども家庭支援センター」という名称で開設されているところもあります。

- 子ども家庭支援全般
- 要支援児童・要保護児童への支援
- 関係機関との連絡調整

機関

児《じ》童《どう》相《そう》談《だん》所《じょ》

虐待や困難事例等を担う専門機関

子どもに関する相談に応じ、子どもにとっての最善の利益が図られるように必要な援助を行う専門の広域行政機関。児童虐待防止のための取り組みを担う中心的な機関であるほか、諸事情により養育困難となった家庭からの相談、子どもの性格や行動を心配する親からの相談、非行のある（心配される）子どもに関する相談、里親になりたい人からの相談なども受け付けています。

- 相談、養育環境等の調査、専門診断等
- 一時保護、措置（里親委託、施設入所、在宅指導等）
- 市区町村への援助

支援・しくみ

病《びょう》児《じ》保《ほ》育《いく》／一《いち》時《じ》預《あず》かり

緊急時に頼れる一時預かり保育

病児保育とは、子どもが病気で自宅での保育が困難な際、病院や保育所などで看護師等が子どもを一時的に預かるサービスのこと。看護師等が病児・病後児の家庭を訪問して行うタイプの病児保育もあります。

一時預かりとは、保育所等を利用していない家庭向けに、日中、保育所等で一時的に預かるサービスのこと。児童の家庭を訪問して行うタイプの一時預かりもあります。保護者の就労や求職活動、病気・出産・冠婚葬祭などの緊急時、リフレッシュしたいときなどに利用できます。

支援・しくみ

子《こ》育《そだ》て短《たん》期《き》支《し》援《えん》事《じ》業《ぎょう》

ニーズにあわせてショートステイ

保護者の入院・通院・出張・冠婚葬祭などで子どもの養育が一時的に難しくなった場合や、育児不安や育児疲れで身体的・精神的負担の軽減が必要なときに、児童養護施設や乳児院等で一定期間、子どもを養育・保護する事業です。保育士や里親等が自宅で養育・保護したり、保護者の自宅に訪問して養育・保護するタイプのサービスもあります。

短期間の宿泊を伴って子どもを預かる「ショートステイ」と、平日夕方から夜間、休日に預かる「トワイライトステイ」があります。

シーン6

自殺対策

悩みに気づき、耳を傾ける

温かく寄り添いながら、じっくり見守る

早めに専門家に相談するよう促す

押さえておきたい用語の一覧

専門職

- **ゲートキーパー**

機関

- **地域自殺対策推進センター**

支援・しくみ

- **希死念慮／自殺念慮／自殺企図**
- **事故傾性**
- **自殺予防の十箇条（自殺のサイン）**
- **地域自殺対策計画**
- **こころの健康相談統一ダイヤル**
- **#いのちSOS**
- **よりそいホットライン**
- **いのちの電話**

「気づき、声をかけ、話を聴き、必要な支援につなげ、見守る」は、相談援助職であれば、ふだんからルーティンで実践している営みですが、こうしたかかわりが、自殺防止には決定的に重要であるとされます。このコロナ禍であってもなお、「誰も自殺に追い込まれない社会」であるように、専門職のみならず、しんどい思いをしている人が羽を休めることのできる、誰かの「とまりぎ」であることが大切です。

ゲートキーパー

専門職

気づいて、傾聴し、つなぎ、見守る

自殺対策におけるゲートキーパーとは、悩んでいる人に気づいて、専門的支援（医療）の手前の段階で声をかけ、話を聴き、必要であれば支援に結びつける人のことです。ゲートキーパーとなるのは、保健医療福祉や教育分野の資格をもった専門職だけに限りません。国の『自殺総合対策大綱』は、国民一人ひとりについても、身近な人にとってのゲートキーパーとして適切に行動できるように、基礎的知識の普及を重要施策の一つに位置づけています。それに基づき、各地で「ゲートキーパー養成」のための研修が行われています。

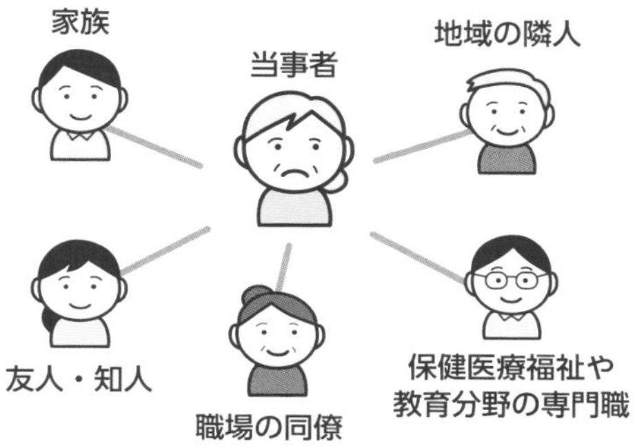

ゲートキーパーの役割

気づき：変化に気づいて、声をかける
傾聴：本人の気持ちを尊重し、耳を傾ける
つなぎ：早めに専門家に相談するように促す
見守り：温かく寄り添いながら、じっくりと見守る

希《き》死《し》念《ねん》慮《りょ》／自《じ》殺《さつ》念《ねん》慮《りょ》／自《じ》殺《さつ》企《き》図《と》

支援・しくみ

漠然とした思いと具体的計画

希死念慮とは、「消えてなくなりたい」「楽になりたい」というように、漠然と自分自身の死を思い描き、願うこと。

自殺念慮とは、明確に「自殺」という手段によって人生を終わらせようと強く望んでいる状態のこと。

自殺企図とは、「自殺を企てて実行に移すこと」をいいます。その結果として、死に至ったことを「自殺既遂」、命をとりとめたことを「自殺未遂」といいます。

事《じ》故《こ》傾《けい》性《せい》

支援・しくみ

自殺に先立つ「自己破壊傾向」

自殺に先立って現れる、自己の安全が保てなくなったり、健康の管理ができなくなるといった、無意識の自己破壊傾向のこと。たとえば、持病の管理ができなくなる、自損事故を起こす、酩酊したうえでけんかに巻き込まれる――などが、これにあたります。

支援・しくみ

自殺《じさつ》予防《よぼう》の十箇条《じゅっかじょう》（自殺《じさつ》のサイン）

自殺のリスクのある人が示す10の兆候

自殺のリスクのある人が示すとされる 10 の兆候のこと。数多く該当する場合、自殺の危機があるかもしれないととらえて、医療機関の受診につなぐなどの対応が必要であるとされます。なお、もともとこの 10 か条は、働きざかりの自殺予防マニュアル向けにつくられたものなので、立場によっては関連しない項目（たとえば⑤や⑥）も含まれていますが、注意喚起のツールとして各所で用いられています。

① うつ病の症状がある
（気分が沈む、自分を責める、仕事の効率が落ちる、決断できない、不眠が続く）
② 原因不明の身体の不調が長引く
③ 酒量が増す
④ 安全や健康が保てない
⑤ 仕事の負担が急に増える、大きな失敗をする、職を失う
⑥ 職場や家庭でサポートが得られない
⑦ 本人にとって価値のあるもの（職、地位、家族、財産）を失う
⑧ 重症の身体の病気にかかる
⑨ 自殺を口にする
⑩ 自殺未遂に及ぶ

支援・しくみ

地域《ちいき》自殺《じさつ》対策《たいさく》計画《けいかく》

都道府県・市町村の施策メニュー

自殺対策基本法に基づいて、すべての都道府県と市町村が策定している、自殺対策に関する計画のこと。その地域の「自殺」をめぐる実態と社会資源の整備状況を把握し、課題を抽出したうえで、いつまでに何を実行するかを評価指標とともに示したものとなっています。

- ①地域のネットワーク強化
- ②人材育成
- ③住民への啓発と周知
- ④生きる促進要因への支援
- ⑤児童生徒の SOS の出し方に関する教育

機関

地域《ちいき》自殺《じさつ》対策《たいさく》推進《すいしん》センター

自殺対策のエリアマネージャー

全国 47 都道府県ならびに 20 政令指定都市に設置されている、自殺対策推進の「エリアマネジャー」的な機関。管内の市区町村に対する支援をはじめ、情報分析、関係機関との連携や技術的助言、人材育成などを行っています。

- 地域自殺対策計画の策定・進捗管理、検証等の支援
- 地域内の自殺の実態把握・情報分析
- 関係機関との連携強化
- 人材育成
- 民間団体の自殺対策事業への相談支援と技術的助言
- 自殺ハイリスク者に対する相談体制の構築

支援・しくみ

こころの健康相談《けんこうそうだん》統一《とういつ》ダイヤル

精神保健福祉センターで実施している「こころの健康電話相談」です。保健師や臨床心理士、精神保健福祉士などの専門職の相談員が対応します。番号にダイヤルすると、発信元の所在地の都道府県・政令指定都市の「こころの健康電話相談」につながるようになっています。通話料金は発信者の負担です。

※ 相談対応の曜日・時間は都道府県によって異なります。

0570-064-556（ナビダイヤル）

支援・しくみ

#いのちSOS

いのちが限界だと感じた人からSOSをキャッチするために開設された電話相談。主として、社会福祉士、精神保健福祉士、臨床心理士等の専門職の相談員が対応し、かけてきた人の状況を一緒に整理し必要な支援策などについて一緒に考えます。特定非営利活動法人「自殺対策支援センターライフリンク」が運営。

受付時間は、月曜および木曜が0時～24時、それ以外の曜日は8時～24時。

0120-061《おもい》-338《ささえる》（フリーダイヤル）

支援・しくみ

よりそいホットライン

「どんなひとの、悩みにもよりそって一緒に解決する方法を探します」をモットーにしている、だれでも利用できる24時間対応の悩み相談窓口。電話、FAX, チャットやSNSによる相談に対応しています。ガイダンスで外国語による相談、DVや性暴力などに関する相談、性別の違和や同性愛などにかかわる相談などを選択することもできます。一般社団法人「社会的包摂サポートセンター」が運営。

0120-279《つなぐ》-338《ささえる》（フリーダイヤル）
岩手県・宮城県・福島県からは（↓）
0120-279《つなぐ》-226《つつむ》（フリーダイヤル）

支援・しくみ

いのちの電話《でんわ》

自殺予防を第一の目的として実施されている、「いつでも」「どこからでも」「だれでも」利用できる電話相談。専門的な養成を受けたボランティアのスタッフが対応します。以下の番号からつながります。

0120-783-556（フリーダイヤル）

受付時間：毎日16時～21時／
　　　　　毎月10日朝8時から翌朝8時まで

0570-783-556（ナビダイヤル）

受付時間：24時間
※通話料は発信者負担です

シーン7

犯罪からの「立ち直り」支援

押さえておきたい用語の一覧

支援・しくみ

- **入口支援／出口支援／特別調整**
- **更生保護施設／自立準備ホーム**

機関

- **地域生活定着支援センター**
- **保護観察所／保護観察官／保護司**

障害のある人や認知症などがある高齢者のなかには、地域社会とも行政ともつながることができず孤立し、生活に行き詰まるなどして万引きなどの犯罪を繰り返してしまう人もいます。社会的孤立と犯罪と新たな被害の「負の循環」を断ち切るためには、こうした生きづらさを抱えた人が、地域で居場所と役割をもって安定した生活を送れるように、地域共生の取り組みを進めることこそが一番の近道です。

支援・しくみ

入《いり》口《ぐち》支《し》援《えん》／出《で》口《ぐち》支《し》援《えん》／特《とく》別《べつ》調《ちょう》整《せい》

刑事司法対象の要援助者への支援

「出口支援」は、高齢または障害を有する受刑者が、刑務所等を出所した後に必要な福祉サービスを受けて地域社会で暮らせるように、「地域生活定着支援センター」と「保護観察所」と刑務所等で連携して行う環境調整のこと。特に帰住予定地が確保されていない人を対象とする支援を「特別調整」といいます。

「入口支援」は、そもそも刑務所等に収監するよりも地域のなかで適切な支援を得られる「居場所」をつくるほうが合理的であるとの考えに立ち、逮捕・勾留中の段階から環境調整を図り、起訴猶予や執行猶予につなげる取り組みのこと。

機関

地《ち》域《いき》生《せい》活《かつ》定《てい》着《ちゃく》支《し》援《えん》センター

出所者と地域をつなぐ支援機関

高齢または障害のために福祉的な支援を必要とする刑務所等出所予定者および出所者等に対し、関係機関等と連携・協働しながら、速やかに福祉サービスが受けられるように相談支援・環境調整にあたる機関のこと。

- 保護観察所と協力して行う出所者本人と福祉サービスのコーディネート（特別調整）
- 引き継ぎ先の関係機関・施設に対するフォローアップ
- 保護希望者や弁護士などからの相談への対応

機関

保《ほ》護《ご》観《かん》察《さつ》所《しょ》／保《ほ》護《ご》観《かん》察《さつ》官《かん》／保《ほ》護《ご》司《し》

再犯防止と社会復帰を進める体制

「保護観察所」は、刑務所等から仮釈放になった人や刑執行猶予となった人に、保護観察や出所後の環境調整などを行う法務省の機関。

保護観察所に配置されて実務を担う担当者が「保護観察官」。これと連携して、日常的に対象者の相談に乗ったり同行支援を行うボランティアが「保護司」。

- 生活状況等の把握
- 遵守事項の徹底を指示 違反時の措置
- 特定の犯罪傾向を改善するための専門的処遇
- 自立した生活を送るための援助・助言（住居、医療、職業、依存症回復支援など）

支援・しくみ

更《こう》生《せい》保《ほ》護《ご》施《し》設《せつ》／自《じ》立《りつ》準《じゅん》備《び》ホーム

帰住先なき出所者の再出発支援

「更生保護施設」は、刑務所等を仮釈放や満期出所になった人、刑の執行猶予の言い渡しを受けた人、少年院を出た人などのうち、家族や公的機関などからの援助を受けられない人について、一定期間受け入れて、宿泊・食事の供与、就労指導、生活指導、医療・福祉サービスの斡旋を行い、円滑な社会復帰と更生を助ける施設のこと。

「自立準備ホーム」は、NPO 法人等が管理する施設の空きベッド等を活用する形で、保護観察所が委託して更生保護施設と同様の機能を果たす施設のこと。

シーン８

外国人と在留資格

押さえておきたい用語の一覧

支援・しくみ

- 外国人生活支援ポータルサイト
- 生活・就労ガイドブック
- 在留管理制度
- 住民登録
- 在留カード
- 社会保障協定
- 脱退一時金
- 生活保護の準用措置
- 在留資格
- 技能実習制度
- 特定技能
- オーバーステイ／退去強制
- 仮放免
- 在留特別許可
- 通報義務

機関

- 出入国在留管理庁
- 外国人在留支援センター（FRESC／フレスク）
- 多文化共生総合相談ワンストップセンター
- 国際交流協会

日本の社会保障制度は、原則として、国民に対する保障と同じ内容の保障が「住民登録した外国人」に対して提供されます（ただし生活保護は別）。就労して雇用される外国人については、日本人と同様、最低賃金や労働時間規制が適用されて労災保険等にも加入できます。しかし、在留資格を失って、そのまま在留を続けていると国外退去処分の対象となる場合があります。

支援・しくみ

外国人《がいこくじん》生活《せいかつ》支援《しえん》ポータルサイト

国・関係機関の情報を多言語で掲載

滞日外国人向けに、暮らしや就労のうえで必要となる情報を集約したホームページ。開設は出入国在留管理庁。国や関係機関が発信する情報を、選んだ言語で閲覧することができます。簡単で分かりやすい日本語でも表記されています。

https://www.moj.go.jp/isa/support/portal/index.html

支援・しくみ

生活《せいかつ》・就労《しゅうろう》ガイドブック

滞日外国人向け基礎的情報の冊子

滞日外国人が日本国内で安全・安心に生活・就労するうえで必要となる基礎的情報（在留手続・労働関係法令・社会保険・防犯・交通安全等）を一冊にまとめた冊子。以下の14言語で記述されていて、「外国人生活支援ポータルサイト」から選んでダウンロードできます。

日本語（やさしい日本語版を含む），英語，中国語，韓国語，スペイン語，ポルトガル語，ベトナム語，ネパール語，タイ語，インドネシア語，ミャンマー語，クメール語（カンボジア語），フィリピノ語，モンゴル語

支援・しくみ

在留《ざいりゅう》管理《かんり》制度《せいど》

外国人の適正な在留を維持するためのしくみ

外国人の適正な在留を維持するために、日本国内に中長期間在留する外国人について、その在留状況を出入国在留管理庁が継続的に把握するしくみのこと。対象となるのは、次のいずれにも当てはまらない人です。

□3月以下の在留期間が決定された人
□特別永住者
□短期滞在の在留資格が決定された人
□在留資格を有しない人
□外交又は公用の在留資格が決定された人

上陸許可を受けた中長期在留者には空港で「在留カード」が交付されます。住まいが決定したら、住所地の市町村に転入届を提出します。

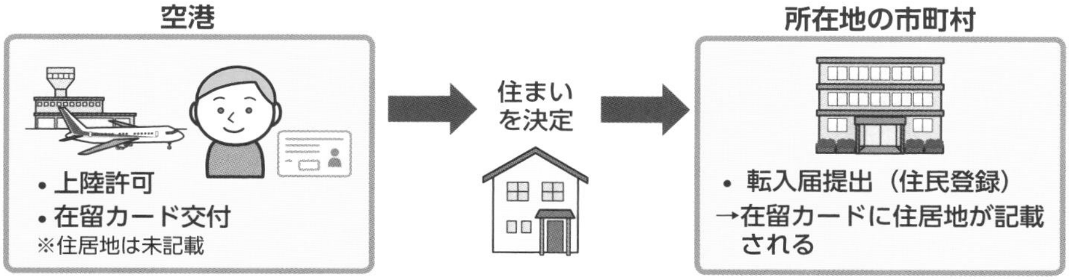

支援・しくみ

住《じゅう》民《みん》登《とう》録《ろく》

日本人・外国人共通の「行政サービスを受けるための手続き」

行政圏域内に居住する住民から氏名・住所・生年月日・世帯主との続柄などについて届出を受け、市町村において住民基本台帳に登録する手続きのこと。外国人についても、３か月を超えて中長期に在留する場合は、日本人と同様に居住地を管轄する市町村への届出が必要です。一方、「3月以下の在留期間が決定された外国人」「短期滞在・外交・公用などの在留資格の外国人」は住民登録の対象外です。

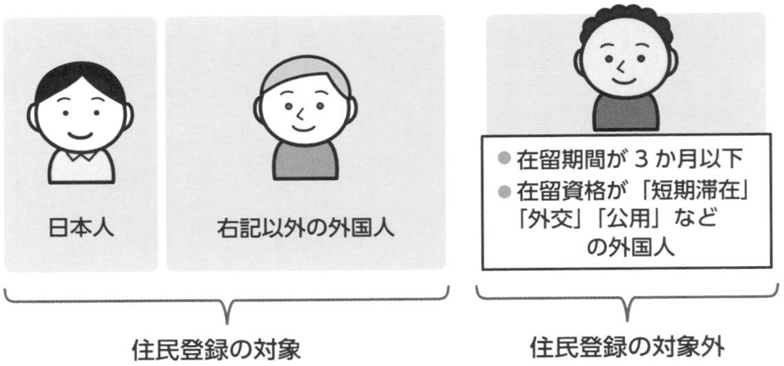

支援・しくみ

在《ざい》留《りゅう》カード

中長期在留の外国人に交付される常時携帯の許可証

中長期在留者として上陸許可を受けた外国人に交付される許可証のこと。氏名、生年月日、性別、国籍、住居地、在留資格、在留期間、就労の可否などが記載され、顔写真が表示されます。法律で常時携帯することが義務づけられており、適法に在留していることの「証明書」の役割ももちあわせています。

在留カードには，偽変造防止のためのＩＣチップが搭載されており、カード面に記載された事項の全部または一部が記録されます。

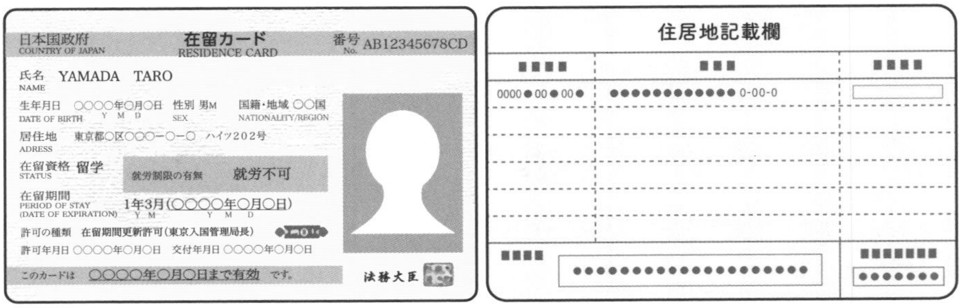

支援・しくみ

社《しゃ》会《かい》保《ほ》障《しょう》協《きょう》定《てい》

「制度の谷間」を埋める2国間の取り決め

国境を越えて働く人が、国と国の制度の谷間で不利益を被ることがないように、２国間で社会保障制度のルールを調整して合意・決定・調印した取り決めのこと。出身国・滞在国双方の制度の適用を受けて保険料納付義務を負う「二重の負担」や、納めた年金保険料が無駄になってしまう「掛け捨て」が起こらないように、適用調整や保険期間の通算を行います。2022年６月現在、日本では21か国と協定を締結し、発効しています。

２国間の制度の谷間で生じる不利益

←このような「不利益」を防ぐために…

①適用調整
- 滞在期間が５年未満
  →滞在国の制度適用を免除、出身国の制度を適用
- 滞在期間が５年超
  →滞在国の制度を適用、出身国の制度適用を免除

②保険期間の通算
両国間の年金制度への加入期間を通算して、要件を満たせば、「掛けた分を受け取れる」ようにする

支援・しくみ

脱《だっ》退《たい》一《いち》時《じ》金《きん》

掛け捨てを防ぐ帰国後の一部還元

国民年金／厚生年金の受給要件である「加入期間10年間」に達する前に帰国となり、結果として納めた保険料が“掛け捨て”になってしまうのを防ぐ趣旨で、一定の要件を満たして日本を出国する外国人に対して、申請に基づき、出国後に支払われる「一時金」。国民年金または厚生年金保険に６ヶ月以上10年未満の保険料納付実績のあった人（厚生年金保険は給料から天引き）が対象で、帰国日の翌日から２年以内に請求手続きが必要です。一時金の額は、標準報酬月額と加入期間に応じて決められます（全額払戻しではありません）。

支援・しくみ

生《せい》活《かつ》保《ほ》護《ご》の準《じゅん》用《よう》措《そ》置《ち》

外国人への例外的な生活保護適用

わが国の社会保障制度には、基本的に「国籍要件」はなく、住民登録した外国人に対して国民と同様の制度が適用されますが、生活保護制度だけは外国人に適用されません。ただし、適法に日本に滞在し、永住、定住等の在留資格をもつ外国人（永住者、定住者、永住者の配偶者等、日本人の配偶者等、特別永住者、難民認定された人）については、人道上の観点から、生活保護法に準じた保護を行う取扱いになっています。これを「生活保護の準用措置」といいます。

支援・しくみ

在《ざい》留《りゅう》資《し》格《かく》

日本に入国・在留する外国人に与えられる在留管理制度上の資格

外国人の入国・在留を認める際に、日本国内で行う活動内容や身分・地位によって個々の外国人に付与する資格のこと。「○○をするために日本の来ている」という活動内容によって与えられた在留資格の場合、その内容を越えた就労はできません。一方、「日本人の夫／妻である」など、身分・地位によって与えられた在留資格は、制限なしに就労が可能です。

各在留資格に定められた範囲での就労が可能な在留資格

外交	公用	教授
教育	芸術	宗教
医療	介護	研究
高度専門職	技術・人文知識・国際業務	法律・会計業務
報道	経営・管理	企業内転勤
興行	技能	特定技能
技能実習		

就労が認められない在留資格
（資格外活動許可を受けた場合に限って、一定の範囲内で就労可）

文化活動	短期滞在	留学
研修	家族滞在	

就労の可否は指定される活動によるもの

特定活動

身分・地位に基づく在留資格（活動制限なし）

永住者	日本人の配偶者等	永住者の配偶者等
定住者		

支援・しくみ

技《ぎ》能《のう》実《じっ》習《しゅう》制《せい》度《ど》

技能伝承と労働力確保の方便

「開発途上国への技術移転」という名目で、農業・建設・食品業などの分野で一定期間「実習生」を海外から受け入れ、働きながら技能を“伝承”する機会を提供する制度。日本の入管制度は、「単純労働」への就業目的の入国・在留を認めていませんが、この制度が創設された1993年以来、実質的に、単純労働の外国人を合法的に受け入れる手段として用いられてきました。

2017年11月から、技法実習の対象分野に「介護」が追加されています。

支援・しくみ

特《とく》定《てい》技《ぎ》能《のう》

即戦力としての外国人材受け入れ

介護、ビルクリーニング、建設、宿泊、農業、漁業、外食、自動車整備業など人手不足の深刻な業種で外国人材の受け入れを図るために2019年に創設された在留資格。1号と2号に区分されています。

1号は、“即戦力”としての知識・経験を有し、生活に支障がない程度の日本語能力を有する外国人を、更新なしで最長5年間受け入れるものです。

2号は、「建設」と「造船・舶用工業」の2業種に関して、1号よりさらに熟練技能を要する業務に就く外国人に認められる在留資格です。こちらは在留資格を更新でき、家族を呼び寄せることもできます。

支援・しくみ

オーバーステイ／退《たい》去《きょ》強《きょう》制《せい》

在留期間超の滞在、強制送還と収容

オーバーステイとは、許可された在留期間を超えて外国人が滞在している状況のこと。

退去強制とは、オーバーステイや不法に入国した外国人について、政府が国外へ退去させる権限行使のこと。「強制送還」「国外退去処分」とも称されます。

出入国在留管理庁は、退去強制決定後、直ちに送還することができない場合に、送還可能となるまでの間、収容施設において当該外国人の「収容」を行うことがあります。

支援・しくみ

仮《かり》放《ほう》免《めん》

就労不可で保障のない一時的釈放

入管施設に収容されている人が、病気その他やむを得ない事情があった場合に、一時的に身柄の拘束が条件※付きで解かれること。

仮放免者は国民健康保険に加入できず「無保険者」となります。生活保護も適用されず、現状では体調を崩した仮放免者が負担可能な安価な費用で医療を受けるための方法は、「無料低額診療」に限られます。

※仮放免の条件

- 「保証金」の納付
- 住居及び行動範囲の制限
- 就労禁止
- 呼出しに対する出頭義務

支援・しくみ

在《ざい》留《りゅう》特《とく》別《べつ》許《きょ》可《か》

法務大臣の裁量による在留許可

退去強制の対象となっている外国人に対し、法務大臣が「特別に在留を許可すべき事情がある」と判断し、その裁量により与える在留許可のこと。この許可を受けると、日本国内に合法的に在留できます。省略して「在特」（ざいとく）と称することもあります。

支援・しくみ

通《つう》報《ほう》義《ぎ》務《む》

福祉・医療の現場では通報免除も

通報義務とは、出入国管理法で公務員に課せられている、「職務遂行に当たって、不法滞在の疑いのある外国人を把握したときは、入国審査官または入国警備官に通報しなければならない」という義務のこと。

ただし、通報することで「本人の逃亡」という結果につながり、本来果たされるべき機能（ＤＶ被害者の保護、感染症予防など）が果たされなくなると考えられる局面では、個別判断により「通報しないことも可能」という取扱いになっています。

機関

出入《しゅつにゅう》国《こく》在《ざい》留《りゅう》管《かん》理《り》庁《ちょう》

出入国・在留管理を担う機関

出入国 に関する管理、外国人の在留管理、外国人材の受け入れ、難民認定などを管轄する国の機関。本庁、地方分局 8 局、支局 7 局、出張所 61 か所、入国管理センター（収容所）2 か所で構成されています。

出入国在留管理庁では、各地方出入国在留管理局・支局に外国人在留総合インフォメーションセンターを設置して、入国手続や在留手続等に関する電話・窓口・メールでの問合せに、多言語で対応しています。

TEL 0570-013904
（IP、海外：03-5796-7112）
平日 8:30～17:15

機関

外《がい》国《こく》人《じん》在《ざい》留《りゅう》支《し》援《えん》センター（FRESC／フレスク）

外国人在留支援の総合窓口・司令塔

外国人の在留支援に関連する省庁・機関の窓口が 1 か所に集まって、①外国人からの相談対応（在留資格の更新・変更、法律トラブル、人権相談等）、②外国人を雇用したい企業への支援、③自治体への情報提供、問合せ対応、研修実施などを横断的に行っている拠点。

- 出入国在留管理庁（開示請求窓口）
- 東京出入国在留管理局
- 東京法務局人権擁護部
- 日本司法支援センター（法テラス）
- 外務省ビザ・インフォメーション
- 東京外国人雇用サービスセンター
- 東京労働局外国人特別相談・支援室
- 日本貿易振興機構（JETRO）

機関

多《た》文《ぶん》化《か》共《きょう》生《せい》総《そう》合《ごう》相《そう》談《だん》ワンストップセンター

多言語対応の地域よろず相談窓口

日本に滞在する外国人から、行政手続きや生活の困りごとに関する相談を一元的に受け付けて、必要な情報を提供したり所管する機関につなぐなどして、ワンストップで対応する窓口のこと。各センターでは原則 11 言語に対応することとして、体制が整えられています。

機関

国《こく》際《さい》交《こう》流《りゅう》協《きょう》会《かい》

地域住民と滞日外国人の架け橋

地域住民の国際交流活動を推進し、国際理解や外国人との交流や親睦を深める活動を行う、地方自治体の委託団体。滞日外国人の暮らしをサポートするために、日常生活の困りごとから入管制度の案内に至るまで、多言語で相談を受け付けています。通訳ボランティアの紹介・派遣や育成支援、日本語講座や交流イベントなども行われています。

5章

年金

シーン

シーン1

国民年金と厚生年金

国民全般を対象にした「国民年金」と、
会社員や公務員を対象に上乗せとなる
「厚生年金保険」があります

押さえておきたい用語の一覧

支援・しくみ

- **国民年金／厚生年金保険**
- **第2号被保険者**
- **第3号被保険者**
- **第1号被保険者**

公的年金制度は、①老齢、②障害、③扶養者の死亡という事態に直面しても、貧困に陥ることなく生計を維持できるように、働いて稼ぐことのできる間に保険料を納めておいて、上記①②③が起きた場合に暮らしを保障する現金が支給される、国民共通のリスク分散の制度です。国民全般を対象にした基礎部分の「国民年金」と、会社員や公務員を対象にした上乗せ部分の「厚生年金保険」とで、2階建ての体系になっています。

支援・しくみ

国《こく》民《みん》年《ねん》金《きん》／厚《こう》生《せい》年《ねん》金《きん》保《ほ》険《けん》

1階は国民共通の年金制度、2階は会社員・公務員向けの厚生年金保険

国民年金とは、国内に住む20歳以上60歳未満のすべての人が加入して、老齢・障害・扶養者の死というリスクに備える制度です。「第1号」「第2号」「第3号」という3種類の被保険者類型があります。一方、会社員や公務員を対象にした“2階部分”の上乗せ的な公的年金制度があり、これを厚生年金保険といいます。

年金制度の体系

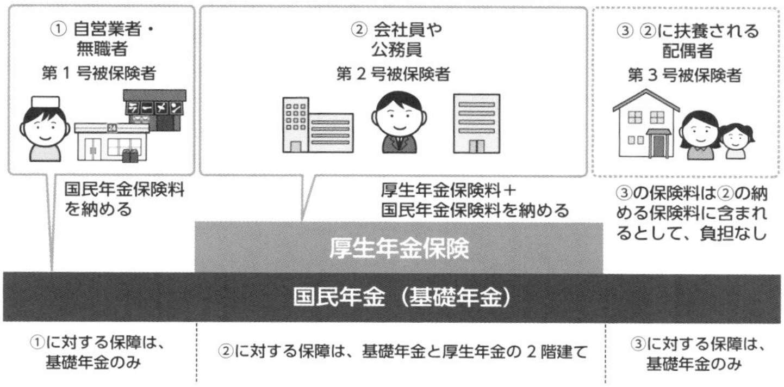

支援・しくみ

第《だい》2号《ごう》被《ひ》保《ほ》険《けん》者《しゃ》

常時雇用されている給与所得者

「企業や役所に常時雇用されている会社員や公務員、嘱託社員、パートタイマー、アルバイト等」が該当します。国民年金の上乗せで、厚生年金保険にも加入している状況です（上図の②）。

保険料額は、標準報酬月額（≒月収相当）×保険料率（18.3%）で算出され、労使折半して給料から源泉徴収されます。保険料負担は給料の額に比例します。

老齢年金受給時には、国民年金からは基礎年金（1階部分＝定額の年金）が、厚生年金保険からは厚生年金（2階部分＝報酬比例の年金）が支給されます。

支援・しくみ

第《だい》3号《ごう》被《ひ》保《ほ》険《けん》者《しゃ》

2号に扶養される配偶者

第2号被保険者に扶養されている配偶者（年収130万円未満）が該当します。個別に保険料を負担する必要はありません。

支援・しくみ

第《だい》1号《ごう》被《ひ》保《ほ》険《けん》者《しゃ》

第2号・第3号以外の人

第2号でも第3号でもない人が第1号被保険者です。自営業、厚生年金保険適用象外の短時間労働者、学生、無職の人が該当します。保険料は定額負担。

シーン 2

老齢年金

押さえておきたい用語の一覧

支援・しくみ

- **老齢基礎年金**
- **老齢厚生年金**
- **受給資格期間**
- **特別支給の老齢厚生年金（特老厚）**
- **加給年金**
- **生計を維持されている**
- **振替加算**
- **裁定／裁定請求**
- **在職老齢年金**
- **雇用保険との併給調整**
- **年金分割**
- **物価スライド**
- **老齢年金生活者支援給付金**
- **繰り上げ受給**
- **繰り下げ受給**

老齢年金は、老後の所得低下を補うために 65 歳以降の人に対して支払われる、終身の現金給付です。全国民共通の「老齢基礎年金」と、厚生年金保険に加入していた人が受け取れる「老齢厚生年金」があります。1960 年度以前生まれの男性、1965 年度以前生まれの女性は、要件を満たせば、60 歳代前半から「特別支給の老齢厚生年金」という給付を受けられます。減額と引き換えに前倒しで受給開始できる制度、逆に後倒しして増額できる制度もあります。

支援・しくみ

老《ろう》齢《れい》基《き》礎《そ》年《ねん》金《きん》

国民共通、1階部分の年金

国民年金の「受給資格期間」が 10 年以上ある人が、65 歳から受け取ることのできる“1 階部分”の年金。20 ～ 60 歳までの 40 年間、保険料を完納してきた人には満額の年金が支給されますが、未納期間がある人は、未納期間に応じた減額があります。保険料免除を受けたことのある人は、免除割合と期間により一定割合が減額されます。

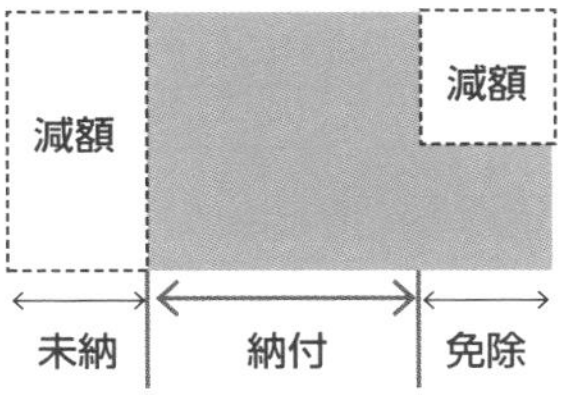

支援・しくみ

老《ろう》齢《れい》厚《こう》生《せい》年《ねん》金《きん》

2階部分の報酬比例年金

厚生年金保険に加入していた人が、老齢基礎年金の受給資格期間を満たしたときに、65 歳から受け取ることのできる“2 階部分”の年金。現役時代に納めた保険料総額が大きい人（高給取りだった人）ほど、年金額も大きくなります。

なお、家族を扶養している人は、要件を満たせば加給年金額という加算を合わせて受給できます。

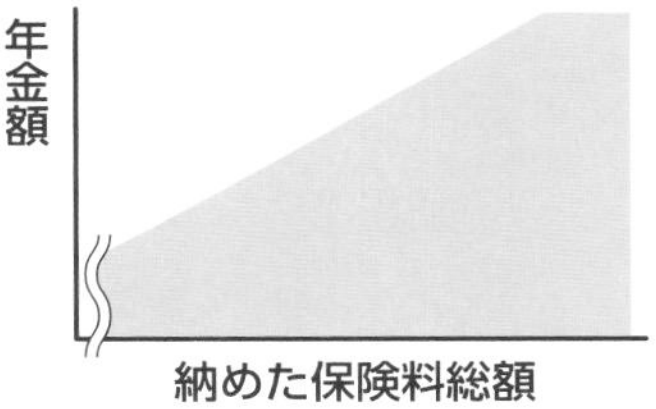

5章
年金

支援・しくみ

受《じゅ》給《きゅう》資《し》格《かく》期《き》間《かん》

原則10年間加入して保険料を納めることが、老齢基礎年金の必要条件

下記①②③を合計した期間が「10 年以上」であることが、老齢基礎年金の受給要件となっています。この受給要件たる期間を指して、受給資格期間と言います。

①国民年金の保険料納付義務を果たした期間（保険料納付済期間）
②保険料納付の「免除」を受けてきた期間（保険料免除期間）
③海外に居住していた等やむをえない事情で未加入だった期間（合算対象期間）

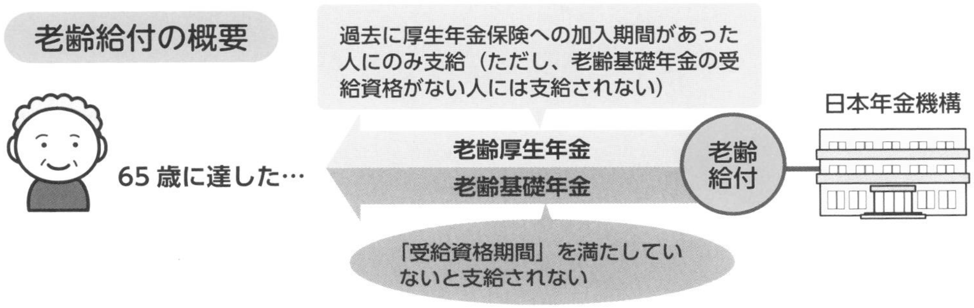

支援・しくみ

特《とく》別《べつ》支《し》給《きゅう》の老《ろう》齢《れい》厚《こう》生《せい》年《ねん》金《きん》（特《とく》老《ろう》厚《こう》）

一定の世代まで受け取れる 60歳代前半の激変緩和的な老齢年金

1960（昭和 35）年度までに生まれた男性、1965（昭和 40）年度までに生まれた女性で、かつ、「厚生年金保険または共済年金に 1 年以上加入していた」人に支給される老齢給付。略称は「特老厚」。日本の年金制度は、これまで二度にわたって年金受給開始年齢の段階的引き上げが実施されており、特老厚はその経過措置として設けられました。そして受給開始年齢は現在もなお引上げの途上にあり、上掲の世代までは経過措置の対象になっています。

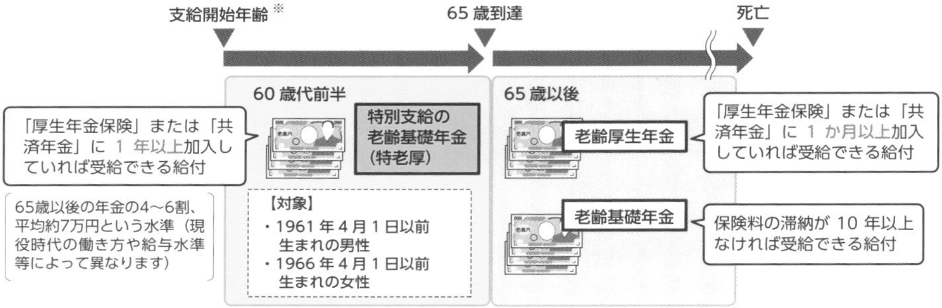

※ 支給開始年齢は生年月日によって異なります

支援・しくみ

加《か》給《きゅう》年《ねん》金《きん》

厚生年金の特典、「年金の扶養手当」

老齢厚生年金の加算で、「年金の扶養手当」などともいわれます。原則として、受給者に生計を維持されている「65 歳未満の配偶者」または「18 歳到達年度の末日までの間の子（1 級・2 級の障害のある 20 歳未満の子）」がいる場合に、支給されます。ただし、受給者本人が厚生年金保険に「20 年以上」加入していたことが、要件です。

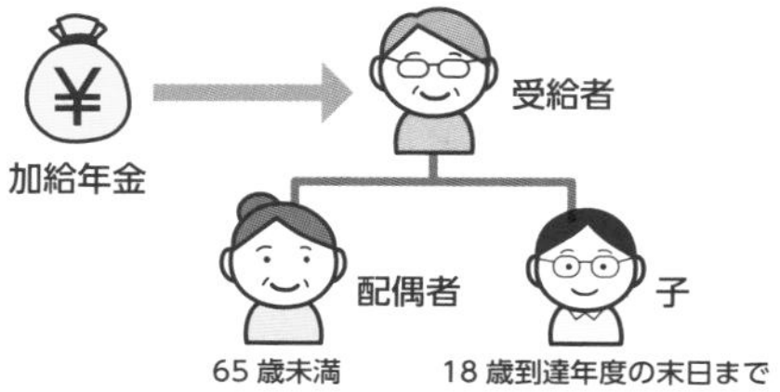

支援・しくみ

生《せい》計《けい》を維《い》持《じ》されている

同一家計で年収850万円未満

遺族給付や、老齢給付・障害給付の「加算」を受けるとき要件の一つで、「生計を同じくしていること」「収入が一定未満であること」をともに満たした状態を指します。

「生計を同じくしていること」とは、「同居して同一家計のもとで暮らしている」ことが基本ですが、同居はしていないものの、仕送りを受けて同一家計のもとで暮らしているという場合も含まれます。

「収入が一定未満であること」とは、「前年の収入が 850 万円未満であること」または「所得が 655 万 5 千円未満であること」を指します。

支援・しくみ

振《ふり》替《かえ》加《か》算《さん》

加給年金に代わって支給される配偶者向け加算

加給年金を受給していた人の配偶者が65歳になったとき、加給年金が支給停止となる代わりに、一定の要件を満たしている場合に、配偶者の老齢基礎年金に上乗せ支給される加算のこと。要件とは、①1926（大正15）年4月2日～1966（昭和41）年4月1日の間に生まれた、②厚生年金保険の加入歴が20年未満――の2点。

加給年金と振替加算のイメージ

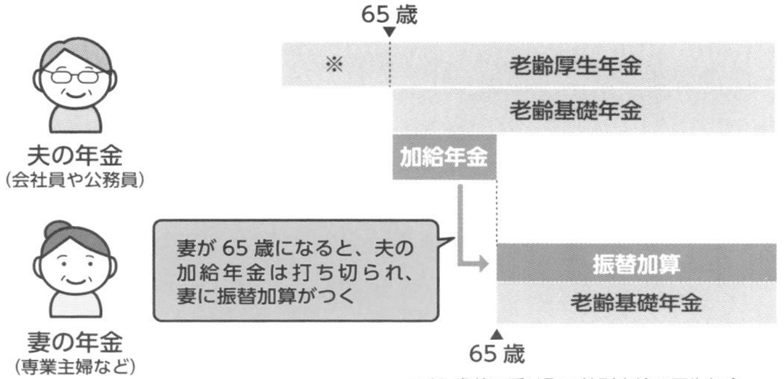

※65歳前に受け取る特別支給の厚生年金

支援・しくみ

裁《さい》定《てい》／裁《さい》定《てい》請《せい》求《きゅう》

年金受給開始の手続き

年金制度でいう「裁定」とは、本人確認や受給資格判定を行って支給額を決定する手続きのこと。

「裁定請求」とは、その裁定を年金事務所に対して求める手続きのこと。簡単に言い換えれば、年金受給開始の申込手続きのことです。

支援・しくみ

在《ざい》職《しょく》老《ろう》齢《れい》年《ねん》金《きん》

働きながら受け取る年金

就労して賃金を得ながら受給する老齢厚生年金。賃金と年金額に応じて、年金額の一部または全部が支給停止される場合があります。

具体的には、賃金と老齢厚生年金の合計額が47万円を超える場合に、47万円を超えた金額の半分が支給停止されます。

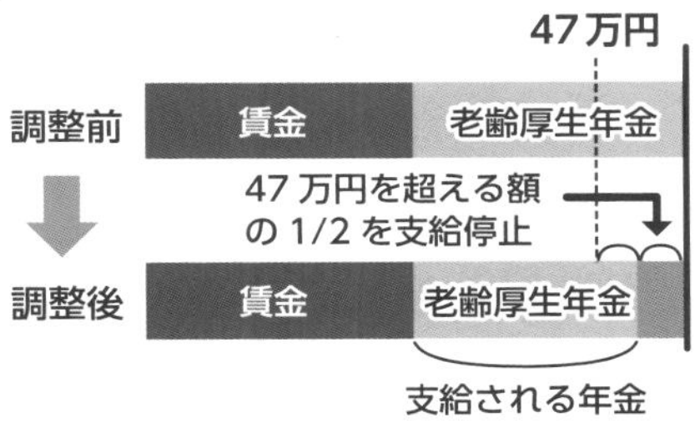

支援・しくみ

雇《こ》用《よう》保《ほ》険《けん》との併《へい》給《きゅう》調《ちょう》整《せい》

失業給付と特老厚は併給不可

特別支給の老齢厚生年金（特老厚）受給者が雇用保険の失業給付を受けると、年金が支給停止となること。両者は同時には受けられないルールです。

具体的には、「ハローワークで求職の申し込みを行った日の属する月の翌月」から、「失業給付の受給期間が経過した日の属する月（または所定給付日数を受け終わった日の属する月）」まで、年金が全額支給停止されます。

なお、求職の申し込みをした後で失業給付を受けていない月がある場合、その月分の年金は支給されます。ただし、3か月程度後倒しの支給となります。

支援・しくみ

年《ねん》金《きん》分《ぶん》割《かつ》

将来の年金受給額も“財産分与”

離婚の際、財産分与の一環として、将来受け取る老齢厚生年金（婚姻中に納めた厚生年金保険料納付記録）を分け合うこと。①両者の合意に基づき最大２分の１ずつ分け合う「合意分割」と、②国民年金第３号被保険者だった期間について相手の合意なしでも年金事務所への申請だけで折半できる「３号分割」があります。

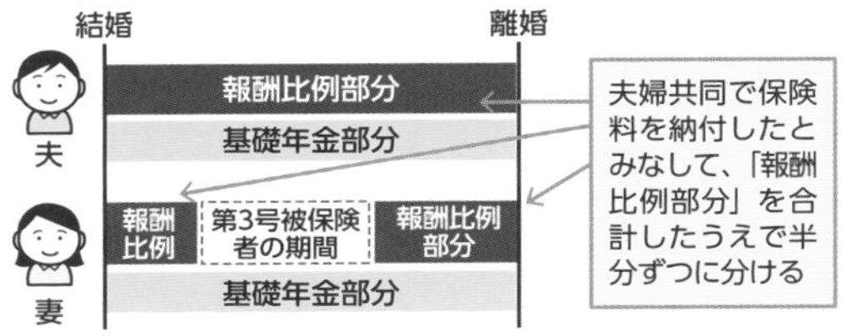

支援・しくみ

物《ぶっ》価《か》スライド

年金額の改定ルール

年金の実質価値を維持するため、物価の変動に応じて年金額を改定するしくみのこと。前年（1月～12月まで）の消費者物価指数の変動に応じて、翌年４月から自動的に改定されるようになっています。

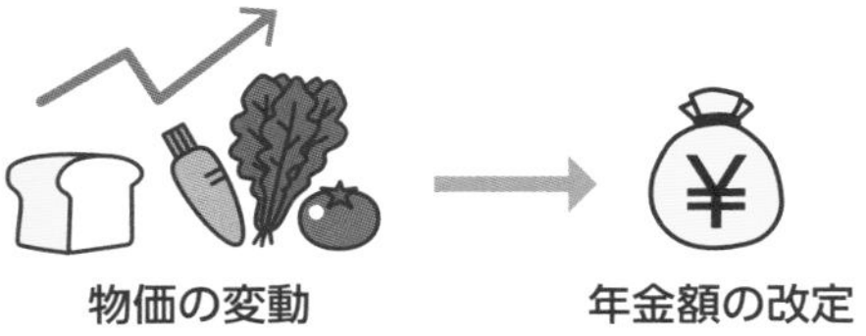

支援・しくみ

老《ろう》齢《れい》年《ねん》金《きん》生《せい》活《かつ》者《しゃ》支《し》援《えん》給《きゅう》付《ふ》金《きん》

年金に上乗せして支給される給付金

公的年金等の収入が一定基準以下の年金受給者を対象に、年金に上乗せして支給される給付金。金額は月 5000 円程度で、過去に保険料未納があれば期間に応じて減額されます。物価スライドによる改定あり。

基準に該当する人には日本年金機構から請求書の様式と手続き案内が送られてくるので、案内に沿って手続きします。

支援・しくみ

繰《く》り上《あ》げ受給《じゅきゅう》

最大60歳から「前倒し受給」可、しかし年金額は減額

老齢年金は本来「65歳」からの受給が原則であるところ、本人の申請によって、前倒しで受給開始すること（最大60歳まで前倒し可）。繰り上げ受給は、通常より早く年金を受け取ることができるかわりに、前倒しする月数に応じて年金額が一定割合（0.4％×繰り上げた月数）減額されます。減額は生涯続きます。

繰り上げ受給のイメージ

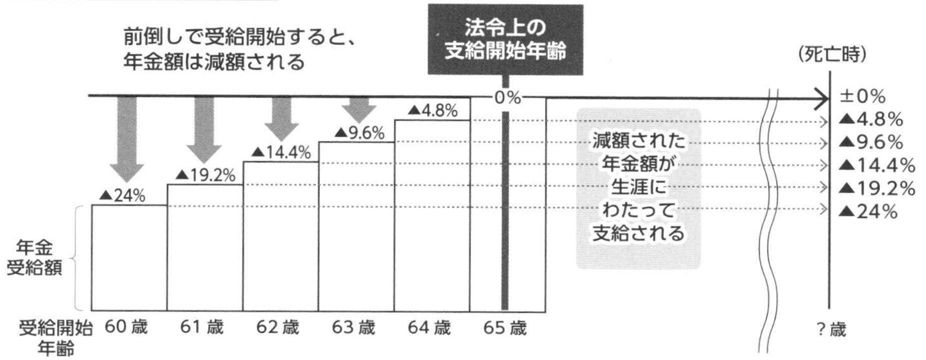

支援・しくみ

繰《く》り下《さ》げ受給《じゅきゅう》

最大75歳まで受給開始を「後倒し」可、こうすると年金額が増額

老齢年金は本来「65歳」からの受給が原則であるところ、本人の申請によって、後倒しで受給すること（最大75歳まで後倒し可）。繰り下げ受給は、通常より遅く年金を受け取ることになるかわりに、後倒しする月数に応じて年金額が一定割合（0.7％×繰り下げた月数）増額されます。増額は生涯続きます。

繰下げ受給のイメージ

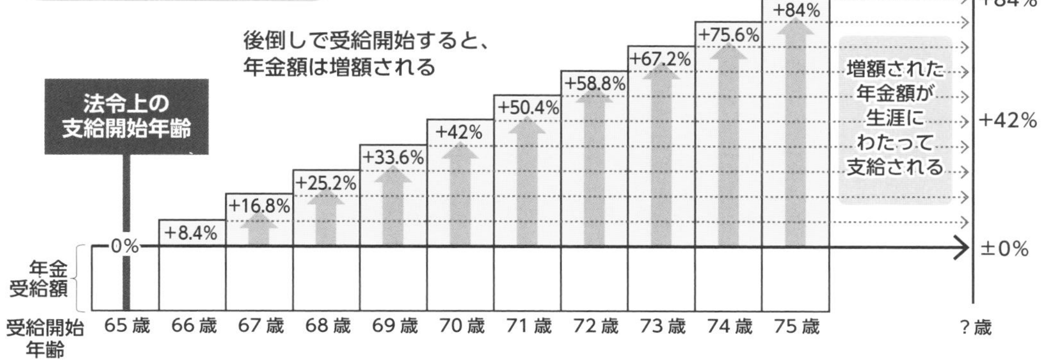

シーン3

障害年金

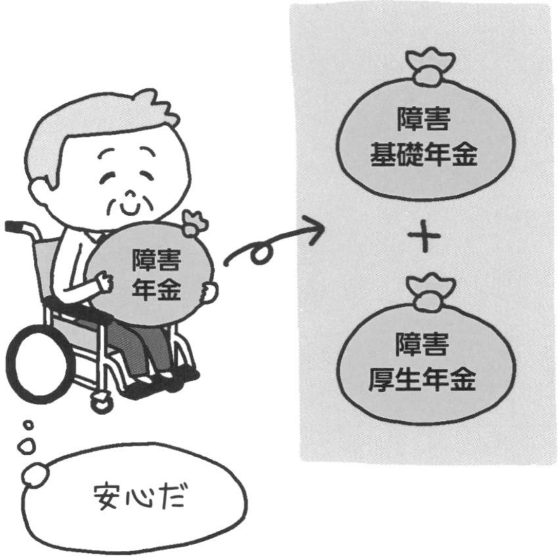

障害者の生計を支える大事な所得保障

押さえておきたい用語の一覧

支援・しくみ

- 障害年金受給の3要件
- 障害基礎年金
- 障害厚生年金
- 子の加算
- 配偶者加給年金
- 初診日
- 障害認定日
- 基準傷病請求／事後重症請求
- 「65歳」の年齢制限
- 20歳前傷病による障害基礎年金
- 永久認定
- 有期認定

障害年金は、病気やけがに伴う障害で日常生活に一定の支障がある人に対して、暮らしを支えるために定期的に支給される現金給付です。ただし、対象となるのは65歳到達前の病気・けがで負った障害に限られ、保険料の未納が一定以上あると受給資格が得られません。障害年金には、「障害基礎年金」と「障害厚生年金」があり、初診日の時点で国民年金のどの種別の被保険者であったかによって、受け取れる年金が異なってきます。

支援・しくみ

障《しょう》害《がい》年《ねん》金《きん》受《じゅ》給《きゅう》の3要《よう》件《けん》

年齢、障害の程度、保険料納付実績

障害年金の受給資格を得るための、以下の3つの要件のこと。すべて満たした場合に、受給資格が得られます。

①障害の原因となった病気やけがについて、初めて診察を受けた日（この日のことを「初診日」といいます）の時点で「65歳未満」だった[※1]

②障害認定基準に該当する障害を負っている

③本来保険料を納めるべき期間[※2]の3分の2以上について、保険料を納付しているか、または保険料免除・保険料納付猶予《ゆうよ》・学生納付特例のいずれかを認められている[※3]

※1　老齢基礎年金の繰上げ受給をしている人、またはその請求手続きを済ませた人については、たとえ初診日が65歳以前であっても、障害年金の受給対象外です。

※2　本来納めるべき期間とは、国民年金の被保険者になったときから「初診日の属する月の前々月」までの期間を指します。なお、「国民年金の被保険者になったとき」とは、(1)20歳になったとき、(2)20歳前に就労して厚生年金保険の被保険者となったとき、(3)海外に居住していた20歳以上の人（外国人含む）が日本国内に住民登録したとき――を指します。

※3　③を満たしていなくても、初診日の前日時点で「初診日の属する月の前々月」からさかのぼって直近1年間に未納がなければ、この要件を満たしたものとみなされます。

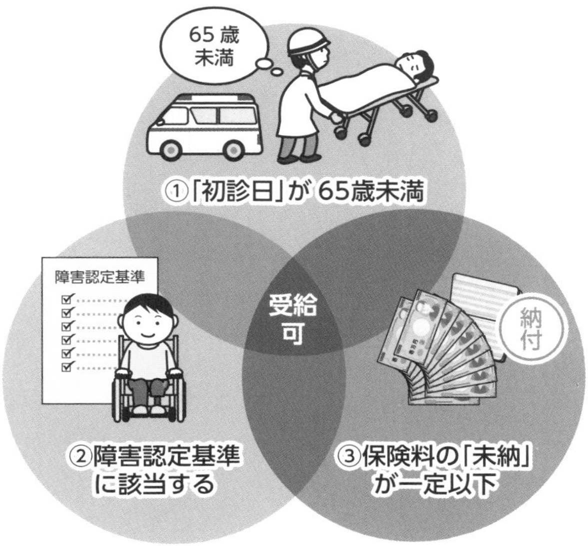

支援・しくみ

障《しょう》害《がい》基《き》礎《そ》年《ねん》金《きん》

国民共通、1階部分の障害年金

第1号被保険者・第2号被保険者・第3号被保険者共通で、障害年金受給の3要件を満たし、特に障害の程度について「障害等級1級」または「2級」に該当すると認定された場合に受給できる障害年金のこと。

障害等級は1級のほうが2級よりも重く、年金額も1級は2級の1.25倍になっています。子どもがいれば、「子の加算」が上乗せされます。

支援・しくみ

障《しょう》害《がい》厚《こう》生《せい》年《ねん》金《きん》

2号向け報酬比例の障害年金

「初診日」に第2号被保険者であった人が、障害年金受給の3要件を満たした場合に受給できる障害年金。障害の程度は、障害基礎年金の基準となっている1級、2級のほか、さらに程度の軽い「3級」でも受給が可能となっています。そのうえ、3級に満たない障害であっても一定の基準を満たしていれば、一時金の「障害手当金」が支給されます。

金額は、それまでに納めてきた厚生年金保険料の額に比例して決められるしくみとなっています。1級と2級の場合に限り、生計維持関係の配偶者がいる場合に「配偶者加給年金」が上乗せされます。

支援・しくみ

子《こ》の加《か》算《さん》

障害基礎年金に上乗せの加算

障害基礎年金の受給者に生計を維持する子がいる場合に上乗せされる加算のこと。子は、「18歳到達年度の末日までの間の子（1級・2級の障害のある20歳未満の子）」を指します。障害基礎年金の受給権を得たあとで出生した子についても、加算の対象となります。

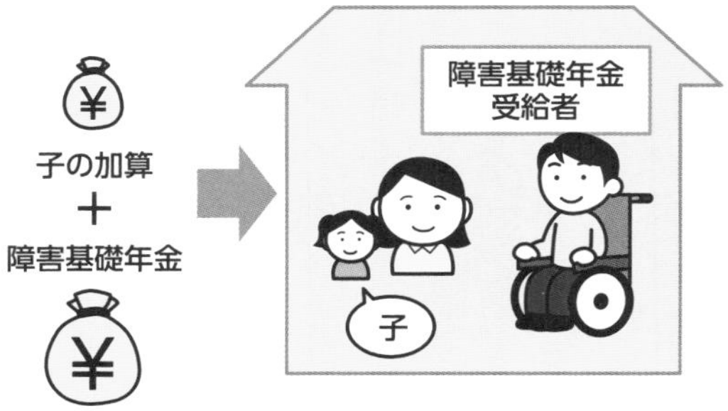

支援・しくみ

配《はい》偶《ぐう》者《しゃ》加《か》給《きゅう》年《ねん》金《きん》

障害厚生年金に上乗せの加算

障害等級1級または2級の受給者に生計を維持されている配偶者がいる場合に上乗せされる加算。要件は老齢厚生年金の加給年金と同様です。障害厚生年金の受給権を得たあとで結婚した配偶者についても、加算の対象となります。

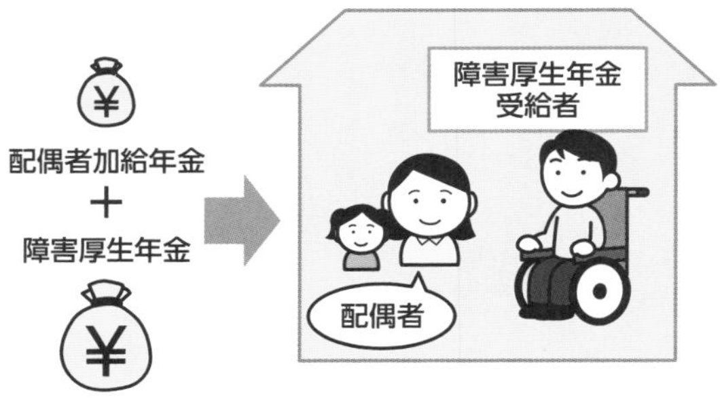

支援・しくみ

初《しょ》診《しん》日《び》

障害認定の起点となる最重要の日

障害の原因となった傷病で初めて医療機関を受診した日のこと。障害年金では初診日を起点として、そこから１年６か月を経過した日（それ以前に症状が固定している場合はその日）を「障害認定日」とし、この時点で障害の程度が「国民年金・厚生年金保険障害認定基準」に該当していれば、診断書を添付して請求手続きを行うことで、等級に応じた年金の受給権が得られます。保険料納付要件が満たされているかを遡って調べる起点となる日も、この「初診日」です。

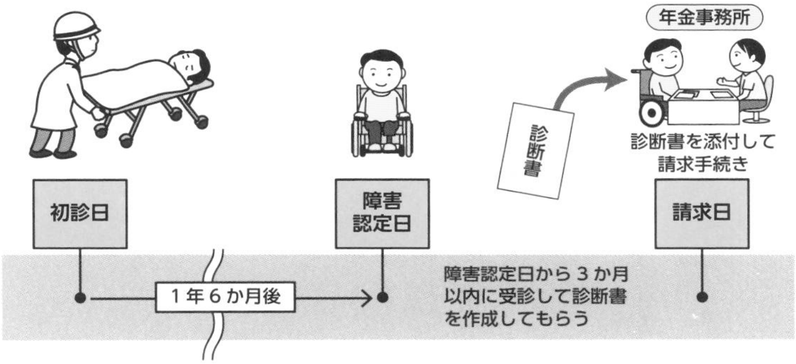

支援・しくみ

障《しょう》害《がい》認《にん》定《てい》日《び》

障害状態にあることを認定する日

障害年金に関して、障害状態であることを認定する日のこと。通常は「初診日から１年６か月を経過した日」ですが、それ以前に症状が固定している場合は、その日が障害認定日となります。

障害認定日が「前倒し」される場合

施術・状態	障害認定日
切断または離断による肢体の障害	切断または離断日（障害手当金は創面治癒日）
心臓移植	移植した日
心臓ペースメーカー	装着した日
在宅酸素療法	開始した日（常時使用の場合）
人工肛門造設	造設した日
人工透析療法	透析開始日から起算して３ヵ月経過した日
遷延性植物状態	その状態に至った日から起算して３ヵ月経過した日以後
脳血管障害による機能障害	初診日から６ヵ月経過した日以後

支援・しくみ

基《き》準《じゅん》傷病《しょうびょう》請《せい》求《きゅう》／事《じ》後《ご》重症《じゅうしょう》請《せい》求《きゅう》

新たな障害が加わったり、障害そのものが重症化した場合

基準傷病請求とは、すでに障害等級３級以下の障害の状態にあった人が、新たな傷病で別の障害をもつに至り、新旧の障害を併合すると障害等級１級・２級に該当する場合に、その段階で改めて障害年金を請求できるしくみのこと。

事後重症請求とは、障害認定日の時点では障害等級に該当しなかったものの、後になって重症化し、障害等級に該当する状態に至った場合、その段階で障害年金を改めて請求できるしくみのこと、またはその際の請求手続きのこと。

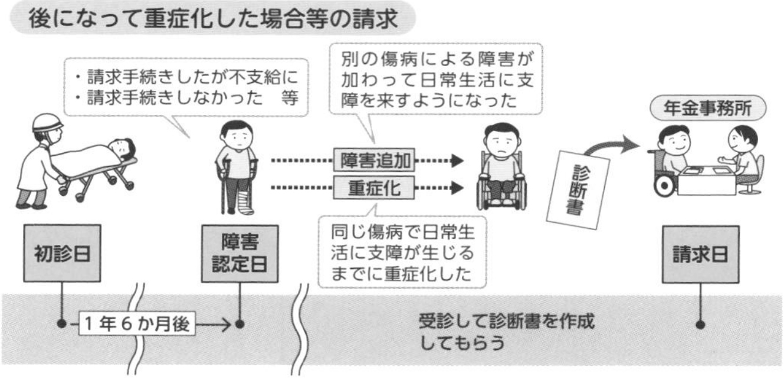

支援・しくみ

「65歳《さい》」の年《ねん》齢《れい》制《せい》限《げん》

初診日が65歳以後の障害は、請求が受理されない

障害年金は原則として、65歳以前に障害を負った人を対象としていて、初診日が65歳以後の障害については、請求が受理されません（正確には、「65歳の誕生日の前々日まで」に初診日があれば受理される）。こうした取り扱いについて、障害年金請求手続きにおける「65歳の年齢制限」と称されることがあります。

通常の請求や基準傷病請求では、障害認定日や請求日が65歳を過ぎても大丈夫ですが、事後重症請求の場合は請求日が「65歳の誕生日の前々日」を過ぎると受理されなくなりますので、特に注意が必要です。

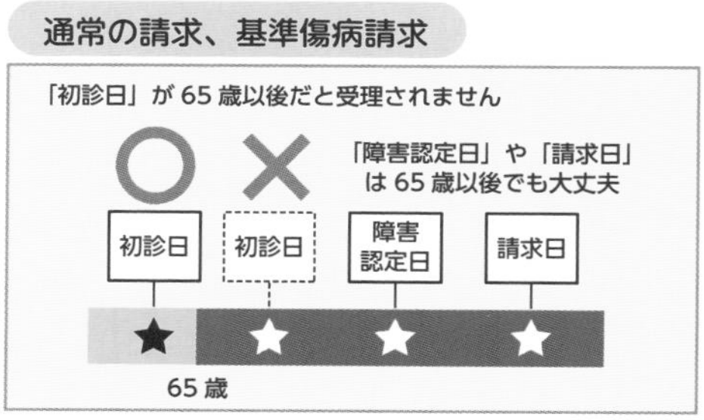

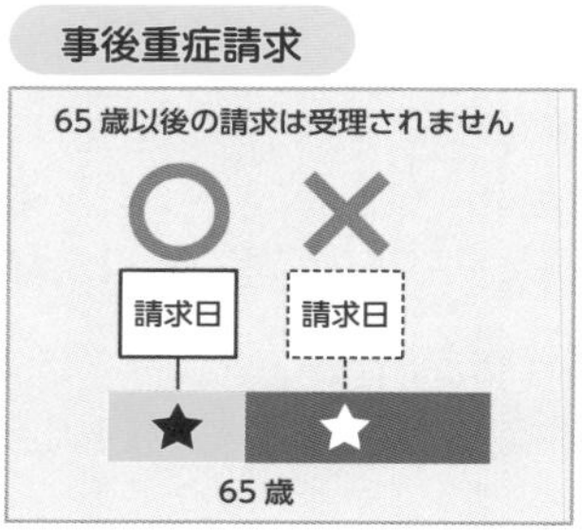

支援・しくみ 20歳前《はたちまえ》傷《しょう》病《びょう》による障《しょう》害《がい》基《き》礎《そ》年《ねん》金《きん》

支給開始となるのは20歳に達してから

20歳に達する前に初診日がある病気やけがで障害をもった場合は、20歳に達したとき（障害認定日が20歳以後の場合は、その障害認定日）に、障害の程度が2級以上に該当していれば、障害基礎年金を受給することができます。これを「20歳前傷病による障害基礎年金」といいます。ただし、所得制限があり、本人の前年の所得が一定額を超えると、全額または2分の1が支給停止になります。

（20歳前の場合）

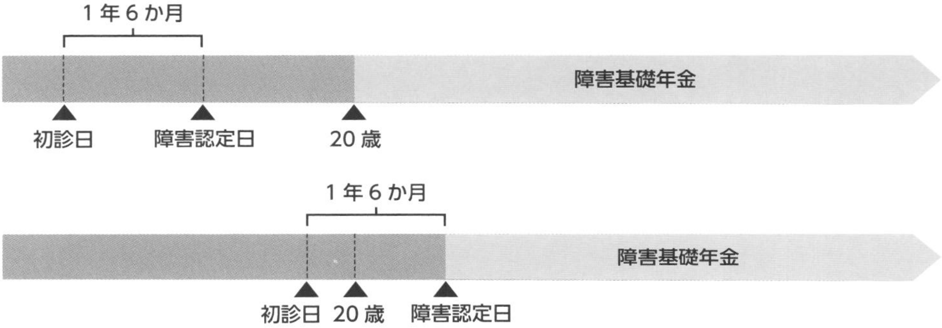

支援・しくみ 永《えい》久《きゅう》認《にん》定《てい》

生涯にわたって有効な障害認定

障害年金において、生涯にわたって有効な障害認定のこと。たとえば脚の切断のように、審査するまでもなく、明らかに状態が改善しない障害として認定されたものが、これにあたります。永久認定により受給開始した人については、改めて年金受給の必要性に関する審査が行われることはありません。

支援・しくみ 有《ゆう》期《き》認《にん》定《てい》

有効期間が設定された障害認定

障害年金において、本人の病状により受給できる期間（1～5年）があらかじめ設定されている障害認定のこと。有期認定を受けている受給者は、設定された期間ごとに医師の診断を受け、「障害状態確認届」を年金事務所に提出しなければならなりません。この届けをもとに、障害年金受給の必要性があるかどうかの審査が行われ、その結果「状態が改善して従来の障害等級に当てはまらなくなった」とみなされれば、少額の障害等級へと見直されたり、支給停止と判断されたりします。

シーン4

遺族年金

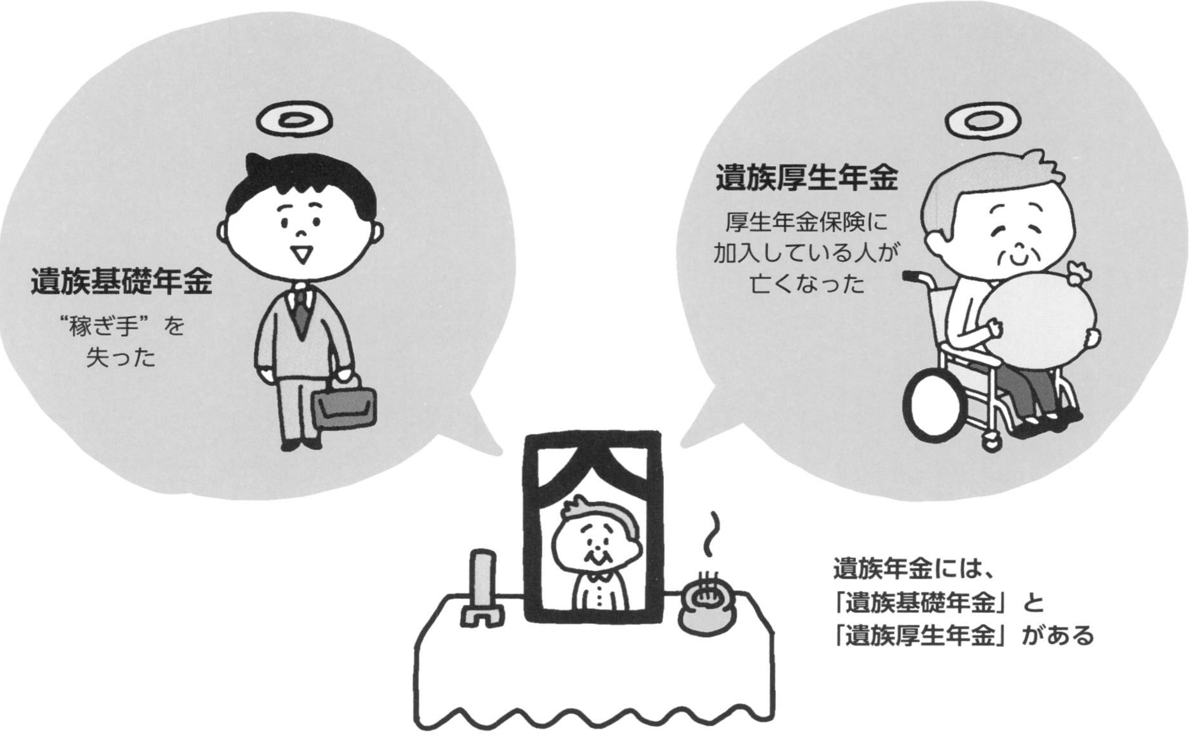

押さえておきたい用語の一覧

支援・しくみ

- 遺族基礎年金
- 遺族厚生年金
- 中高齢寡婦加算
- 経過的寡婦加算
- 寡婦年金
- 死亡一時金
- 1人1年金の原則

生計を支えている家族が死亡した場合、一定の要件を満たしていれば「遺族年金」を受給できます。遺族年金には、「遺族基礎年金」と「遺族厚生年金」があります。死亡時の年金加入・受給権の状況、遺族の続柄、年齢、子の有無などによって、受給できる場合・できない場合があります。また、死亡した本人に一定以上の未加入・保険料未納の期間があると、支給されません。

支援・しくみ

遺《い》族《ぞく》基《き》礎《そ》年《ねん》金《きん》

「18歳未満の子」または「18歳未満の子のいる配偶者」が遺族の場合のみ

“稼ぎ手”を、「死別」によって失った配偶者（18歳未満※1の子をもつ場合に限る）または子（18歳未満※1の者に限る）に対して支給される年金のこと。死亡者が次のいずれかに該当する場合に、支給対象となります。

年金額は、満額の老齢基礎年金と同額です。受給者が配偶者で子がいるときは、子の数に応じて（子のみが受給者であるときは1人目を除いた子の数に応じて）、加算がつきます。

(1) 国民年金の被保険者※2
(2) 日本国内に住む60歳以上65歳未満の人で、かつて被保険者だった人※2
(3) 老齢基礎年金の受給権者
(4) 受給資格期間が25年以上ある人が死亡した
└→老齢厚生年金受給中の人が死亡した場合は、この(4)を満たしている必要があります

※1　18歳到達後の年度末まで対象。障害等級1級または2級に該当する子は「20歳未満」に読み替え。
※2　保険料納付済期間と保険料免除期間を合わせた期間が加入期間の3分の2以上であることが必須。

支援・しくみ

遺《い》族《ぞく》厚《こう》生《せい》年《ねん》金《きん》

①配偶者または子、②父母、③孫、④祖父母の中の「序列最上位」が受給

厚生年金保険に加入している人が死亡して、以下のいずれかに当てはまる場合に、生計を維持されていた遺族（配偶者、子、父母、孫、祖父母までの範囲）に対して支払われる年金のこと。

受給できる遺族は、①配偶者または子、②父母、③孫、④祖父母の順番で、最も順位が高い人のみです。同一順位の人が複数いるときは、その全員が受給者になり、均分した年金額を受け取ることになります。

遺族が夫・父母・祖父母の場合は、「本人死亡時に55歳以上であった」ことが要件となり、支給開始は60歳からとなります。ただし、夫が遺族基礎年金を受給できる場合（死亡した妻の子と生計同一）については、60歳前でも遺族厚生年金を受給できます。

(1) 在職中に死亡した※
(2) 在職中に初診日のある病気やけがが原因で初診日から5年以内に死亡した※1
(3) 障害等級1級または2級に該当する障害厚生年金の受給者が死亡した
(4) 受給資格期間が25年以上ある人が死亡した
└→老齢厚生年金受給中の人が死亡した場合は、この(4)を満たしている必要があります。

※　保険料納付済期間と保険料免除期間を合わせた期間が加入期間の3分の2以上であることが必須

支援・しくみ

中《ちゅう》高《こう》齢《れい》寡《か》婦《ふ》加《か》算《さん》

遺族基礎年金を受給できない妻に対する“救済策”

遺族厚生年金の加算の一つ。生計を同じくする18歳未満の子がいないため、遺族基礎年金の支給対象とならない妻のうち、40歳以上65歳未満の人に対して支給されるものです。妻本人が65歳になると、自分の老齢基礎年金が受けられるようになるので、65歳までという支給期間になっています。支給額は満額の老齢基礎年金の4分の3相当額です。

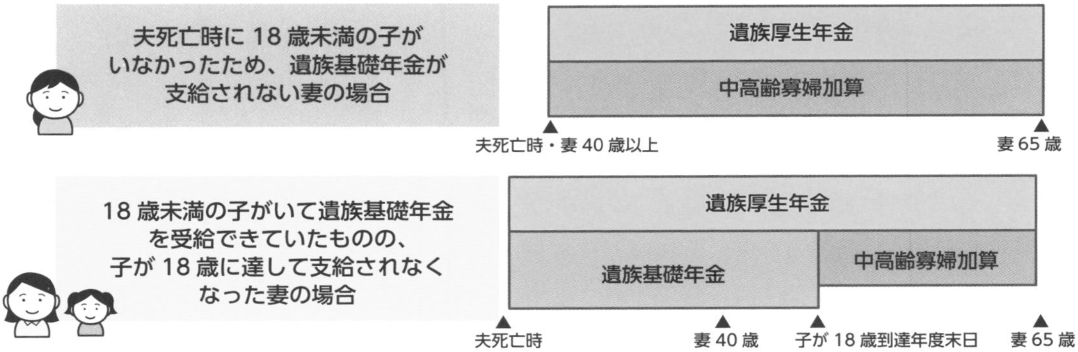

支援・しくみ

経《けい》過《か》的《てき》寡《か》婦《ふ》加《か》算《さん》

65歳到達で中高齢寡婦加算は「経過的寡婦加算」に

遺族厚生年金の加算給付の一つで、遺族厚生年金を受けている妻が65歳になり、自分の老齢基礎年金を受けるようになったときに、65歳までの中高齢寡婦加算に代わり加算される一定額のこと。老齢基礎年金の額が中高齢寡婦加算の額に満たない場合に、65歳到達前後における年金額の低下を防止するため設けられているものです。なお、この加算の対象となる人は、1956（昭和31）年4月1日以前に生まれた人に限られます。

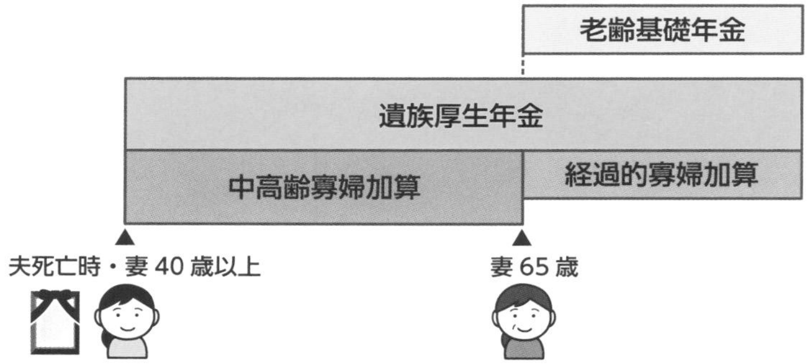

支援・しくみ

寡婦年金《かふねんきん》

死亡した1号の妻に限定的給付

国民年金の第１号被保険者として保険料を納めた期間（保険料の免除を受けた期間を含む）が10年以上ある夫が死亡した場合、10年以上婚姻関係（事実上の婚姻関係を含む）のあった妻に、60～65歳になるまで支給される国民年金独自の給付のこと。

ただし、死亡した夫が、障害基礎年金の支給を受けたことがあったり、老齢基礎年金の支給を受けていた場合は、支給されません。また、夫が死亡した当時、妻が老齢基礎年金の繰上げ支給を受けているときも、寡婦年金は支給されません。

支援・しくみ

死亡一時金《しぼういちじきん》

死亡した1号の遺族に一時金

国民年金の第１号被保険者として保険料を納めた期間（全額免除を除く保険料の一部免除を受けた期間を含む）が36月以上ある人が、老齢基礎年金、障害基礎年金のいずれも受けないままに死亡したとき、その遺族に支給される一時金。

受けられる遺族は、死亡した人と一緒に生活していた（1）配偶者、(2）子、(3）父母、（4）孫、（5）祖父母、（6）兄弟姉妹で、受けられる順位もこの順番です。遺族基礎年金とは併給不可。寡婦年金と死亡一時金の両方を受給できるケースでは、どちらかを選択して受給することになります。

支援・しくみ

1人《ひとり》1《いち》年金《ねんきん》の原則《げんそく》

“総取り”はできないが、厚生年金×基礎年金の掛け合わせは一部可能

老齢給付、障害給付、遺族給付をミックスして受給することはできないという原則のこと。たとえば、障害年金を受給中の妻が夫を亡くし、かつ自身が65歳に達したというような場合でも、障害給付、遺族給付、老齢給付を“総取り”することはできず、どれか一つを選ぶ決まりとなっています。

ただし、65歳に達した人については、「基礎年金」と「厚生年金」の組み合わせで、「障害基礎年金＋老齢厚生年金」とか「障害基礎年金＋遺族厚生年金」といった組み合わせで受給することが特例的に認められています。

65歳以後に認められる例外的組み合わせパターン

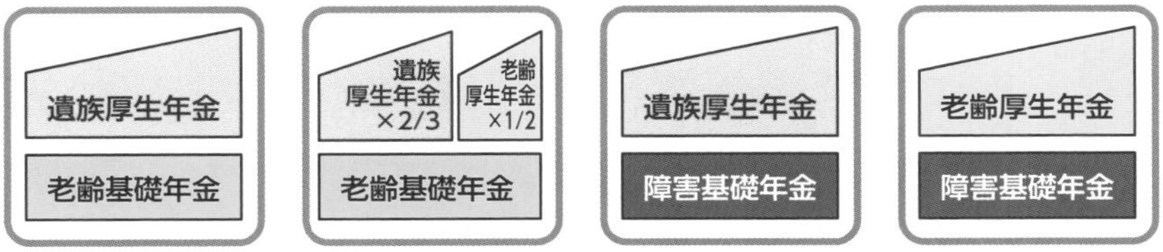

シーン5

保険料の「免除」と「納付猶予」

押さえておきたい用語の一覧

書類
- 申請免除
- 国民年金保険料免除・納付猶予申請書

支援・しくみ
- 失業による特例免除
- DV被害者の特例免除
- 新型コロナウイルス感染症の影響に伴う臨時特例
- 法定免除
- 納付猶予制度
- 学生納付特例
- 保険料の追納

国民年金の保険料納付を怠っていると、病気やけがにより障害状態になっても障害年金を受け取れなくなることがあります。また、「万一のとき」に遺族が遺族年金を受給できなくなるかもしれません。老後の年金が受け取れなくなったり、著しく低額になってしまう可能性もあります。年金制度には、事情があって保険料の支払いが困難な人のために、保険料の「免除」や「納付猶予」という制度があります。

書類

申《しん》請《せい》免《めん》除《じょ》

経済的理由や災害等で 保険料が納められない人の救済策

国民年金の保険料免除のしくみの一つ。国民年金第1号の被保険者は、毎月の保険料を各自で納める必要がありますが、経済的な理由で保険料納付が困難なとき、申請して承認されれば、所得の状況に応じて保険料の「4分の1」「2分の1」「4分の3」「全額」が、納付を免除されます。それぞれ、承認基準は下表のようになっています。

申請免除の承認基準

区分	審査対象	承認基準
①全額免除	本人・配偶者・世帯主	(扶養親族等の数＋1)×35万円＋32万円
②4分の3免除		88万円＋扶養親族等控除額＋社会保険料控除額等
③2分の1免除		128万円＋扶養親族等控除額＋社会保険料控除額等
④4分の1免除		168万円＋扶養親族等控除額＋社会保険料控除額等

この制度を利用することで、将来の老齢年金の受給権や、万一障害を負ったときの障害基礎年金の受給資格が、「保険料未納によって喪失してしまう」というリスクを回避することができます。

なお、保険料免除を受けた月は、将来の老齢基礎年金額に対して、一定割合“目減り”するように作用します。保険料を規定どおり納めた場合を1とすると、全額免除の場合は「2分の1」として将来の年金額の計算に組み込まれます（下図）。目減りを防ぐために、10年間は保険料追納が可能です。

保険料免除の老齢基礎年金受給額への影響

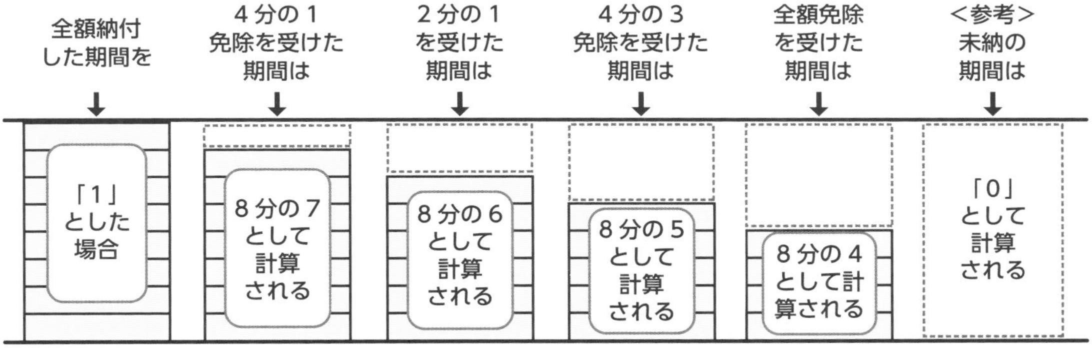

注 免除を受けた期間の、年金額算定のうえでの取り扱いを表したものです。トータルの年金受給額が「8分の4」等になるというわけではありません。

支援・しくみ

失業《しつぎょう》による特例《とくれい》免除《めんじょ》

「本人の前年所得」を除いて審査

申請免除のなかの特例のひとつ。失業や廃業などによって著しい収入減少があった人を対象に、通常であれば審査対象となる「本人の前年所得」をあえて除外して審査し、配偶者と世帯主の前年所得が基準を満たしていれば、免除を認めるという特例。通常より相当程度、免除認定が得られやすくなります。

通常の申請免除	失業による特例免除
以下の前年所得を審査	以下の前年所得を審査
☑ 申請者本人	
☑ 申請者の配偶者	☑ 申請者の配偶者
☑ 世帯主	☑ 世帯主

支援・しくみ

DV被害者《ひがいしゃ》の特例《とくれい》免除《めんじょ》

「配偶者の前年所得」を除いて審査

配偶者からの暴力を受け、避難している人（配偶者と住居が異なる人）については、免除の認定にあたって、「配偶者の前年所得」を審査対象から除外し、本人の前年所得のみで審査を行うものとする特例。通常より相当程度、免除認定が得られやすくなります。実家に身を寄せている場合などでは、当該世帯主の所得も審査されることがあります。

通常の申請免除	DV 特例免除
以下の前年所得を審査	以下の前年所得を審査
☑ 申請者本人	☑ 申請者本人
☑ 申請者の配偶者	
☑ 世帯主	☑ 世帯主

支援・しくみ

新型《しんがた》コロナウイルス感染症《かんせんしょう》の影響《えいきょう》に伴《ともな》う臨時《りんじ》特例《とくれい》

本人申告の所得見込み額で審査

新型コロナウイルス感染症の影響により、収入源となる業務の喪失等が生じて所得が相当程度まで下がった人を対象に、本人申告の「所得見込額」を用いた簡易な手続きにより、保険料免除・納付猶予及び学生納付特例の申請を可能とする特例のこと（臨時的措置）。

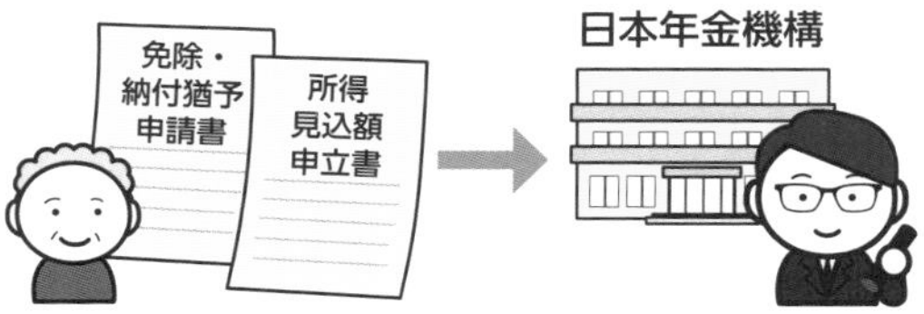

支援・しくみ

法定免除《ほうていめんじょ》

届出ひとつで保険料免除

国民年金の保険料免除のしくみの一つ。以下に該当する人については、窓口に届け出るだけ（所得要件なし）で免除が開始されることとなっており、これを「法定免除」といいます。

①障害年金（2級以上）を受けている
②生活保護の生活扶助を受けている
③国立および国立以外のハンセン病療養所などで療養している

支援・しくみ

納《のう》付《ふ》猶《ゆう》予《よ》制《せい》度《ど》

保険料納付を一時的に“先延ばし”

50歳未満の国民年金の第1号被保険者であって、本人および配偶者の前年所得が一定以下であることを要件に、保険料の納付が猶予される制度です。ただし、納付猶予を受けた期間は、老齢基礎年金額には反映されません。10年間は保険料追納が可能です。

納付猶予制度の承認基準

本人・配偶者の前年所得が以下計算式による金額の範囲内であること
(扶養親族等の数＋1)×35万円＋32万円

支援・しくみ

学《がく》生《せい》納《のう》付《ふ》特《とく》例《れい》

学生に認める“出世払い”

大学や専修学校等の学生向けの、国民年金保険料の納付猶予制度。本人の前年所得のみで判定され、家族の所得の多寡は問われないなど、通常の保険料納付猶予よりも認定基準がかなり緩くなっています。ただし、納付猶予を受けた期間は、老齢基礎年金額には反映されません。10年間は保険料追納が可能です。

学生納付特例の承認基準

学生本人の前年所得が以下計算式による金額の範囲内であること
128万円＋扶養親族等の数×38万円＋社会保険料控除等

支援・しくみ

保《ほ》険《けん》料《りょう》の追《つい》納《のう》

窮地を脱してから過去の免除・猶予分を遡って納付

国民年金保険料の「免除」や「納付猶予」を受けた被保険者が、その後、払えるようにな経済状態になってから、後追いで保険料納付をすること。最長で10年前の分まで遡って納めることができます。追納することで、将来の受け取れる年金額を、多少なりともプラスに上方修正できます。ただし、老齢基礎年金の受給権を得てからは、追納はできません。

なお、免除や納付猶予を受けてから3年度目以降に追納する場合は、当時の保険料額に「経過期間に応じた加算額」が上乗せされることとなります。

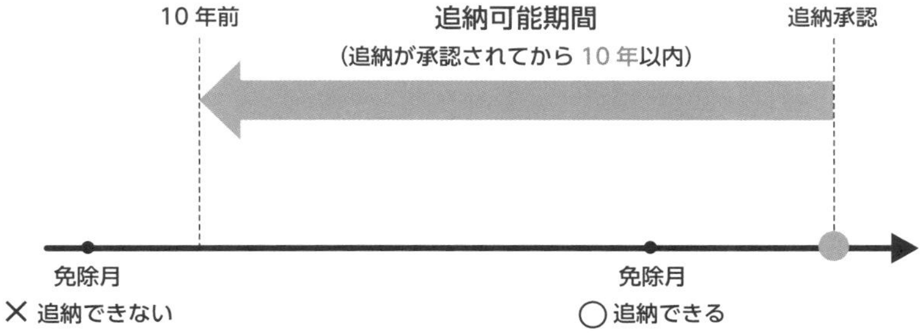

書類

国《こく》民《みん》年《ねん》金《きん》保《ほ》険《けん》料《りょう》免《めん》除《じょ》・納《のう》付《ふ》猶《ゆう》予《よ》申《しん》請《せい》書《しょ》

免除または納付猶予について申請するための様式

国民年金の保険料の免除または納付猶予について申請するための様式。免除等が申請できる期間は、過去に遡っては「申請書が受理された月から2年1カ月前（すでに保険料が納付済の月を除く）」まで、将来に向かっては「翌年6月（1月～6月に申請したときは、その年の6月）分」までです。

様式コード			
4	6	3	5

国民年金保険料免除・納付猶予申請書

日本年金機構理事長　あて　令和　　年　　月　　日

以下のとおり免除・納付猶予を申請します。
また、配偶者および世帯主の記入に漏れがないことを申し立てします。
この申請に必要な本人、配偶者および世帯主に関する情報（所得情報、生活保護受給情報等）の確認について、市区町村（前住所地等を含む）および日本年金機構に委託します。

〒　　－

住所：

被保険者氏名：

指定全額免除申請事務取扱者	市区町村	日本年金機構

基礎年金番号（１０桁）で申請する場合は「①個人番号（または基礎年金番号）」欄に左詰めで記入してください。

A．基本情報

① 個人番号（または基礎年金番号）		② 電話番号	1．自宅 2．携帯電話 3．勤務先 4．その他　　－　　－
③ 被保険者氏名	（ﾌﾘｶﾞﾅ）	④ 被保険者生年月日	5．昭和 7．平成　年　月　日
⑤ 配偶者氏名	（ﾌﾘｶﾞﾅ）	⑥ 配偶者生年月日	5．昭和 7．平成　年　月　日
⑦ 世帯主氏名	（ﾌﾘｶﾞﾅ）	※　世帯主氏名は被保険者または配偶者以外が世帯主である場合に記入してください。	
⑧ 特記事項	◆配偶者が別世帯の場合は、配偶者の個人番号（１２桁の番号）を記入してください。 ◆申請期間中の世帯状況に変更（結婚・離婚・世帯主変更等）があった場合は、変更事由、対象者氏名および変更年月日等を記入してください。また、申請期間中に海外転出入があった場合は、国名と転出入日を記入してください。 ◆「⑩申請期間」欄に記載した年の１月１日時点において海外に居住していた場合は、国名および転入日を記入してください。 （配偶者が別世帯の場合）配偶者の個人番号（　　－　　－　　）		

B．申請内容

⑨ 免除等区分	◆　⑨免除等区分は基本的に記入不要です。記入がない場合は、以下の免除等区分について１～５の順に全て審査します。審査を希望しない免除等区分がある場合は、該当する数字を「×」で抹消してください。 ※　「納付猶予」は、５０歳未満の期間が対象となり、年金を受け取るために必要な期間に算入されます。「納付猶予」の審査順序を変更する場合は、その旨を「⑭備考」欄に記入してください。				
	１．全額免除（保険料全額を免除）	２．納付猶予（保険料納付を猶予）	３．４分の３免除（保険料１/４納付が必要）	４．半額免除（保険料１/２納付が必要）	５．４分の１免除（保険料３/４納付が必要）
⑩ 申請期間	平成 令和　　年度分				
⑪ 16歳以上19歳未満の扶養親族	被保険者：16歳以上19歳未満の扶養親族　あり（　人）・なし 配偶者　：16歳以上19歳未満の扶養親族　あり（　人）・なし 世帯主　：16歳以上19歳未満の扶養親族　あり（　人）・なし				
⑫ 特例認定区分（添付書類要確認）	被保険者：1．失業 平成 令和　年　月　日 ⇒ 雇用保険加入（あり・なし）　2．天災等　3．その他（　） 配偶者　：1．失業 平成 令和　年　月　日 ⇒ 雇用保険加入（あり・なし）　2．天災等　3．その他（　） 世帯主　：1．失業 平成 令和　年　月　日 ⇒ 雇用保険加入（あり・なし）　2．天災等　3．その他（　）				
⑬ 継続希望	1.「全額免除」または「納付猶予」が承認された場合は、翌年度以降も同じ免除区分での免除申請を希望します。 希望しない場合は　　　を○で囲んでください。　希望しません 2. 1を希望した上で、納付猶予が承認された次の年度において全額免除の審査基準に該当する場合、その年度以降は全額免除を希望します。 希望しない場合は　　　を○で囲んでください。　希望しません				
⑭ 備考					

※　所得に関する情報について、関係法令に基づき、申告義務がある場合には、正しく申告する必要があります。

〈著者紹介〉
福島敏之
総合社会保障研究所代表、社会福祉士。
東京社会福祉士会広報推進本部編集長。
蕨戸田市医師会看護専門学校非常勤講師(医療経済学)。
東京大学医療政策人材養成講座(HSP)修了。
社会保険専門誌および医薬専門誌の編集記者を経て現職。
社会保障全般、相談援助、介護報酬・診療報酬、労働などの各分野について
横断的に精通し、わかりやすい解説に定評あり。

ケアマネ・相談援助職必携
これだけは押さえておきたい！社会保障制度の用語事典

2022年9月1日　発行

編　集 ――――――「ケアマネジャー」編集部
著　者 ―――――― 福島敏之
発行者 ―――――― 荘村明彦
発行所 ―――――― 中央法規出版株式会社
〒110-0016　東京都台東区台東3-29-1　中央法規ビル
TEL 03-6387-3196
https://www.chuohoki.co.jp/

本文DTP ―――――― 永和印刷株式会社
装幀・本文デザイン ―― 次葉
本文イラスト ―――― 寺崎愛

印刷・製本 ――――― 永和印刷株式会社

定価はカバーに表示してあります。落丁本・乱丁本はお取替えいたします。
ISBN 978-4-8058-8407-2

本書の内容に関するご質問については、下記URLから「お問い合わせフォーム」にご入力いただきますようにお願いいたします。
https://www.chuohoki.co.jp/contact/